KB014054

교육리더십

· 연구와 실제 ·

Robert J. Marzano · Timothy Waters
Brian A. McNulty 공저

주삼환 역

school leadership
that works

FROM RESEARCH TO RESULTS

학지사

School Leadership That Works: From Research to Results

by Robert J. Marzano, Timothy Waters, and Brian A. McNulty

Korean Translation Copyright ⓒ 2013 by Hakjisa Publisher, Inc.
Translated and published by Hakjisa Publisher, Inc.
with permission from ASCD.
This translated work is based on School Leadership That Works: From Research to Results by
Robert J. Marzano, Timothy Waters, and Brian A. McNulty. ⓒ 2005 ASCD.

All rights reserved.

ASCD is not affiliated with Hakjisa Publisher, Inc. or responsible
for the quality of this translated work.

본 저작물의 한국어판 저작권은
ASCD 와의 독점계약으로 (주)학지사가 소유합니다.
저작권법에 의해 한국 내에서 보호를 받는 저작물이므로
무단 전재와 무단 복제를 금합니다.

역·자·서·문

　인간은 교육을 통해서만 인간이 될 수 있다고 한다. 그래서 그런지 우리나라 교육목적에도 '—인간다운 삶을 영위하게 하기 위하여—' 교육을 한다고 되어 있다. 교육 중에서도 중요한 교육은 가정교육과 부모교육, 사회교육인데 우리나라에서는 교육의 대부분을 '학교교육'에 의존하고 있는 실정이다. 그러다 이제는 학교교육에 실망하고 학교외교육, 사교육에 매달리고 있지만, 우리는 아직 학교교육에 대한 희망의 끈을 놓을 수 없다.

　학교교육에서 가장 중요한 사람은 교장이다. 미국교장의 별명은 'key boy'다. 학교의 모든 열쇠를 교장이 다 가지고 다니기 때문에 붙은 별명이기도 하지만, 학교의 열쇠와 같이 중요한 'key person'이기 때문이기도 하다. 수업은 교사들이 하지만 누구에게(학생의 학년, 반), 무엇을(교육과정과 교과목, 교과서), 어떻게(경험, 활동, 학습지원) 가르칠 것인가는 교장이 교사에게 맡겨서(위임해서) 이루어지는 것이다. 학교교육은 국민(주민, 시민)이 교육감에게 위임하고 교육감이 교장에게 맡겨서 이루어지는 것이다. 학부모가 개별교사에게 내 자식을 가르쳐 달라고 직접 거래하여 맡긴 것이 아니다. 수업을 비롯한 학교의 모든 책임은 교장에게 있다. 교장이 교사 채용과 능력개발에 관여할 수 있어야 교사의 수업에 대하여도 교장이 책임을 질 수 있는 것이다. 축구팀 감독이 선수를 채용할 수 있어야 성과를 올릴 수 있는 것과 같다.

미국의 교장은 또 배의 선장(captain)에 비유된다. 학교교육목표, 교육철학과 신념이라는 나침반을 쥐고 학생과 교사, 학부모를 가득 실은 배를 파도와 풍랑, 빙산과 암초를 피해 항해하여 목적지 항구에 안전하게 정박시켜 모두 내려놓고 제일 마지막에 하선하는 사람이 선장, 교장인 것이다. 내가 초등학교 교사일 때는 교장의 잔소리와 지시, 간섭이 듣기 싫고, 귀찮다고 제발 그냥 내버려 둬 달라고 했었다. 그러다가 석사과정으로 교육행정을 전공하게 되고 미국에 유학하여 박사과정을 공부하고 특히 장학론과 교장론, 리더십을 공부하다 보니 나의 교사 시절 생각이 잘못되었다는 것을 깨닫게 되었다. 미국의 경우는 학교는 완전히 교장의 것이라고 해도 과언이 아니다. 학교는 완전히 교장의 책임하에 있다. 교장은 학생을 다 파악하고, 성적의 오르내림도 다 알고 있으며, 학부모를 상대하고 학생을 훈계하는 것도 교장의 몫이다. 그리고 학교의 창구는 교장 하나여서 학교의 책임을 교장에게 묻고 있다.

이렇게 중요한 교장직에 대하여 우리나라에서는 너무나 주의를 집중하지 못하고 또 연구를 하지 못하였다. 교육행정의 대부분이 학교행정이고, 교육행정가 중에서 제일 중요한 교육행정가가 바로 교장이다. 우리나라 교육에서 주인도 없고 책임자도 없고, 교육을 이끌어 가는 리더도 없는 것이 문제다. 교육의 주인은 국민인데 국민들이 주인 노릇을 안 하거나 못하고 있고, 교육을 맡은 교사와 교장, 교육관료들도 책임 없이 순환근무제란 이름으로 떠돌아다니고 있으니 교육이 제대로 될 리가 없다. 세계는 지금 질 높은 리더를 길러 내어 양질의 교육을 생산해 내려고 노력하고 있다. 우리나라도 최고 수준의 교장 리더를 길러 내고 이들에게 모든 책임을 맡기고 또 책임을 지게 하도록 연구할 필요가 있다. 지금 교장들은 '교장직(principalship)'이란 전공이 있는 줄도 모르고 교장 자리에 앉아 있는 것이다.

모든 교육활동은 학생의 학업성취(achievement)로 말해야 한다. 성취가 없는 상태에서는 어떤 변명도 통할 수 없다. 학생성취는 지상명령이다. 교장의 리더십도 학생성취로 답해야 한다. 이 책은 리더십 연구에 근거하여 학생의 학업성취를 위한 교장의 리더십 실제에 적용하려는 것으로, 독자들은 다음의 내용을 배우게 될 것이다.

- 연구에 근거해서 나온 교장의 21 리더십 책임
- 교장의 리더십과 학생의 학업성취도와의 관계
- 메타분석에 의한 교장의 리더십 연구방법
- 교장의 21 리더십 책임 각각에 해당하는 구체적인 교장의 행위
- 학교 변화의 곤란도(1단 변화와 2단 변화)에 따른 알맞은 리더십 책임
- 학생의 성취도 향상에 알맞은 '옳은 일' 선택하기
- 학생의 학업성취 향상을 위한 종합학교개혁(CSR) 전략의 이점과 불리점
- 학생의 학업성취 향상을 위한 구체적인 현장접근법(site-specific approah) 개발
- 교장의 리더십 5단계 계획

연구에 근거하고 교육리더십 실제에 적용하여 학생의 성취 향상

으로 연결시키려는 점에 매력을 느껴 이 책을 번역하게 되었다. 이
책으로 인해 우리나라 교육리더십 발전에 큰 도움이 되었으면 하
고, 리더십 연구방법 측면에도 많은 기여를 할 것으로 기대해 본다.
연구방법에 관심이 있는 사람은 특히 많은 분량의 '기술노트'가 도
움이 될 것이다. 이 기술노트는 역자의 둘째 사위인 영남대학교 이
용주 박사가 전적으로 맡아 수고해 주었다. 아주 기술적으로 어려
운 부분이 많은데 수고가 많았을 것이다. 분야에 따라 용어 사용에
차이가 있을 수 있으므로 이 점에 대하여 미리 양해를 구한다.

2013. 8. 15.

역자 주삼환

저·자·서·문

　교육리더십에 관한 다른 여러 책들과 달리 이 책은 연구결과에 근거하여 현장 실제 방안을 제시하고 있다는 점이 특이하다. 교육리더십에 관한 대부분의 책들은 연구나 실제 중 한쪽만 다룰 뿐이고, 연구와 실제 양쪽을 동시에 다 다루지 못하고 있다. 미국의 보통교육(K-12) 역사상 바로 이 시점에서 연구에 근거한 실제에 대한 요청이 이렇게 강력히 일어난 적이 없기 때문에 이러한 '연구에 근거한 실제'에 관한 책은 아주 유용할 뿐만 아니라 꼭 필요하다고 할 수 있다. 이와 마찬가지로 리더십에 관한 연구결과를 '학생의 학업성취 향상'으로 변화시킬 수 있는 교육리더십의 요청이 이렇게 강력하게 나타났던 적도 없었다. 이러한 두 요청에 부응하기 위하여 우리 세 저자는 지난 35년에 걸쳐 교육리더십에 관한 연구결과를 다시 메타분석[meta-analysis, 역자주: 한정적 연구결과의 일관성(consistency)을 검증하기 위한 분석방법으로 과거의 연구결과치를 이용해 어떤 연구결과를 일반화하는 것으로, 이미 과거에 이루어진 많은 수의 논문에 나타난 연구결과를 다시 통계적 분석 대상의 관찰치로 전환하여 연구결과의 일반화를 도출하는 분석방법을 말한다]하였는데, 1978~2001년에 우리의 선정 기준에 맞는 연구물들을 발견하였다(역자주: 지난 35년간의 연구물을 조사하였으나 메타분석의 대상을 1978~2001년 전에는 발견하지 못하고 이 기간 사이에서만 찾는다). 뿐만 아니라 우리는 메타분석에서 나온 질문지를 다시 요인분석 (factor analysis, 역자주: 알지 못하는 어떤 특성을 규명하기 위하여 문항이나 변인들 간의 상호관계를 분석하여 상관이 높은 문항이나 변인들을 묶어서 몇 개의 요인으로 규명하고 그 요인의 의미를 부여하는 통계방법이다. 요인분석을 통해 요인에 포함되지 않거나 포함되더라도 중요도가 낮은 변인들은 제거된다. 관련된 변인들이 묶여져 요인을 이루지만, 상호 독립적인 특성을 가지게 되어 변인들의 특성을 알 수 있다)을 하고, 여기서 찾은 요인을 650명 이상의 교장에게 적용하였다.

우리의 결론 도출의 바탕에 깔려 있는 구체적인 방법과 기본 가정이나 전제(assumptions)에 대하여 바로 알고자 하는 독자들에게 답을 주기 위하여, 이 책 저자 에필로그 뒤에 제시되는 필수적 기술노트(Technical Notes) 정보 주(註)시리즈(기술노트 1~14)를 제공하였다. 하나의 학교나 교육청을 리드해 나가는 데 매일같이 부닥치는 도전에 직면하는 교육리더들에게 실제적 지침을 제공하기 위하여 우리는 연구에서 발견된 결과(findings)를 실제(practice)에 적용하기 위한 구체적인 권고사항(recommendations)으로 바꾸어 제시하도록 노력하였다.

그리고 자신의 리더십 도전을 좀 더 면밀히 알아보고자 하는 리더들에게 도움을 주기 위하여 이 책에서 기술한 교장리더십 21 책임(21 principal leadership responsibilities)에 바탕을 둔 McREL's Balanced Leadership Profile 360TM에 의하여 주문을 통한 온라인 조사(a subscription-based online survey)와 교장전문적능력개발도구 (professional development tool)를 제공한다. 독자 여러분은 조사지의 교장자기평가 버전에 접근할 수 있고 또 여러분에게 해당하는 특정

미국 학교나 교육청의 리더십 향상 노력(initiative improvement)에
적용할 때 '교장리더십 21 책임' 수행에 대한 즉각적인 피드백을
받아 볼 수 있을 것이다. 또한 McREL's Balanced Leadership Profile
360TM(역자주: McREL은 Mid-continent Research for Education and
Learning의 첫 글자를 딴 것임)도 여러분에게 '교장리더십 21 책임'
(이 책의 제4장)과 리더십 변화(이 책의 제5장)에 해당하는 다양한 온
라인 교장전문적능력개발 자원과 도구가 될 것이다.

　McREL's Balanced Leadership Profile 360TM은 여러분이 조사에
참여한다면 할인된 가격으로 제공될 것이다. 할인 가격을 원하면
홈페이지(www.mcrel.org)를 방문하여 Balanced Leadership Profile
360TM을 클릭하여 독자(reader) 등록을 하고 지시에 따라야 한다.
조사지에 관하여 질문이 있으면 미국 내 무료 전화번호 800-781-
0156을 이용하면 된다.

차 • 례

PART 01

리더십
연구기반

PART 02

실제에의
적용

2

CHAPTER 06 옳은 일하기 / 147

CHAPTER 07 효과적 교육리더십 계획 / 185

저자 에필로그 / 227

기술노트 / 229

교육리더십: 연구와 실제

PART 01

리더십 연구기반

CHAPTER 01

교육리더십 탐구

미국에서 등교일이면 5천3백6십만 명 이상의 학생(National Center for Education Statistics, 2002b, 역자주: 한국의 경우 2011년도 7,568,414명, 한국교육개발원 간추린 통계)이 현대 세계에서 성공할 기회를 극적으로 향상시키는 경험을 하리라는 13년의 공교육의 희망을 갖고 95,000개의 K-12 학교(National Center for Education Statistics, 2002a, 역자주: 한국의 경우 2011년도 19,795개교, 한국교육개발원 간추린 통계)에 등교한다. 실제로 미국의 2001년 수입 통계를 보면 이러한 희망이 증명되었다. 미국센서스통계국(US Census Bureau)에 따르면, 고등학교 졸업자의 잠재적 수입(수입 중앙치)은 19,900달러로 고등학교 미졸업자의 11,864달러보다 높았다. 만일 고등학교 졸업자가 대학을 마친다면 잠재적 수입은 37,203달러로 증가한다. 석사졸업자가 되면 49,324달러에 이르고, 박사학위자의 연봉은 63,952달러로 올라가며, 전문직 면허증을 갖게 되면 71,606달러에 이른다. 이러니 이 복잡한 사회에서 학교는 적어도 금전적인 측면에서는 상승의 문턱에 이르게 한다고 할 수 있다. 어떤 특정 학교는 학생들이 추구하는 성공 수준에 이르게 하는 출발대(도약대)가 되지만, 이는 반드시 학교가 효과적으로 운영될 때에만 가능한 일이다.

학교를 효과적으로 운영하느냐, 아니면 비효과적으로 운영하느냐가 바로 학생의 학업 성공을 증가시키느냐, 아니면 퇴보시키느냐를 좌우한다. Marzano(2003)는 보통 합격률이 50%인 시험에서 효과적인 학교와 비효과적인 학교 사이에 학생의 기대합격률이 44%의 차를 보였다고 하였다. 좀 더 자세히 설명하기 위하여 A라는 학교와 B라는 학교를 예로 들어 보기로 한다. 학교를 어떻게 운영하느냐에 따라 A학교는 효과적인 학교가 되고 B학교는 비효과적인 학교가 된다(이 책 제6장에 효과적인 학교와 비효과적인 학교의 구체적인 특성을 제시하였다). 이제 두 학교가 모두 비슷한 학생 수를 가지고 있는 보통 학교라고 가정하자. 어떤 학교가 가정환경이나 배경 경험에서 약간 유리할 수는 있지만, 유리하다고 해도 별 차이가 안 나고 대부분 중간 정도라고 하자. 50%의 합격률을 가진 시험을 치른다면 효과적으로 운영하는 학교의 학생들은 72%의 학생이 합격할 것으로 기대하는데, 비효과적으로 운영되는 학교의 학생들은 단지 28%만이 합격할 것으로 기대된다. 이는 44%의 격차가 나는 것으로 〈표 1-1〉에서 볼 수 있다[이 시나리오에 대한 자세한 설명은 이 책 뒤에 제시된 기술노트(Technical Notes)를 보라].

〈표 1-1〉 효과적인 학교와 비효과적인 학교 학생들의 기대합격률과 기대실패율	기대합격률	기대실패율
효과적인 학교(A)	72%	28%
비효과적인 학교(B)	28%	72%

'효과적인' 학교와 '비효과적인' 학교 학생의 기대성취도가 극적이기는 하지만, 이보다 더 깊이 들어가 '고효과' 학교와 '고비효과' 학교, 더 구체적으로 말하여 상위 1% 학교와 하위 1% 학교를 대조시켜 보면 훨씬 더 커진다. 이렇게 되면 이 두 학교 간의 차는 70%가 된다. 합격률 50%의 시험에서 상위 1%의 학교에서는 85%의 학생들이 합격할 것으로 기대되는 데 비하여 같은 시험에서 하위 1%의 학교에서는 겨우 15%의 학생이 합격할 것으로 기대하게 된다(좀 더 자세한 설명을 보려면 기술노트 2를 참고하라).

이 책에서 제기하는 핵심질문은 바로 이것이다. 학교를 효과적으로 만드느냐 비효과적으로 만드느냐를 결정짓는 데 리더십이 어느 정도 역할을 하는가? 즉, 학생성취도에 대한 학교의 영향(impact)이 얼마나 그 학교의 리더십으로부터 오는가? 이에 대한 해답을 찾기 위하여 먼저 리더십에 관한 과거와 현재의 신념에 대하여 살펴보기로 한다.

1. 리더십에 관한 과거와 현재의 신념

리더십에 관한 전통과 신념에 관하여 살펴볼 때 효과적인 학교

를 만드는 데 리더십이 아주 중요하다는 사례를 쉽게 찾아볼 수 있
다. 사실 지난 수 세기 동안 사람들은 리더십이 어떤 기관이나 노력
의 성공에 결정적이라고 생각해 왔다.

　리더십의 개념은 아주 오랜 고대로 거슬러 올라갈 수 있다.
Bass(1981)에 따르면, 리더십에 관한 연구는 고대의 예술 작품에
해당된다. 리더십에 관한 논의는 플라톤(Plato), 카이사르(Caesar),
플루타르크(Plutarch)의 작품에 나타난다. 뿐만 아니라 리더십은
"고립된 인디언 마을 사람들이나, 유라시아 유목민이나, 폴리네시
아 어부들이나, 어떤 문화냐에 상관없이 모든 사람들에게 보편적
으로 나타나는"(p. 5) 아주 확고한 하나의 개념이다.

　리더십 이론은 너무나 많다. 이러한 리더십 이론에는 예를 들면,
모세가 없었다면 유대 나라는 이집트에서 살아남지 못했을 것이
며, 처칠이 없었다면 영국은 1940년에 독일의 속국이 되었을 것이
라고 하는 ① '위인'론이 있으며, 리더는 폴로어(추종자)와 구별되
는 우수한 자질을 타고났다고 주장하는 ② 특성론도 있고, 리더는
시대, 장소, 상황의 결과라고 주장하는 ③ 환경론도 있다. 이들 중
어느 이론을 적용하느냐와 상관없이 리더십은 수 세기 동안 복잡
한 조직에서 얼마나 효과적으로 기능을 하느냐와 직접적으로 관련
되어 왔다.

　교육에서의 리더십에 관한 전통이나 신념도 다른 기관과 별로 다
를 바 없다. 리더십은 학교의 모든 면에서 성공적으로 기능을 발휘
하도록 하는 데 아주 중요한 것으로 생각된다. 예를 들면, 다음 6개
의 목록은 학교에서의 리더십과 관련된 단지 몇 개의 측면을 묘사
해 주고 있을 뿐이다.

- 학교가 분명한 미션과 목표를 가지고 있는가(Bamburg & Andrews, 1990; Duke, 1982)
- 학교의 전반적인 풍토와 개별 학급풍토(Brookover, Beady, Flood, Schweitzer, & Wisenbaker, 1979; Brookover et al., 1978; Brookover & Lezotte, 1979; Griffith, 2000; Villani, 1996)
- 교사들의 태도(Brookover & Lezotte, 1979; Oakes, 1989; Purkey & Smith, 1983; Rutter, Maughan, Mortimore, Ouston, & Smith, 1979)
- 교사의 수업실제(Brookover et al., 1978; Brookover & Lezotte, 1979; McDill, Rigsby, & Meyers, 1969; Miller & Sayre, 1986)
- 교육과정과 수업 조직(Bossert, Dwyer, Rowan, & Lee, 1982; Cohen & Miller, 1980; Eberts & Stone, 1988; Glasman & Binianimov, 1981; Oakes, 1989)
- 학생의 학습 기회(Duke & Canady, 1991; Dwyer, 1986; Murphy & Hallinger, 1989)

리더십의 중요성을 인식하더라도 효과적으로 기능을 하는 교장이 효과적으로 학교를 운영하는 데 필수 전제조건이라는 것은 하나도 이상할 게 없다. 예를 들면, '미국1977년교육기회균등상원위원회보고서(a 1977 U.S. Senate Committee Report on Equal Education Opportunity, U.S. Congress, 1970)'에서는 교장을 학교에서 가장 영향력 있는 유일한 한 사람이라고 다음과 같이 밝혔다.

여러 가지로 보아 교장은 학교에서 가장 중요하고 영향력 있는 사람이다. 교장은 학교 내외에서 일어나는 모든 활동에 책임을 지는 사람이다. 학교의 색깔, 교수 풍토, 교사의 전문직주의와 사기(morale)의 수준, 학생을 어떤 사람으로 만드느냐에 관한 관심의 정도를 결정하는 것은 바로 교장의 리더십이다. 교장은 지역사회와 학교 사이를 연결시키는 연결자이고, 교장이 수행하는 역량에 따라서 학교에 대한 학부모와 학생의 태도 대부분이 결정된다. 학교가 생기 있고 혁신적이고 학생중심적인 장소로 여겨진다면 또 수업에서 탁월성을 보인다는 평판을 갖는다면, 학생들이 능력을 최고도로 발휘하고 있다면 이 성공의 열쇠는 항상 교장의 리더십으로 돌리지 않을 수 없다(p. 56).

학교에서의 리더십의 중요성과 그 리더십을 가진 교장의 중심적 역할을 인정하고, 학교에서의 리더십 실제에 관한 여러 제안은 수십년에 걸친 분명하고 정교한 연구결과에 근거할 것이라고 생각하게 된다. 그런데 불행하게도 이러한 생각은 적어도 다음의 두 가지 이유 때문에 틀렸다고 본다. 첫째, 교육리더십에 관한 연구가 우리가 기대한 만큼 많지 않다는 점이다. 예를 들면, 1980~1995년에 이루어진 양적연구를 고찰한 Hallinger와 Heck(1996)은 교육리더십과 학생의 학업성취와의 관계를 다룬 연구로 겨우 40편을 확인하였다. 지난 35년간 이루어진 연구물을 분석한 우리의 연구에서는 교육(학교)리더십 제목이 붙은 5,000편 이상의 글과 연구물을 찾아냈는데, 겨우 69편만이 교장의 리더십과 학생의 학업성취 사이의 양적 관계를 연구한 것이었다(우리의 연구를 제3장에서 좀 더 심도 있게 다룬다). 교육리더십에 관한 경험적 연구(empirical study)가 비교적 적음에도 불구하고 교육행정가를 위한 리더십 실제를 추천하고 권고하는 책은 너무나 많다(역자주: 연구 증거 없이 실제를 제시한다는 의미). 둘째, 교육리더십에 관하여 지금까지 이루어진 연구는 아주 애매모호하거나 적어도 지각에 의한 것이다. 예를 들면, 어떤 것들은 교육리더십의 효과적인 실제로는 거의 구체적인 지침이 되지 못하는 것을 주장하고 있었다. Donmoyer(1985)의 설명은 다음과 같다.

> 학교에 관한 최근 연구는 한결같이 교장의 리더십을 학교 성공에 의의 있는 요인(significant factor)이라고 밝히고 있다. 그런데 이들 연구는 교장이 학교 성취에 어떻게 기여하고 있는지에 대하여 단지 제한된 부분적인 통찰만 제공할 뿐이다(p. 31).

교육리더십이 학생성취에 현저한 영향을 준다는 의미를 지지할 수 없다고 주장하는 사람까지 있다. 예를 들면, 교육리더십에 관한 연구를 최근에 종합하고 나서 교육리더십과 학생성취 사이에는 통계적으로 거의 관계가 없다고 결론을 맺은 것도 있다. 특히 Witziers, Bosker와 Kruger(2003)는 학생성취에 대한 교장의 리더십 영향에 관한 국제적인 37편의 연구를 분석한 결과 이들 사이에 거의 직접적인 관계가 없다고 보고하였다. 우리는 이 책 제2장과 제3장에서 이 연구에 대하여 다룬다. 그러나 이 연구결과의 다른 진가는 학교 수준에서 리더 양성에 거의 노력을 기울이지 않았다는 결론에 이르게 한다는 점에 있다.

2. 또 다른 관점

교육리더십에 관한 연구가 구체적 리더십 행위에 아무런 지침을 주지 못한다는 제안, 교육리더십이 학생성취에 인식할 수 있는 정도의 직접적인 영향은 없다는 제안 그리고 우리가 이 책에서 제시하는 결론은 다른 연구들과 심각하게 대치된다는 입장이다. 지난 35년에 걸쳐 이루어진 연구에 따르면, 학교 행정가에게 구체적인 리더십 행위에 강력한 지침을 제공해 주고 또 이러한 리더십 행위는 학생성취에 확실히 영향을 준다는 것이 우리의 기본 주장이다. "교육리더십 연구에 관한 이전의 진술 때문에 우리는 어떻게 이러한 주장을 할 수 있는가?"라는 논리적 질문이다. 우리가 채택한 것처럼 그 동안의 연구결과를 종합하도록 구체적으로 설계한 메타분석(meta-analysis)이라는 방법론을 우리가 적용했다는 연구 과정에 부분적인 해답이 있다.

3. 메타분석의 성격과 기능

그동안 교육리더십 연구의 새로운 패러다임에 대한 수많은 요청이 있었다(Heck & Hallinger, 1999; Hill & Guthrie, 1999). 주어진 영역 내의 연구를 종합하는 예술이면서 과학으로 인상적인 발전의 하나로 메타분석의 방법론이 제시되었을 바로 그때 이러한 패러다임에 대한 변화 요청이 일어났다.

메타분석이라는 용어는 많은 양의 연구를 계량적으로 종합하기 위한 기법이라고 할 수 있다. 이 기법은 1970년대 초 Gene Glass와 그의 동료들이 개발하고 인기를 끌게 되었다(Glass, 1976; Glass, McGaw, & Smith, 1981). 그 후 여러 분야의 사람들이 이전에 불가능했던 일반화(generalizations)를 도출하기 위하여 메타분석법을 활용해 왔다(Hunt, 1997). 예를 들면, Hunt는 『How Science Takes Stock: The Story of Meta-Analysis(과학은 주식 이동하는 방법: 메타분석 이야기)』이라는 자신의 책에서 의학, 심리학, 형사학, 다른 분야에서의 성공적인 메타분석 활용의 예를 제시하고 있다.

간단히 말하여 메타분석은 연구자들로 하여금 주어진 분야에서 연구에 관하여 통계적으로 일반화를 형성하도록 허용하는 것이다. 이 책에서는 기술노트 3(Technical Notes 3)에서 메타분석의 좀 더 기술적인 측면에 대하여 다룰 것이다. 여기서 교육리더십 연구에 관한 우리의 주장에 중요하다고 생각하고 또 우리가 특정 방법론을 사용하는 이유에 대하여 특별히 중요하다고 생각하는 메타분석의 몇 가지 측면에 대하여 간단히 생각해 보기로 한다.

우리가 메타분석 방법을 사용하기로 결정하는 데 적어도 두 가지 질문을 염두에 두었다. 첫째, 왜 우리가 우리 자신의 연구를 하지 않고 다른 사람들의 연구를 종합하기로 하였는가? 즉, 다른 사람들의 연구를 조사하는 대신에 고효과 학교와 리더십의 경우와 저효과 학교와 리더십의 경우를 직접 조사하여 교육리더십과 학생 성취의 관계를 밝히는 연구를 왜 하지 않았는가? 우리가 수행하는 연구는 아무리 잘 구조화시키더라도 산출에 영향을 주는 '비통제 오류'가 있다는 점이 우리의 대답이다.

예를 들면, 우리는 강력한 리더십 교장 10명과 빈약한 리더십 교장 10명을 확인하고 평균 정도의 학생성취를 하는 20개의 학교에 3년간 근무하도록 무선배정하였다고 가정하자. 교육 분야에서는 이런 형태의 연구가 정상적인 것으로 생각된다. 실제 2001년 12월 미국 상하 양원의 절대 다수의 찬성으로 통과되고 2002년 1월 8일 법으로 서명 발효된 '2001낙제방지법(No Child Left Behind Act of 2001)'은 '과학적 연구(scientifically based research)'의 형식으로 실험집단과 통제집단에 무선배정(random assignment)하는 연구설계(우리의 설계와 같은 가설 설계)를 사용하도록 권고하였다(Goodwin, Arens, Barley, & Williams, 2002). 그러나 우리의 가설 설계와 같은 연구설계의 사용이 자원적 관점에서 비현실적일 뿐만 아니라(예를 들면, 무선배정된 학교에 3년간 기꺼이 근무할 20명의 교장을 어떻게 확보할 것인가?) 윤리적 관점에서 수용하기 어렵다(리더십이 빈약한 교장으로 알려진 10명의 교장을 어떻게 양심을 가지고 학교에 배정할 수 있는가?)는 점에 교육자들은 즉각 주목하게 되었다. 이런 주목에도 불구하고 예증적 목적으로 이보다 '철저한(tight)' 경험적 연구설계를 채택했다고 가정해 보자. 이러한 철저한 통제 수준에도 불구하고 이 연구에서 나온 결과는 교사 배경과 경험이라든지, 다양한 학교 학생의 가정환경과 같은 본질적 차이와 같은 비통제적 요인들의 영향을 아주 심하게 받게 된다. 이러한 요인들을 때로는 '표집오차(sampling error)'라고 부른다.

실제로 연구에 끼어드는 모든 오류를 다 통제하기는 불가능하다. 그래서 연구자들은 연구결과에 확률적 진술(probability statement)을 하게 된다. 즉, 어떤 형태의 비통제오류의 기능이 있다면 연구결과가 .05 수준에서 의의 있다고 보고할 때 결과가 100번 중에 5번 이하 오류가 일어날 수 있다고 말하는 셈이다. 그리고 결과가 .01 수준에서 의의 있다고 보고하면 결과가 1/100 이하이고 비통제오류의 기능이 있다고 연구자는 말하고 있는 것이다. 그런데 메타분석에서는 많은 연구에서 나온 결과를 조사함으로써 이런 오류를 통제하는 데 도움이 된다. 이렇게 함으로써 많은 비통제오류를 줄이려는 경향이 있다. 어떤 한 연구에서는 교사의 배경변인이 긍정적으로 영향을 주는 반면, 어떤 다른 연구에서는 같은 교사 배경변인이 부정적으로 영향을 줄 수도 있다. 많은 연구에서 이 요인의 영향을 제거하려는 경향이 나타났다.

우리가 메타분석을 하는 데 제기되는 두 번째 질문은 "왜 우리는 연구를 종합하기 위하여 다른 사람들이 사용해 온 보다 전통적인 접근 대신에 계량적 접근을 하는가?"다(Cotton, 2003). 사실 대부분의 교육 분야 박사학위 논문과 석사논문에서 특정 논문 주제의 종합적인 연구고찰 부분을 포함시키려고 한다. 그러나 이 연구고찰은 대개 전형적으로 기술(해설)적 접근(narrative approach)이라는 형식을 취한다(Glass, 1976; Glass, McGaw, & Smith, 1981; Rosenthal, 1991; Rosenthal & Rubin, 1982). 기술적 접근을 통해서 연구자는 한 주제의 연구의 패턴을 고찰하여 수집된 연구로부터 나온 결과를 논리적으로 요약하려고 시도한다. 그러나 이러한 기술적 접근은 불행하게도 아주 잘못된 결론에 이르기 쉽다. 설명하자면 질적인 기술적 고찰 연구에서 Jackson(1978, 1980)은 다음과 같은 문제를 발견하였다.

- 고찰자들은 고찰한 연구물 전체에서 일부분에 초점을 맞추는 경향이었다.
- 고찰자들은 대개 공통적으로 대표적 연구결과를 대강 사용하고 잘못 이용하였다.
- 고찰자들은 분석방법을 거의 사용하지 않아서 도출한 결론의 타당성을 판단할 수 없다고 보고하였다.
- 고찰자들은 고찰한 연구에서 사용한 방법을 고려하는 데 공통적으로 실패하였다.

기술적 접근과 메타분석 접근을 사용한 연구고찰 사이의 차를 검토하기 위하여 Cooper와 Rosenthal(1980)은 연구를 수행한 40명의 대학원생을 두 집단으로 나누어 한 연구를 하였다. 두 집단에게 완고성에서 남녀 성별 차에 관한 일곱 편의 연구를 검토해 달라고 요청하였다. 이들 두 집단의 기본 과제는 남녀 성별과 완고성이 관계가 있다는 가설을 일곱 편의 연구가 지지하는지 판단하는 것이었다. 한 집단은 기술적 접근법을 사용하고 다른 집단은 메타분석의 기본 형식을 사용하도록 하였다. 일곱 편의 연구가 성별과 완고성이 관계가 있다는 가설을 통계적으로 지지한다는 말을 두 집단에게 알려 주지 않았다. 메타분석을 한 대학원생의 대부분은 연구가 가설을 지지하였다고 옳게 결론을 도출한 반면, 기술적 연구 집단의 대부분의 대학원생은 연구가 가설을 지지하지 않았다고 틀리게 결론을 맺었다. 이 연구의 논의에서 Glass와 McGaw 그리고 Smith(1981)는 "단지 일곱 편의 연구를 종합하려는 두 집단 사이에 아주 극단적으로 다른 결론을 도출하는 데"(p. 17) 주목하였다. 방

대한 양의 기술적 고찰에 근거한 결론은 아마도 종합자가 표현하는 데 인습적인 지혜의 편견에 강하게 치우치는 것 같다고 이들은 계속해서 가설을 세웠다.

요약하자면 "교육리더십에 관한 연구가 우리에게 말해 주는 것이 무엇인가?"라는 질문에 가장 객관적인 방법으로 대답해 주기 때문에 우리는 계량적 메타분석 접근을 사용하여 리더십에 관한 연구를 종합하기로 결정한 것이다.

4. 우리의 기본적 연구결과

2,802개 학교, 약 140만 명의 학생, 14,000명의 교사가 포함되는 69개 연구를 조사한 후에 우리는 학교 교장의 리더십행위와 학생의 평균 학업성취 사이에 상관관계가 .25라는 것을 발견하였다. 우리는 이 상관관계의 의미를 제3장에서 좀 더 심도 있게 다루겠지만, 여기서 간단히 언급해 보기로 한다. 먼저 우리는 메타분석의 결과를 축소하고 있다는 점에 주의해야 한다. 특히 우리의 것처럼 포괄적이고 단순상관계수라는 주장은 기껏해야 결과를 지나치게 단순화시킨다는 점에 주의해야 한다. 사실상 오늘날의 메타분석의 창시자로 알려진 Glass도 이를 실제에 사용하는 데 반하여 경계하고 있다(Robinson, 2004). 이런 점에 주의하면서도 우리는 메타분석에서 발견된 평균 상관관계수를 사용한다. 아직도 교육연구에서 메타분석을 논의하면서 가장 보편적으로 사용하는 지표이기 때문이다.

상관계수 .25를 설명하기 위해 한 교장을 한 교육청에 채용하고,

학생의 평균 성취도에서 50% 수준인 학교에 배정되었다고 가정하자(좀 더 설명이 필요한 사람은 기술노트 1을 보라). 그리고 이 교장도 리더십 능력에서 50% 수준에 머물러 있다고 가정하자. 그러면 우리는 평균적인 학교에 평균적인 교장이라고 말할 수 있을 것이다.

이제 몇 년간 그 학교에 근무했다고 가정하자. 그러면 그 학교의 평균 성취도는 수년간 50% 수준에 머물러 있을 것이라 예상한다고 .25 상관계수는 우리에게 말해 주는 셈이다. 그러나 이제 교장의 리더십 능력을 1 표준편차, 즉 50% 수준에서 84% 수준으로 증가시켜 보자. 교육청에서 제공하는 일련의 확대 리더십 코스나 세미나에 교장이 참석한 결과 능력 향상이 일어난 것이다. 학교의 평균 성취도를 오랫동안 유지할 것이라 우리가 예상했던 .25 상관계수는 60% 수준으로 향상되었다는 것을 가리킨다. 이러한 향상과 증가는 [그림 1-1]에 나타나 있다. 이 학교 학생의 평균 성취도에서 이것은 상당히 큰 수치다.

.25 상관계수의 설명을 좀 더 알아보기 위하여 교장의 리더십 능력을 50% 수준에서 99% 수준으로 좀 더 증가시켜 보도록 한다. 바꾸어 말하면 교장이 참석한 리더십 훈련이 아주 강력한 효과를 보아 리더십 행위에서 교장을 최상위 백분위 수준으로 끌어올렸다고 하자. 그래서 우리의 .25 상관계수가 시간이 지나면서 학교 학생의 평균 성취도가 72% 수준으로 향상되었다고 예측되었다. 이런 상황은 [그림 1-2]에 나타나 있다.

액면가 그대로 받아들인다 하더라도 이 효과는 아주 강력하다. 고도로 효과적인 교육리더는 전반적인 학생성취에 극적인 영향을 준다. 대부분의 교사와 학부모, 학생들은 [그림 1-1]의 경우 불과

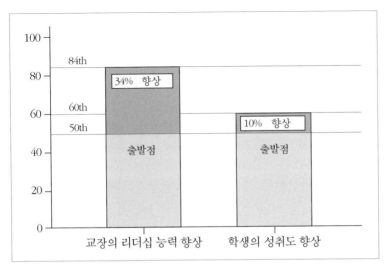

[그림 1-1] 리더십 능력이 50% 수준에서 84% 수준으로 향상되었을 때
예상된 학생성취도 향상

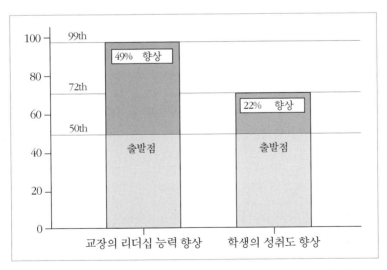

[그림 1-2] 리더십 능력이 50% 수준에서 99% 수준으로 향상되었을 때
예상된 학생성취도 향상

10% 증가한 데 비하여 이들 학교의 평균 성과가 22% 증가한 것을 보고 아마 전율을 느낄 것이다.

5. 교육리더십의 연구기반 원칙의 지향

우리의 메타분석은 지난 35년간의 연구가 교육리더십에 관하여 우리에게 무엇을 말해 주는지 알아보기 위하여 설계된 것이다. 우리의 연구결과는 제3장에 좀 더 자세히 보고하였다. 그러나 우리는 이 결과 제시로 끝내려는 게 아니다. 결과의 제시보다는 이 연구결과를 재료로 하여 교육리더십에 관한 아마도 가장 견고하고 종합적인 일단의 원칙이 될 수 있는 것으로 엮어낸 것이다. 우리가 결론을 기술하면서 이론이란 단어 사용을 의도적으로 피하고 있다는 점에 독자 여러분은 주목해야 한다. Anderson(1983)은 이론 안에 있는 변인에 관한 주어진 지식을 가지고 행위를 정확하게 예측할 수 있도록 해 주는 정밀한 '연역체계'를 이론이라고 한다고 설명한다. 이에 비하여 원칙은 정밀한 예측체계를 구성하지 않는 행위에 관한 일반 규칙이다. 교육연구에서 대부분의 현대의 사고에 해당하는 이론에 대조가 되는 개념으로 우리는 원칙이란 용어를 사용하기를 제안한다. 여기서 다시 메타분석 25주년 기념 논문에서 밝힌 Glass의 말을 인용하고자 한다. "우리는 거대이론을 열거하는 과학자라는 생각을 이제 그만하고, 정보를 수집하고 분석하는 일종의 기술자(technician)라는 사실에 직면해야 한다"(2000, p. 12). Glass는 교육 분야와 같은 '연사회과학(soft social science)'은 물리

학이나 화학, 의학 등의 '경과학(hard science)'과 똑같은 방법으로 단순히 이론을 짜내고, 검증하고, 발전시키지 못한다고 처음으로 지적한 Meehl(1978)을 높이 신뢰한다. 그렇다고 교육자들이 구체적인 상황에서 지침을 주는 행위의 일반 규칙이나 원칙을 개발하기 위하여 연구결과를 사용해서는 안 된다고 말하는 것은 아니다. 오히려 이것이 바로 정확히 우리가 시도하려는 것이다.

6. 요약 및 결론

리더십은 오랫동안 일반적으로 조직, 최근에는 특히 학교를 효과적으로 기능하게 하는 데 아주 중요한 것으로 인식해 왔다. 그렇지만 교육리더십에 관한 연구를 잘해도 결과가 모호하고, 최악의 경우는 리더십이 학생성취에 영향이 없다는 것을 보여 주기까지 한다고 어떤 연구자와 이론가들은 주장한다. 이와는 대조적으로 지난 35년간의 연구에 대한 우리의 메타분석에서는 교육리더십이 학생성취에 결정적 영향을 주고 또 기성 행정가와 장래 행정가가 되고자 하는 사람들에게 지침이 된다는 점을 보여 주고 있다.

리더십 이론과 이론가

교육리더십 연구를 현재의 교육리더나 장래에 리더가 될 리더들의 행위를 안내하는 지침으로 삼을 수 있는 일단의 원칙으로 조직하기 위하여, 우리는 비슷한 노력을 하는 사람들의 연구업적을 이용하여 더 많은 발전을 이룩해 내야 한다. 우리는 이 장에서 좀 더 널리 알려진 리더십 이론과 이론가에 대하여 간단히 살펴보고자 한다. 그리고 이어지는 그 다음 장들에서는 이들 리더십 이론과 이론가들의 주요 요소를 강력하게 지지하는 우리의 메타분석에서 발견했던 것들을 제시할 것이다.

1. 주요 리더십 이론

많은 리더십 이론들이 교육리더들에게 방향을 제시하는 데 영향을 미쳐 왔다. 그중에서 우리의 연구 분석에 기초가 된 몇 가지 이론에 대하여 살펴보기로 한다.

1) 변혁적 리더십과 거래적 리더십

비즈니스 분야와 교육 분야의 리더십에 관한 논의에 많이 회자된 두 용어는 아마 변혁적 리더십(transformational leadership)과 거래적 리더십(transactional leadership)일 것이다. 이 두 용어는 일반적으로 현대 리더십 이론에 기초를 마련한 사람으로 알려진 James Burns에 뿌리를 두고 있다. Burns(1978)는 주로 정치학 분야에 관한 연구를 하면서 일반적으로 튼튼하고 설득력 있는 리더십 정의를 처음으로 내렸다.

나는 리더십을 리더와 폴로어 양자의 가치와 동기, 즉 요구와 필요, 열망과 기대를 대표하는 어떤 목표를 폴로어로 하여금 추구하도록 유도하는 리더라고 정의한다. 그리고 리더십의 천재성은 자신과 폴로어 양자의 가치와 동기를 내다보고 이를 위해 행동하는 방식에 있다(p. 19).

이러한 일반적 정의 범위 안에서 Burns는 거래적 리더십과 변혁적 리더십 두 형태의 리더십 사이의 기본적인 차이를 구별하였다.

일반적으로 거래적 리더십은 이것과 저것을 교환하는(거래하는) 것으로 정의하는 데 비하여, 변혁적 리더십은 변화에 더 초점을 맞춘다.

좀 더 세부적 용어로 들어가 Bass와 Avolio(1994)는 ① 예외적 수동적 관리(management-by-exception-passive)와 ② 예외적 적극적 관리(management-by-exception-active), ③ 건설적 거래(constructive transactional)의 세 형태의 거래적 리더십으로 나누어 기술하고 있다. ① 예외적 수동적 관리는 표준 설정을 하지만, 중요한 문제가 발생할 때까지 리더십 행위를 행사하지 않고 기다린다고 Sosik과 Dionne(1997)은 설명한다. 이 리더십 스타일의 폴로어들은 자기들의 직무는 현상유지라고 믿는다. 그러나 ② 예외적 적극적 관리의 리더들은 발생하는 이슈에 주의를 기울이고, 표준을 설정하며, 행위를 조심스럽게 관찰한다. 실지로 이 리더십 스타일의 리더들은 경영 행위가 너무 공격적이어서 폴로어들은 모험을 감행하거나 주도성을 보이지 않는다고 믿는다. ③ 건설적 거래 리더십은 거래적 리더십 스타일 중에서 가장 효과적이고 적극적이다. 이런 형태의 거래적 리더는 목표를 설정하고, 바람직한 산출물을 명료하게 밝히고, 성취에 대한 대가로 보상과 인정을 교환해 주고, 피드백을 제공해 주고, 제안이나 컨설팅을 해 주고, 칭찬받을 만한 사람을 칭찬해 준다. 이 거래적 리더십 스타일에 뛰어난 사람들은 다른 두 유형에 비하여 폴로어들을 경영이나 관리 과정에 더 많이 참여시킨다. 폴로어들은 일반적으로 기대를 받고 있는 직무수행 목표에 초점을 맞추고 또 이를 성취하는 반응을 보여 준다.

변혁적 리더십은 기대 이상(beyond expectations)의 결과를 가져온다고 믿게 되는 가장 좋은 리더십 스타일이다(Bass, 1985; Burns 1978). Burns(1978)에 따르면, 변혁적 리더는 "폴로어를 리더로 전환시키기도 하고 리더를 도덕적 촉진자로 전환시키기도 하여 상호 자극과 상호 상승의 관계성을 형성한다."(p. 4)는 것이다. Bass(1985)가 이를 다시 상세히 나눈 것처럼 변혁적 리더의 행위를 ① 개인 배려(individual consideration), ② 지적 자극(intellectual stimulation), ③ 영감적 동기화(inspirational motivation), ④ 이상적 영향(idealized influence)의 네 요소로 특징짓는다. 이를 변혁적 리더십의 '4I'라고 한다(Sosik & Dionne, 1997). ① 개인 배려는 '소홀히 했던 구성원에 대한 개인적인 관심'을 주는 것으로 특징지어진다(Bass, 1990, p. 218). ② 지적 자극은 '폴로어로 하여금 오래된 문제를 새로운 방법으로 생각'할 수 있도록 하는 것으로 특징지을 수 있다(Bass, 1990, p. 218). ③ 영감적 동기화는 폴로어의 활기를 북돋우는 강력하고 자신감 있고 역동적인 참여를 통하여 '고도의 직무수행을 기대한다는 메시지를'(Bass, 1990, p. 218) 의사소통하는 것으로 특징지을 수 있다. 끝으로 ④ 이상적 영향은 모범적인 개인적 성취나 성격, 행위를 통해서 행위의 모델로 삼는 것으로 특징지을 수 있다.

2) 교육에서의 변혁적 리더십

Burns(1978)와 Bass(1985), Bass와 Avolio(1994)의 저서의 형성을 통하여 Kenneth Leithwood(1994)는 변혁적 교육리더십 모델을 개발하였다. Bass와 Avolio(1994)가 밝힌 변혁적 리더십의 '4I'가 21세기의 도전에 대처하는 교장에게 필요한 기능이라는 데 Kenneth

Leithwood는 주목하였다. 예를 들면, ① 교육리더는 개별 교직원의 요구에 주의를 기울이고 특히 그동안 배제되거나 무시된 직원에게 개인적인 주의를 기울여야 한다(개인 배려, Individual consideration). ② 효과적인 학교 행정가라면 교직원으로 하여금 낡은 문제를 새로운 방법으로 생각할 수 있도록 도와줘야 한다(지적 자극, Intellectual stimulation). ③ 효과적인 학교 행정가는 강력하고 역동적인 참여를 통해서 교사와 학생에게 높은 기대를 하고 있다는 점을 의사소통해야 한다(영감적 동기화, Inspirational motivation). 끝으로 ④ 효과적인 교장은 자신의 개인적 성취와 드러난 인성을 통해서 교사 행위의 모델을 보여 줘야 한다(이상적 영향, Idealized influence).

3) 총체적 질관리

Edward Deming(1986)은 일반적으로 총체적 질관리(TQM)의 창시자로 알려져 있는데 이는 주로 제2차 세계 대전 후 일본의 기업과 포드자동차와 제록스 같은 미국 기업에게 생산품과 서비스의 질을 향상시키기 위한 어떤 틀(framework)을 제공해 주었기 때문이다(Sosik & Dionne, 1997). 원래 TQM은 세계적 기업을 위해서 창안된 것이었지만, 교육의 리더십 실제에도 아주 강한 영향을 주었다. Deming의 TQM 개념의 핵심은 14원리인데 이들은 모든 형태의 조직에도 다 해당된다. Waldman(1993)은 Deming의 14원리를 효과적인 리더의 행동을 좀 더 구체적으로 정의하는 5기본요인으로 묶을 수 있다고 제안하였는데, 이들은 ① 변화 촉진력(change agency), ② 팀워크(teamwork), ③ 계속적인 개선(continuous improvement), ④ 신뢰 형성(trust building), ⑤ 단기목표 제거(eradication short-term goals)다.

(1) 변화 촉진력

Sosik과 Dionne(1997)은 '변화 촉진력(change agency)'을 조직에서 변화를 자극할 수 있는 능력이라고 정의하였다. 리더는 조직의 변화 필요성을 분석함으로써, 변화에 저항하는 구조와 상투적 일상을 고립화시키고 제거함으로써, 공유 비전과 절박감을 형성함으로써, 변화를 일으킬 수 있는 계획과 구조를 적용함으로써 그리고 개방적인 의사소통을 진작함으로써 리더는 변화를 촉진할 수 있다.

(2) 팀워크

TQM의 중요한 특색 중의 하나는 조직 내 팀워크(teamwork)의 중요성이다. Sosik과 Dionne(1997)은 팀을 다음과 같이 정의하고 있다.

> 팀이란 공통의 과업지향적 목적을 위하여 서로 상호작용하는 그리고 상호보완적 기능을 가지고 있는 둘 이상의 사람들로 구성된다. 팀은 과(課)나 여러 과를 교차하여, 부(部) 내에서 조직의 이익을 위하여 구성된다(p. 449).

효과적인 리더는 팀 설치에 참여할 뿐만 아니라 필요한 자원과 지원을 제공함으로써 팀에 활력을 불어넣는다.

(3) 계속적인 개선

이는 일본의 개선(keizen, 역자주: かい-ぜん, 改善)이란 용어에서 나온 개념인데 이는 조직 내 모든 구성원에 의한 조직의 중요한 측면(critical aspects)에 대한 계속적이고 점진적인 개선을 의미한다 (Masaaki, 1986). Deming(1986)에 따르면, 리더는 계속적인 개선 (continuous improvement)을 조직에 '초대(invite)'해야 하고 또 조직 목표를 구성원 마음의 최선두에 항상 떠올라 있도록 유지하며, 조직의 효과성을 이들 목표의 측면에서 판단하여 조직의 생기를 유지해야 한다.

(4) 신뢰 형성

팀이라는 용어가 내포하고 있는 것처럼 '신뢰 형성(trust building)' 에는 고용인이나 피고용자나 조직을 승-승(win-win)환경으로 지각하는 조직풍토 형성이 포함된다(Covey, 1991). Sosik과 Dionne (1997)은 '신뢰 형성'을 "리더의 성실성, 정직성, 개방성에 근거하여 폴로어에게 존경심(respect)을 형성하고 믿음을 갖게 하는 과정" (p. 450)이라고 기술하고 있다. 리더는 매일매일의 행동을 통하여 신뢰의 분위기를 형성하게 된다. 리더가 보여 줘야 하는 구체적인 행동에는 구성원에 관한 내용을 아는 것, 구성원을 동기유발시키는 것을 아는 것, 구성원으로 하여금 최고 수준의 효과성을 발휘하도록 하는 필요조건에 대하여 아는 것 등이 포함된다.

(5) 단기목표 제거

Peter Drucker(1974)가 명백하게 밝힌 목표관리제(Management

by Objectives: MBO)에서 전통적으로 설정한 형태의 목표를 제거하는 것으로 Deming은 이 용어를 정의하고 있다. 구체적으로 말하여 이것은 할당 목표, 수량화된 목표, 단기목표 셋의 제거(eradication short-term goals)를 의미한다. Sosik과 Dionne(1997)에 따르면, Deming은 이런 목표, 단기 계량적 결과 강조를 특별히 거부했다. 그렇다고 이것이 Deming이 구체적 목표를 싫어한다는 뜻은 아니다. 그러나 Deming이 주장한 목표는 보다 더 과정과 장기적 전망에 초점을 맞췄다. 효과적인 리더는 목표 설정에 필요한 기준을 세우는 데 도움을 줄 뿐만 아니라 목표 설계와 실행에 참여하도록 도움을 준다.

4) 서번트 리더십

서번트 리더십이란 용어는 1970년대 리더십 문헌에 처음 나타나기 시작하였다. 효과적인 리더십은 다른 사람을 돕고자 하는 욕망으로부터 나온다고 믿었던 Robert Greenleaf(1970, 1977)의 공헌으로 여겨진다. 이러한 관점은 조직 내 사람들을 통제하거나 감시하는 일을 강조하던 이론들(거래적 리더십과 같은)과 날카롭게 대조를 이룬다.

서번트 리더십은 또한 조직 내 리더의 지위에서 독특한 관점을 가지고 있다. 서번트 리더십에서는 리더가 위계의 정점의 지위를 차지하는 대신 조직의 중앙에 자리매김을 한다. 이는 서번트 리더가 위계의 상층부 지위를 차지한 극히 일부 높은 수준의 관리자와 상호작용하는 대신 조직의 모든 측면과 조직 내 모든 개인과 상호작용한다는 점을 내포하고 있다.

서번트 리더십의 중심적 역동성은 조직 내 모든 사람을 보살핀다는 의미다. 그래서 결과적으로 서번트 리더십의 중요한 기능은 다음과 같은 점을 포함하고 있다.

- 조직 내 모든 사람의 개인적 요구에 대한 이해
- 조직 내 갈등으로 인한 상처의 치유
- 조직 내 자원에 대한 봉사자 되기
- 조직 내 모든 사람들의 기능 개발
- 효과적인 경청자 되기

서번트 리더십은 다른 리더십 이론처럼(예, TQM) 종합적인 리더십 이론을 포괄하고 있지는 않지만, 많은 리더십 이론가들의 사상의 핵심 요소가 되고 있다(Covey, 1992; Elmore, 2000; Spillane, Halverson, & Diamond, 2001).

5) 상황적 리더십

상황적 리더십 이론은 대개 Paul Hersey와 Blanchard의 저서와 관련이 있다(Blanchard, Carew, & Parisi-Carew, 1991; Blanchard & Hersey, 1996; Blanchard, Zigarmi, & Zigarmi, 1985; Hersey, Blanchard, & Johnson, 2001). 상황적 리더십에 깔려 있는 기본원리는 구체적 과업 수행을 위한 폴로어의 자발성과 능력에 근거한 '성숙도(maturity)'에 리더십 행위를 맞춘다는 것이다. 과업 수행의 자발성

과 능력의 고, 저에 따라 다음과 같은 네 가지 유형의 리더십 스타
일을 맞춘다.

- 폴로어가 주어진 과업 수행에 저능력(unable), 저자발성(un-
  willing)일 때, 리더는 개인적 관계성에 많은 관심을 보이지 않
  고 폴로어의 행동을 지시한다. 이 리더십 스타일을 고과업－저
  관계성 초점 또는 '명령형(telling)'이라고 한다.
- 폴로어가 과제 수행에 능력은 적으나 기꺼이 일하고자 하는 자
  발성을 가지고 있을 때, 리더는 친절하게 폴로어와 상호작용하
  지만, 아직 구체적인 지시와 지침을 제시한다. 이런 리더십 스
  타일을 고과업－고관계성 초점 또는 '참여형(participating)'이
  라고 한다.
- 폴로어가 능력은 있지만 과업 수행에 자발성이 없을 때, 리더
  는 많은 지시나 지침을 제공하지 않지만 폴로어로 하여금 과
  업에 참여하도록 설득해야 한다. 이런 리더십 스타일을 저과
  업－저관계성 초점 또는 '설득형(selling)'이라고 한다.
- 폴로어가 능력도 있고 과업 수행에 자발성도 있을 때, 리더는
  최소한만 간섭하거나 아예 간섭을 하지 않고 과제 집행을 폴
  로어에게 넘겨주어 기본적으로 폴로어 자신이 과업 수행을 완
  성하도록 신뢰하고 맡기는 것이다. 이런 리더십 스타일을 저
  과업－고관계성 초점 또는 '위임형(delegating)'이라고 한다.

효과적인 리더는 이 네 유형 모두에 맞는 기능과 능력을 갖고 있
을 뿐만 아니라 폴로어의 구체적인 과업 수행에의 자발성과 함께

과업 수행 능력 수준에 대하여 잘 알고 있어야 한다. 효과적인 리더라면 어떤 한 리더십 스타일이 모든 폴로어와 모든 상황에 알맞을 수 없고, 어느 상황에서 어느 폴로어에게 어느 유형이 알맞은지 정확하게 구별해야 한다는 것을 알아야 한다.

6) 수업리더십

미국에서 지난 20여 년에 걸쳐 교육리더십과 관련하여 가장 많이 다루어진 주제는 아마 수업리더십이었을 것이다. Leithwood와 Jantzi 그리고 Steinbach(1999)는 리더십에 관한 현대 문헌을 고찰하고 나서 수업리더십이 북미주 지역 교육리더십과 관련하여 가장 자주 다뤄진 개념 중의 하나였다는 점에 주목하였다. 이러한 대중적인 인기에도 불구하고 이 개념을 분명하게 잘 정의내리지 못하고 있다. 지난 수년 동안 가장 빈번하게 나타난 수업리더십에 관한 기술을 보면 Wilma Smith와 Richard Andrews(1989)의 정의였다. 이들은 수업리더를 네 가지 차원 또는 네 가지 역할로 밝혔는데 바로 ① 자원 제공자, ② 수업 자원, ③ 의사소통자, ④ 가시적 존재다.

첫째, 자원 제공자로서 교장은 교사들로 하여금 직무 수행을 잘하는 데 필요한 교수 자료와 시설, 예산을 확보할 수 있도록 해 줘야 한다. 둘째, 수업 자원으로서 교장은 스스로 원하는 행동의 모델이 되고, 교원의 능력개발에 참여하고, 수업에 관한 한 일관되게 최우선순위를 둠으로써 매일매일의 수업 활동과 수업 프로그램을 적극적으로 지원해야 한다. 셋째, 의사소통자로서의 교장은 학교의 목표를 분명하게 제시하고, 이 학교목표를 교직원에게 분명히 말해 준다. 넷째, 가시적 존재로서 교장은 자주 수업관찰을 하고 교직원이 쉽게 접근할 수 있도록 한다.

이외에 다른 연구자들은 수업리더십의 특징을 정의하는 데 약간 다른 목록을 열거하고 있다. 예를 들면, Blase와 Blase(1999)는 그들의 반성-성장(Reflection-Growth: RG) 모델에서 ① 교수학습 연구에 대한 지원과 촉진, ② 교사들 간의 협력적 노력의 촉진, ③ 교사들 간에 코치하는 관계성의 형성, ④ 어떤 결정을 하기 위한 수업연구의 활용, ⑤ 교사와 함께 일할 때에는 성인학습의 원리 적용하기와 같은 특징이라고 하였다. Glickman과 Gordon, Ross-Gordon(1995)은 ① 교사의 매일매일의 활동을 직접 돕기, ② 협동적 집단의 개발, ③ 교육과정 개발, ④ 실행연구(action research)의 활용의 넷을 들고 있다. Hallinger와 Murphy, Weil, Mesa, Mitman(1983)은 수업리더의 일반적 세 가지 기능으로 ① 학교 사명(mission)의 명료화, ② 교육과정과 수업의 관리, ③ 긍정적 학교풍토의 조성을 들고 있다. 끝으로 말해야 할 것은 수업리더십도 변혁적 리더십과 연결된다는 점이다. Leithwood와 Jantzi, Steinbach(1999)에 따르면 수업리더십도 일반화시키면 조직을 위하여 구성원의 노력을 증대시키기를 열망할 뿐만 아니라 보다 더 기술 높은 실제로 발전시키고자 하는 것이기 때문에 변혁적 리더십은 수업리더십을 확대시킨 것이라고 할 수 있다.

2. 주요 리더십 이론가

많은 이론가들이 K-12 교육의 리더십 실제에 많은 영향을 주었
다. 여기서 우리는 다시 우리의 연구문헌 분석에 기초가 되었던 몇
몇 이론가들에 대하여 간단히 살펴보기로 한다.

1) Warren Bennis

Warren Bennis(2003)는 주로 미래에 초점을 맞춘다. Bennis는 자
기 책 『리더 되기(*On Becoming Leader*)』에서 21세기 리더십에 필요
한 행위를 예상했다. 현대 리더들은 변화를 일으키기 위하여 자신
의 개인적 기능이나 카리스마에 의존하지 않는다는 사실을 강조한
다. 그는 효과적인 리더십의 중요한 네 가지 특성을 밝혀냈다. 첫
째, 리더는 공유비전의 설정을 통해서 다른 사람들을 참여시킬 수
있어야 한다. 둘째, 리더는 구성원들과 다른 분명한 목소리를 가지
고 있어야 한다. 이 목소리는 목적의식, 자아감, 자신감으로 특징지
어져야 한다. 셋째, 리더는 자신들의 노력에 불을 지피는 고귀한 정
신에 대한 믿음과 강한 도덕률로부터 운영해야 한다. 끝으로 리더
는 변화에 대한 끊임없는 압력에 잘 적응할 수 있는 능력을 가져야
한다. Bennis와 Nanus(2003)는 『리더스: 책임수행의 전략(*Leaders:
Strategies for Taking Charge*)』이란 책에서 이러한 특성을 Burns의 변
혁적 리더십의 의미와 관련지었다.

2) Peter Block

『어떻게라는 방법에 대한 대답은 예스: 무엇에는 행동(*The Answer to How Is Yes: Acting on What Matters*)』이란 책에서 Peter Block은 효과적인 질문하기로서 리더십의 틀을 구성하였다. 특히 그는 변화 과정에서 아주 이른 시기에 '어떻게(how)'의 질문을 하는 것은 대화의 힘을 약화시킨다는 점을 제시하였다. Block은 효과적인 리더는 조직 효과성을 고양시키거나 반대로 저하시키는 '사회적 공간(social space)'을 만들어 내는 사회적 건축가라는 점을 제시하였다. 이상적인 사회적 공간은 가장 복잡한 조직 문제까지도 해결에 이르게 해 준다. Block에 따르면, 주요 리더십 기능에는 비판적 논의의 채택, 질문의 명칭 부여하기, 문제해결에의 졸속적 종결에 반대되는 개념으로 학습에 대한 논의에 초점 맞추기, 문제해결에의 참여적 설계를 위한 전략 활용하기 등이 포함된다.

3) Marcus Buckingham과 Donald Clifton

Marcus Buckingham과 Donald Clifton(2001)은 갤럽 사(Gallup Corporation)와의 협동연구를 통해서 조직 내에서 개인이 소유한 34개의 특징적 '재능(talents)'과 '강점(strengths)'을 밝혀냈다. 각 개인은 어떤 재능에는 강점을 가지고 있지만, 어떤 재능에서는 약점을 가지고 있었다. Buckingham과 Clifton은 '강점기반(strength-based)' 조직을 만들기 위해서 리더는 적재 인물을 적소에 배치하는 데 많은 시간을 보내야 하고, 산출을 완성한 유형이나 방식에 반대되는 개념으로서의 산출을 인정해 줘야 하고, 밝혀진 강점 형성에 훈련의 초점을 맞추고 또 강점이 평가받지 못했거나 다르게 진술된 지위로 사람들을 승진시키는 일을 피하고, 강점 영역 밖으로 승진시키는 일도 피해야 한다고 제안하였다.

4) James Collins

기업의 성격에 많은 영향을 준 James Collins(2001)의 『좋은 기업을 넘어 위대한 기업으로(good to great)』란 저서는 기업계뿐만 아니라 교육계에도 현저한 영향을 주었다. '좋은(good)' 회사와 '위대한(great)' 회사의 차는 '수준 5(Level 5)'의 리더에 해당하는 사람이 있느냐에 달려 있다. 수준 5의 리더는 자신에게 주의를 집중하는 그 이상으로 위대한 회사 형성에 더 관심을 집중한다. 수준 5 리더들은 강력한 개인적 의지와 개인적 겸양심을 혼용한다. 이러한 리더들은 어떠한 곤란에도 불구하고 회사가 가장 하고자 하는 일을 하는 데 강한 헌신을 한다. 일이 잘못되어 갈 때 외부 요인의 탓으로 돌리고 비난하기보다는 원인을 내부로 돌리는 경향이 있다. 수준 5 리더의 다른 특성은 다음과 같다.

- 개인적 카리스마에 반대되는 목표 달성의 주된 수단으로 높은 표준에 의존한다.
- 직무수행을 위하여 자기 주변에 올바른 사람을 많이 둔다.
- 질서정연한 문화를 형성한다.
- 자기 회사에 관한 사실을 정직하게 바라본다.

• 자기 회사의 미래에 관하여 곤란한 질문을 기꺼이 받아들인다.

5) Stephen Covey

Stephen Covey의 연구도 Collins와 마찬가지로 원래 교육자를 직접 겨냥하지는 않았지만 교육에 많은 영향을 주었다. 유명한 책 『성공하는 사람들의 7가지 습관(*The 7 Habits of High Effective People*)』에서 Covey(1989)는 다양한 상황에서 긍정적인 결과를 낳는 일곱 가지 행위를 제시하였다. Covey는 이들 습관으로 직접 하나의 틀을 만들었다.

• "주도적인 삶을 살아라(Be Proactive)"는 환경이 당신을 통제하게 내버려두지 말고 당신이 당신의 환경을 통제하는 것을 의미한다. 효과적(역자주: 우리나라에서는 'effective'를 '성공하는'으로 번역하였으나 이 책에서는 '효과적인'으로 번역함)인 리더는 주요 환경과 상황에 대한 반응으로 자신의 환경을 통제해야 한다.
• "목표를 명확히 하고 행동하라(Begin with the End in Mind)"는 효과적인 리더는 조직의 목표를 항상 염두에 둔다는 것을 의미한다.
• "소중한 것부터 먼저 하라(Put First Things First)"는 조직의 목표에 직접 관련된 행위에 초점을 맞춘다는 뜻이다. 이 목표를 위한 행동은 다른 어떤 행동보다 최우선순위에 둔다.
• "상호 이익을 모색하라(Think Win-Win)"는 조직의 목표가 달

성되었을 때 조직의 모든 구성원들이 이익을 보도록 보장하는 일이 포함된다.

- "경청한 다음에 이해시켜라(Seek First to Understand, Then to be Understood)"는 조직 내 구성원에게 경청하고 또 구성원의 요구를 이해함으로써 튼튼한 의사소통 통로를 구축하는 일이 포함된다.

- "시너지를 내라(Synergize)"는 협동과 협력은 개인의 고립된 노력에서 기대했던 그 이상 더 많은 생산을 거둔다는 원리에 해당된다.

- "심신을 단련하라(Sharpen the Saw)"는 단순한 반복이 아니라는 것을 확인시켜 주기 위해서라도 전에 있었던 실수로부터 학습하고, 기능을 개발하는 것을 말한다.

Covey의 책 『원칙중심 리더십(*Principle-Centered Leadership*)』은 효과적인 리더십의 기본운영 원리로 일곱 가지 습관을 꼽았다. 그러나 이 두 번째 책에서는 리더 자신의 생활과 자신의 일상 행동을 안내하는 원리로 강한 목적의식을 갖는 것이 필요하다는 것을 강조하였다. Covey로서는 효과적인 리더는 분명한 목적의식과 무엇 때문에 우리가 사는가에 대하여 행동으로 보여 주는 것이 중요하다고 본 것이다.

교육에서도 공통으로 사용되는 Covey의 세 번째 책은 『첫 번째 일은 첫 번째에(*First Thing First*)』다(Covey, Merrill, & Merrill, 1994). Covey도 시간관리(time management)의 개념을 다루었지만, 고도의 시간 사용과 최선의 시간 사용을 강조함으로써 이 주제에 대하여 전통적으로 사용해 온 것을 더 확장시켰다. Covey의 다음 단계의 선택은 당면 과제의 요구에 의하여 안내되어야 할 뿐만 아니라 개인의 인생목적에 의하여 훨씬 더 안내되어야 한다는 것이다. 그래서 Covey는 개인시간의 고도 사용과 최선의 사용은 당면 문제를 가장 효과적으로 생각하는 행동과 개인의 인생목적과 가장 일치하는 행동이라고 본 것이다.

6) Richard Elmore

Richard Elmore(2000)는 리더십의 역할에 대하여 독특한 관점을 제시하고 있다. Elmore는 교육과정과 수업, 평가에서의 효과적인 실제의 중요성과 이와 관련된 일상적인 문제에 대하여 교사들과 함께 일하는 능력을 강조하는 수업리더십을 증진하는 리더십에 의견을 같이한다. 그러나 교육과정과 수업, 평가에 관한 안내를 제공해야 한다는 지식기반이 넓다는 점을 경계한다. Elmore의 해법은 리더십의 책임을 분담시키는 조직이라고 한다. 교장이 교육과정과 수업, 평가에 관한 현존하는 모든 지식기반을 다 정복하고 숙달할 만한 시간이나 에너지, 성향을 가지고 있지 못하지만 학교 내 다른 사람은 가지고 있을 수도 있다. 다시 말하면, 학교의 모든 리더십 기능을 교장에게 떠맡기는 모델에 반대되는 '분산적 리더십' 모델의 사용을 Elmore는 주장하였다.

7) Michael Fullan

리더십 이론에 대한 Michael Fullan의 공헌은 광범할 뿐만 아니라 변화의 과정과 변화를 위한 리더십에 초점을 맞추었다는 점이다. Fullan은 저서 『변화의 세력: 교육개혁의 심층 탐구(*Change Forces: Probing the Depths of Educational Reform*)』(1993)에서 하나의 체제가 계속적인 변화를 추구하는 성향을 가지고 있지만 또 이에 지속적으로 반대하는 성향도 가지고 있는 상황에서 교육개혁자들은 '승산 없는(not winnable)' 전쟁을 하고 있다고 주장한다. Fullan이 이러한 딜레마에 대하여 간단한 하나의 해결책을 내놓지는 않았지만, 다음의 새로운 방식들을 제안하였다.

- 문제를 기회로 보는 것을 포함하는 변화에 대한 새로운 사고 방식
- 변화는 강제할 수 없다는 현실을 인식하는 것
- 개인주의와 집단주의가 대등한 힘을 갖도록 보장하는 것
- 학교를 학습공동체가 되도록 설계하는 것

『변화문화의 리드(*Leading in a Culture of Change*)』(2001)에서 Fullan은 변화 리드의 청사진을 제시하였다. 효과적인 리더십에 관한 지식기반은 교육리더들에게 분명한 지침을 제시해 주는 지점에 이르렀다는 전제에 근거하고, 모든 리더는 다 효과적일 수 있다는 전제에 근거하여 변화에 효과적인 리더십의 다섯 가지 특징을 밝혔는데 그 다섯 가지는 다음과 같다.

- 도덕적 목적
- 변화 과정에 대한 이해
- 강력한 관계성
- 지식 공유
- 기존 지식과 신지식의 결합 또는 연결

8) Ronald Heifetz와 Marty Linsky

Ronald Heifetz(1994)와 Marty Linsky(Heifetz & Linsky, 2002a, 2002b)는 상황적 요구에 리더십 행위를 적응시킬 필요가 있다고 강조하였다. Heifetz와 Linsky는 조직이 부닥치게 되는 세 형태의 상황 사이에 근본적인 차이가 있다고 하였다.

- I형태의 상황은 전형적으로 전통적인 해결책으로 충분한 상황이다. 조직의 평범한 일상생활의 한 부분이 되는 문제들이 있는 상황이다. 이런 상황에 가장 알맞은 리더십 행위는 일상적인 일을 설정하고 절차에 따라 운영하고, 직원이 일에서 멀어지는 문제를 갖지 않도록 보호하는 일들이 포함된다.
- II형태의 상황은 전통적인 해결책으로는 충분하지 못한 상황이다. 이 상황에 가장 알맞은 리더십 행위는 조직 내 구성원들로 하여금 문제가 되는 새로운 방법을 찾아내는 데 도움이 되는 자원을 제공하는 일이 포함된다.
- III형태의 상황은 조직의 현재 신념과 가치의 상황으로는 적절하게 해결할 수 없는 상황이다. 옛날 체제의 상황으로는 적절

한 행동을 가능하도록 허락하지 않는 신념과 가치를 형성하도
록 촉진하기 위하여 리더는 갈등을 치밀하게 조정하지 않으면
안 된다. III형태의 상황에서 리더는 조직의 성공을 위하여 책
임을 이해당사자에게 맡기는 권위를 갖는다.

9) James Spillane

James Spillane과 그의 동료들(Spillane & Sherer, 2004; Spillane,
Halverson, & Diamond, 2001, 2003)은 분산적 리더십 개념에 초점을
맞추었다. 이들은 분산적 리더십을 단순한 과제의 단순한 분산으
로 정의하는 수준을 넘어 정기적으로 상황에 맞춰 역할을 바꾸는
리더와 폴로어의 상호작용적 웹으로 분산적 리더십을 특징지었다.
분산적 리더십의 개념에 중요한 것은 리더십 기능을 다중 리더들
에게 분산 또는 '확대(stretched out)' 하는 세 가지 방식으로 다음과
같다.

- 협력적 분산(collaborative distribution)은 한 리더의 행동이 다른
  리더의 행동에 기반이 될 때 일어나는 것이다.
- 집단 분산(collective distribution)은 리더들이 분리하여 독립적
  으로 행동하지만, 하나의 공유목적을 위하여 행동할 때 일어
  나는 것이다.
- 조정된 분산(coordinated distribution)은 연속적인 과제를 각각
  다른 개인들이 리드할 때 일어난다.

3. 기타 연구의 종합 노력

이 책의 기반을 이루는 연구와 마찬가지로 다른 저명한 종합 노력을 통해서 교육리더십에 관하여 광범한 원리를 찾아내려는 시도로 다른 연구물들도 검토하였다. 여기서 우리는 약간의 다른 노력들을 살펴보기로 한다.

우리가 35년 전으로 거슬러 올라가 연구문헌을 고찰하다 보니 1970년대 초 학교 효과성운동의 전성기로 되돌아가게 되었다. 1970년대 학교 효과성운동으로부터 나온 일반적 결론은 교육리더십이 효과적인 학교의 중요한 하나의 특징이라는 점이다(Brookover et al., 1979; Edmonds, 1979a, 1979b; Rutter et al., 1979). 효과적인 리더십에 해당하는 구체적인 행위는 다음과 같다.

- 구체적인 학습목표에서의 학생 진보의 확인
- 교사 장학
- 학생성취와 교사 성과에 대한 높은 기대 형성
- 기초 기능에의 초점
- 교육과정 모니터링

이러한 결론의 기반이 된 많은 연구는 '고성취(high-achieving)학교'와 '저성취(low-achieving)학교'를 비교하기 위한 연구설계를 하고, 이들 학교 간의 중요한 차이를 발견하기 위하여 두 집단의 특징을 검토하기 위한 연구설계를 사용하였다. 이러한 연구를 '외부연구(outlier studies)'라고 한다. 1970년대 이래 많은 연구와 저서들이 효과적인 학교의 특징을 기술하기는 했지만, 우리의 연구와 비교할 만한 교육리더십을 종합하려는 노력은 별로 없었다.

『학교효과성에 대한 교장의 기여도 탐색: 1980~1995(*Exploring the Principal's Contribution to School Effectiveness: 1980~1995*)』란 제목의 논문에서 Philip Hallinger와 Ronald Heck(1998)은 1980년과 1995년 사이에 연구된 경험적 연구의 결과를 종합하였다. 그리고 이들 연구를 3개의 광범한 범주, 즉 다음과 같이 나누었다.

- '직접효과(direct effect)' 모델을 사용한 연구
- '매개(간접)효과(mediated effect)' 모델을 사용한 연구
- '상호효과(reciprocal effect)' 모델을 사용한 연구

'직접효과' 모델은 교장의 행위와 학생의 성취 사이에 직접 연결 짓는 연구다. 이 연구는 기본적으로 1970년대 학교 효과성 연구에서 취해진 접근으로 만일 교장이 어떤 행위를 하면 성취도가 향상되고, 만일 교장이 이런 행위를 하지 않으면 성취도가 향상되지 않았다는 식의 연구다.

'매개(간접)효과' 모델은 교장은 다른 변인을 통해서만, 구체적인 예를 들면 교사를 통해서만 학생 성취에 영향을 준다고 가정하는 연구다. 좀 더 전문적인 용어로 말하면 '매개(간접)효과' 모델은 행사, 사람, 문화 구조와 같은 요인이 포함되는 많은 간접적인 통로를 통해서 교장은 학생의 성취에 영향을 준다고 가정한다.

끝으로 '상호효과'에 기반한 모델은 교장과 교사가 서로 영향을

준다고 가정한다. 교장의 행동은 교사의 행동에 영향을 주고, 교사의 행동은 교장의 행동에 영향을 준다고 가정한다. 이 모델은 변인들 간의 다중 경로를 포함한다.

Kathleen Cotton(2003)은 그의 책 『교장과 학생성취: 연구결과가 말해 주는 것(*Principals and Student Achievement: What the Research Says*)』에서 기술적 문헌고찰의 결과를 발표하였다. 고찰자는 연구의 패턴과 경향을 파악하면서 연구의 엄격한 논리적 분석(계량적 연구에 반대되는 개념으로서)을 한 기술적 고찰을 하는 제1장으로부터 논의를 끌어냈다. 1985년부터 2003년까지의 연구에 초점을 맞춰 모두 81편의 보고서를 고찰하였는데, 그중에 약간은 한 주제 이상의 여러 주제를 다룬 것도 있다. 51편은 학생성취에 대한 교장 리더십의 영향(influence)을 다루었고, 10편은 학생 태도에 대한 교장 리더십의 효과(effect)를, 8편은 학생 행위, 15편은 교사 태도, 4편은 교사 행위, 3편은 학생 탈락률을 다루었다. 학생성취, 학생 태도, 학생 행위, 교사 태도, 교사 행위, 탈락률과 같은 종속변인에 긍정적으로 영향을 주는 교장 행위에서 25개 범주를 밝혀냈다. Cotton이 밝혀낸 25개 범주는 다음과 같다.

- 안전하고 질서정연한 환경
- 높은 수준의 학생 학습에 초점을 맞춘 비전과 목표
- 학생 학습에 대한 높은 기대
- 자신감과 책임감, 인내심
- 가시성과 접근 가능성
- 긍정적이고 지원적인 풍토

- 의사소통과 상호작용
- 정서적이고 인간적인 지원
- 학부모와 지역사회의 봉사활동과 참여
- 의식과 축하의식, 기타 상징적 행동들
- 공유적 리더십, 공유적 의사결정, 직원에의 임파워먼트
- 협력
- 수업리더십
- 높은 수준의 학생 학습에 대한 지속적인 추구
- 계속적 개선의 규범
- 수업 이슈에 대한 논의
- 수업관찰과 교사에의 피드백
- 교사 자율성에 대한 지지
- 모험 감행에 대한 지원
- 전문적 능력개발의 기회와 자원
- 수업 시간 보호
- 학생 진보에 대한 확인과 발견사항의 공유
- 프로그램 개선을 위한 학생 진보 결과의 활용
- 학생과 직원의 성취에 대한 인정
- 역할 모델 되기

이 25개 범주는 우리의 계량적 연구 종합에서 밝혀낸 목록과 아주 비슷하기 때문에 여기에 모두 열거하였다(제4장 참조). Cotton이 기술적 문헌고찰을 하였지만, 학생성취에 대한 교장의 리더십 영향을 계량적으로 예측하지는 않았다. 그러나 Cotton의 결론은 "교

장의 리더십이 비록 간접적으로라도 학생 산출에 영향을 준다는
점에 주목하였다." 에 바로 직행하고 있다. 다른 사람들의 연구를
인용하면서 다음과 같이 설명하고 있다.

일반적으로 교실 내외에서의 학생과 교장의 직접적인 상호작용으로
학생을 동기유발시키고, 영감을 주고, 교훈을 주고 또는 다른 영향을 주
어 비록 적은 비율이나마 직접적으로 영향을 주는 반면, 대부분은 교사
나 다른 사람을 통한 매개적이고 간접적으로 영향을 준다(p. 58).

우리의 연구 노력과 가장 비슷한 종합 연구는 『교육리더십과 학
생성취: 관계 포착 곤란(*Educational Leadership and Student Achieve-
ment: The Elusive Search for Association*)』이라는 제목으로 Bob
Witziers와 Roel Bosker, Meta Kruger(2003)가 시행한 것이다. 이들
의 연구 목적은 교육리더십과 학생의 학업성취 사이의 계량적 관
계성을 찾아내는 것이었다. 우리와 마찬가지로 이들도 연구방법론
으로 메타분석을 하였다. 뿐만 아니라 이들도 우리처럼 리더십과
학생성취의 관계성을 측정하기 위하여 상관관계 계수를 사용하였
다. 이들은 1986년부터 1996년 사이의 여러 나라의 연구를 조사하
였다. 제1장에서 언급한 것처럼 기본적 연구결과는 전반적인 교장
의 리더십은 학생성취와 거의 상관이 없다는 것이다. 이들이 도출
해낸 상관관계 계수는 .02였는데 우리가 연구한 .25보다도 훨씬 작
았다.

　설명하자면, 리더십 행위의 증가에 따라 기대되는 학생성취의
증가의 측면에서 우리 연구결과와 Witziers 외의 연구의 함축성을

비교해 보기로 하자. 우리의 연구에서 나온 .25 상관관계 계수에 근거하여 보았을 때, 리더십 행위가 50% 수준에서 60% 수준으로 증가하면 학생성취는 50% 수준에서 60% 수준으로 증가하였다. 그런데 만일 Witziers의 상관관계(.02)가 리더십과 학생성취 사이의 참관계성(true relationship)을 나타낸다면 리더십 행위가 50%에서 84%로 증가하면 학생성취는 50%에서 51%로 증가하는 것에 해당될 것이다. 분명히 이들의 메타분석에서는 교육리더십은 학생성취에 거의 영향을 미치지 않는다는 것을 암시한다. 이들 연구의 기본적인 결론의 하나는 "리더십과 학생성취의 관계는 약하다."(p. 418)는 것이었다. 그러나 간접효과를 가정하는 결과가 더 예측성이 있다는 점에 주목하면 이 일반화를 가능하게 한다. Witziers 연구와 우리의 연구를 대조하는 것은 지난 35년간에 걸친 연구로부터 도출할 수 있는 결론을 이해하는 데 중요하다. 우리는 이 책 제3장과 기술노트 6에서 이들 대조에 대해서 좀 더 깊이 살펴보기로 한다.

우리의 연구와 비교할 만한 마지막 종합연구는 Kenneth Leithwood와 Karen Seashore Louis, Stephen Anderson, Kyla Wahlstrom(2004)의 연구다. 이 연구는 Cotton(2003)의 연구와 마찬가지로 기술적 접근을 하였다. 주목할 만한 하나의 결과는 리더십과 학생성취의 상관관계는 .17에서 .22 사이일 것이라고 예측한 점이다(Leithwood, Seashore Louis, Anderson, & Wahlstrom, 2004, p. 21). 물론 이 연구의 높은 예측치(.22)가 우리의 상관관계 계수 .25에 아주 근접하였다. 실제로 이들 연구의 주요 결론의 하나는 학교에서 학생의 학습에 기여하는 모든 학교 관련 요인 중에 리더십은 단지 두 번째로 수업에 기여하는 요인이라고 한 것이다. Cotton(2003)이

25개 범주의 리더십 행위를 찾아내고 우리의 연구에서 21 책임 영역(제4장 참조)을 밝혀낸 데 비하여, Leithwood와 그의 동료들은 '성공적인 리더십의 핵심(core of successful leadership)'(p. 8)으로 3기본실제(3 basic practices)를 밝혀냈다.

- 방향설정(Setting direction)은 리더 영향의 가장 많은 비율을 설명한다. 이 실제 세트의 교직원으로 하여금 학교 목표를 설정하고 또 학교 목표를 이해하도록 도와주는 데 목적이 있고, 학교의 공유비전의 기초가 된다.
- 인력개발(Developing people)은 학교 내 모든 직원의 역량을 향상하고, 직원의 강점을 활용하는 일이 포함된다. 이 범주에 해당하는 구체적인 행위는 "지적 자극을 하고, 개별적 지원을 하며, 조직의 기반이 되는 최선의 실천과 신념에 맞는 모델을 제시하는 일"(p. 9)이 포함된다.
- 조직 재설계(Redesigning the organization)는 교육자의 좋은 의도를 저해시키거나 손상시키고, 효과적인 실제의 실천을 실제로 방해하는"(p. 9) 조직 특성을 변화시키는 일이 포함된다. 이 범주에 해당하는 구체적인 실제에는 학교문화의 강화와 협력과정을 형성하는 일이 포함된다.

4. 요약 및 결론

여기서 살펴본 리더십 이론과 이론가, 종합 연구들은 우리의 결론 도출에 많은 기초가 되고 참고가 된다. 거래적 리더십, 변혁적 리더십, 수업리더십 이론과 함께 Collins, Elmore, Heifetz 등 이론가들의 연구는 우리들이 광범한 틀에서 나온 연구를 고찰할 수 있도록 해 준 지식 기반을 제공해 주었다. 다른 연구의 종합 연구 노력도 우리의 연구결과와 대조하고 비교하는 관점을 제시해 주었다.

메타분석

우리의 기본적 연구방법론인 메타분석은 주어진 영역의 연구물을 종합(synthesize)하기 위한 계량적 기법을 사용한다. 우리의 관심영역은 교장이 실천하는 교육리더십이었다. 우리가 메타분석을 할 때 다음 조건에 맞는 1970년부터 연구 당시(2001년)까지 이용가능한 모든 연구물로 하였다.

- K-12 학생을 대상으로 한 연구
- 미국 내 학교 또는 미국 학교문화가 밀접하게 반영된 학교를 포함한 연구
- 교장의 리더십과 학생의 학업성취의 관계성을 직접 또는 간접적으로 조사한 연구

- 학업성취도는 표준화학력검사나 주(州)실시 검사 또는 이들 중 하나나 둘 다에 근거하여 지수(composite index)로 측정한 연구
- 상관관계 형태의 효과(영향)크기(effect size)로 보고되거나 계산될 수 있는 연구

　우리는 이들 기준에 맞는 연구의 한 형태이지만, 때로는 우리의 분석에서 제외된 것이 있다는 점에 주목해야 한다. 제외된 연구는 사전에 이미 결정된 어떤 이론에 근거한 리더십 행위의 일반적 범주에 의한 리더십 '스타일(style)'을 다룬 것이다. 예를 들면, Evans와 Teddlie(1995)는 주도자(initiator), 관리자(manager), 반응자(responder)라는 세 리더십 스타일(역자주: 사전에 결정된 이론에 의한 스타일)과 학교에서의 전반적인 성취 사이의 관계성을 조사하였다. 이와 비슷하게 High와 Achilles(1986)도 참조자(referent), 전문가(expert), 능력자(enabler), 강제자(coercer), 법적 권위자(legal authority), 규범 결정자(norm setter), 참여자(involver)와 같은 사전에 결정된 리더십 스타일과 학교 성취와의 관계성을 조사하였다. 이러한 연구도 유용한 관점을 제시하여 주었다. 그러나 대체로 이들 연구를 우리의 메타분석에서 제외시켰는데 그 이유는 이들 연구가 보다 구체적인 행위들을 요약하여 포함하는 아주 넓은 범위의 행위 범주를 표현하는 용어이기 때문이다. 우리의 기본적인 연구 목표의 하나는 구체적인 리더십 행위를 밝히려는 것이기 때문에 광범한 범주로 합쳐지지 않은 구체적 행위를 말해 주는 연구만을 메타분석에서 다루었다.

1. 메타분석에 사용된 연구들

메타분석에 착수하기 위하여 세 표준 데이터베이스, 즉 ERIC (education resource information center, 교육자원정보센터), Psych Lit (역자주: 심리학 문헌), Dissertation Abstracts(박사논문초록)에서 리더십을 검색하였다. 모두 5,000개 이상의 제목이 검색되었다. 이들 중 우리의 기준에 맞는 것은 300개였다. 우리 연구자들은 또한 Cotton(2003), Hallinger와 Heck(1998, 1996), Leithwood와 Begley, 그리고 Cousins(1990)의 연구와 같은 종합 연구도 검토하였다. 마지막으로 다른 가능성 있는 연구를 찾아내기 위하여 메타분석에 포함된 논문의 참고문헌 목록에 있는 연구를 검토하였다. 여기서 모두 우리 기준에 맞는 69편의 논문을 발견하였다. 이들 목록은 이 책의 [부록 1]에 제시되어 있다.

메타분석에 사용한 69편은 대부분 임의표집(convenience sample)이나 목적표집(purposeful sample)으로 표집되었다. 임의표집은 한 교육청 관내에 있는 모든 학교를 포함시킬 때 사용되었다. 그리고 목적표집은 연구에서 한 교육청이나 한 주에서 학생성취에 관련된 어떤 기준을 사용하여 높은 성과를 내는 학교로 사용할 때나 낮은 성과를 내는 학교로 비교할 때 이루어졌다. 〈표 3-1〉은 우리가 분석한 69편의 연구의 특성을 정의한 것이다.

〈표 3-1〉은 69편의 연구물이 1978년에서 2001년의 23년 동안에 이루어진 것을 가리킨다. 1978년 이전과 2001년 이후에는 우리의 연구물 선정 기준에 맞는 이용 가능한 연구물을 발견할 수 없었다

〈표 3-1〉 메타분석에 사용된 연구의 특성	
연구 논문의 수	69편
연구 완성 또는 출판 연도	1978~2001년
연구에 포함된 총 학교 수	2,802교
학교 수준별 연구 수와 학교 수	
• 초등학교	39편, 1,319교
• 중학교	6편, 323교
• 고등학교	10편, 371교
• K-8 학교	8편, 290교
• K-12 학교	6편, 499교
연구에 포함된 추정 교사 수	14,000명*
연구에 포함된 추정 학생 수	1,400,000명**

* 추정 교사 수는 한 연구의 질문지에 응답한 평균 교사 수를 5명으로 계산한 것에 근거함
** 추정 학생 수는 연구에 참여한 학교의 평균 학생 수를 500명으로 계산한 것에 근거함

(역자주: 그래서 35년간 이루어진 연구물을 대상으로 했다고 했으나 실지로는 23년). 이 연구에 포함된 공식적인 총 학교 수는 2,802개 학교다. 연구결과의 논의 중 어떤 곳에서 64편의 연구물과 2,599개 학교라고 말한 것에 주의할 필요가 있다. 극단 점수 또는 분석 '극단치(outliers)'를 제외할 때 낮은(lower) 수를 사용하였기 때문이다 [〈표 3-3〉과 〈표 3-4〉의 주(註) 참조]. 가장 많은 연구물(39편)이 포함된 학교 수준은 초등학교이고 학교 수는 1,319교이었다. 가장 적은 연구물(8편)이 포함된 학교 수준은 K-8 학교 표집이고 학교 수는 290교이었다.

메타분석을 하는 전형적인 연구는 교장의 리더십 행위에 대한 교사의 지각(인식)을 묻는 질문지 형태를 사용한다. 우리도 교장 자신이나 교장의 상급자의 평정 대신에 교장 리더십에 대한 교사의

평정을 사용하였다. 교장 리더십에 관하여 반응자가 다르면 다른 평정 결과가 나온다는 것을 보여 준다(Heck, 1992). 교사들이 하루 하루의 학교 운영과 교장 행위를 최근접 거리에서 관찰할 수 있기 때문에 가장 타당한 정보를 제공하는 것으로 생각된다(Ebmeier, 1991; Heck, Larsen, & Marcoulides, 1990).

각 학교에서의 교사 반응의 평균 점수는 그 학교 학생의 평균 성취 점수와 서로 상관이 있었다. 우리 연구의 분석 단위는 학교였고, 각 학교는 학생의 평균 성취를 대표한 하나의 요약 점수를 갖게 되고 또 전반적인 리더십 행위에 대한 교사의 평균 지각을 대표하는 하나나 그 이상의 요약 점수와 교장의 구체적(특정) 리더십 행위에 관한 교사의 평균 지각을 대표하는 하나나 그 이상의 요약 점수를 갖게 된다.

2. 전반적인 리더십 영향

우리가 분석한 각 연구물에서 전반적 리더십과 학생성취 간의 상관관계 계수를 계산해 내거나 그 연구에서 직접 추출하였다(여러 연구에서 상관관계를 계산하는 방법에 대하여는 기술노트 4를 보라). 전체적으로 전반적인 리더십 행위와 학생 학업성취 사이의 관계성을 나타내는 69개의 상관관계를 도출하거나 계산해 냈다. 제1장에서 설명했던 것처럼 평균 상관관계는 .25다. 제1장에서 우리는 이 상관관계 계수(.25)는 교장의 리더십 행위가 50% 수준에서 84% 수준으로 향상되면 학교의 전반적인 성취도 향상은 50% 수준에서 60%

수준에 해당된다는 것을 가리킨다고 설명하였다. 뿐만 아니라 리더십 행위가 50% 수준에서 99% 수준으로 향상되면 학생성취는 50% 수준에서 72% 수준으로의 향상에 해당된다.

　.25 상관관계 계수에 대한 또 다른 해석은 교육리더십의 잠재적 영향에 대한 다른 관점을 제시해 준다는 점이다(이 기법에 대한 논의를 위해서는 기술노트 5를 보라). 교장 리더십과 학생 학업성취 사이의 평균 상관관계의 해석에서 가설적이지만, 정확한 상황을 보여 주는 것이 〈표 3-2〉다. 이 그림에서 상위 반수의 교장과 하위 반수의 교장에 해당하는 가로 줄(윗줄과 아랫줄) 이름의 의미를 이해하기 위하여 제1장으로 잠시 돌아갈 필요가 있다. 미국에 94,000개 이상의 K-12 학교가 있다는 점에 주목하면서 제1장을 시작하였다. 그러므로 미국에는 아마도 94,000명 이상의 교장이 있을 것이다. 이들 교장을 교육리더로서의 효과성의 순서로 정렬한다고 생각해 보기로 한다. 이들이 [그림 3-1]처럼 정상분포 곡선으로 분포되리라고 생각해도 좋을 것이다. 분포의 상위 반수는 리더십 행위의 측면에서 교장의 상위 50% 안에 포함될 것이고 분포의 하위 반수는 리더십 행위의 측면에서 하위 50% 안에 포함될 것이다.

　이제 〈표 3-2〉로 돌아가 학교의 학력고사 합격률과 실패율의

〈표 3-2〉 리더십 효과성에 따라 학교의 예상되는 합격률로 본 .25 계수의 해석		
	합격한 학교의 비율	실패한 학교의 비율
리더십 효과성에서 전체 교장 중 상위 반수로 평정된 교장의 학교	62.5%	37.5%
리더십 효과성에서 전체 교장 중 하위 반수로 평정된 교장의 학교	37.5%	62.5%

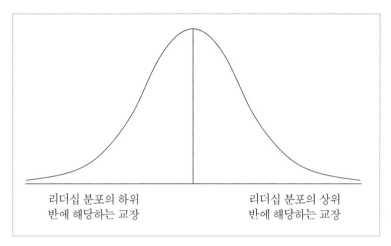

리더십 분포의 하위
반에 해당하는 교장

리더십 분포의 상위
반에 해당하는 교장

[그림 3-1] 리더십 효과성 분포

세로 칸에 대하여 살펴보기로 한다. 이들 칸의 제목을 설명하기 위하여 미국 94,000개 학교의 모든 학생에게 학력고사가 실시되었다고 가정한다. 한 학교가 학력고사에 합격하기 위해서는 그 학교 학생의 평균 점수는 정해진 '커트라인 점수(cut score)' 이상을 받아야 한다. 뿐만 아니라 정상적으로 50%의 학교가 합격하고 50%의 학교가 실패할 것이라는 일반적인 기대하에 설계된 학력고사다. 한 학교가 리더십의 상위 반에 해당하는 교장을 갖느냐 또는 하위 반에 해당하는 교장을 갖느냐에 근거하여 어떻게 이 기대된 합격률이 변화하였는지 〈표 3-2〉는 보여 주고 있다. 〈표 3-2〉에서 보여 주는 것처럼 분포의 상위 반에 해당하는 교장이 있는 학교에서는 62.5%가 합격하고 37.5%가 실패할 것이다. 분포의 하위 반에 해당하는 교장이 있는 학교에서는 기대치가 반대가 되어 단지 37.5%가 합격하고 62.5%가 실패할 것이다. 바꿔 말하면 리더십에서 상위 반에 해당하는 교장의 학교는 합격률에서 25% 더 높을 것이다.

우리가 기대된 합격률에 근거하여 이 예를 사용하든지, 아니면 학생의 평균 성취에서의 기대된 퍼센트의 변화에 근거한 앞의 예를 사용하든지 여기서 주는 메시지는 분명한데, 즉 교장의 리더십 행위는 학생 행위에 심대한 영향을 준다는 것이다. 평균 .25의 상관관계 계수에서 얻은 일반적인 결과는 아주 설득력이 있고, 교육리더로 하여금 리더십 능력을 향상시키기 위한 방법을 찾도록 촉구해야 한다고 믿는다. 그러나 우리의 연구와 같은 목적으로 실시한 적어도 한 다른 연구는 교장의 리더십과 학생성취 사이에 훨씬 더 관계가 약하다고 보고한 것도 있다. 우리의 연구결과에 근거하여 어떤 권고를 정당화하기 전에 우리는 이런 결과의 차이가 있다는 것을 말해야 한다.

3. 다른 연구의 관점에서 본 우리의 연구결과

교장 리더십과 학생성취 사이의 .25라는 평균 상관관계의 결과는 Witziers와 Bosker 그리고 Kruger(2003)가 시행한 메타분석에서 나온 계수보다 훨씬 더 높다는 사실에 대하여 언급하는 일도 중요하다. 이들은 리더십과 학생 학업성취 사이의 평균 상관관계를 거의 관계성이 없다는 것을 가리키는 .02라고 보고하였다. 이들은 초점을 극적으로 표현하기 위하여 논문의 제목을 「교육리더십과 학생성취: 관계 포착 곤란(*Educational Leadership and Student Achievement: The Elusive Search for Association*)」이라고 하였다. 우리의 연구결과와 결론은 분명히 이들 연구와 본질적으로 달랐다. 이들 본질적인 결과의 차이의 이유에 대한 자세한 분석은 기술노트 6에 제시되어 있다. 간단히 말하여 이들 차이는 세 가지 기본적인 이유로 설명할 수 있다.

첫째, 우리들이 미국 내 학교만 대상으로 연구한 데 반하여 Witziers와 그의 동료들은 여러 나라 학교에 초점을 맞췄다는 차이다. 설명하자면 Witziers의 메타분석에 포함된 37개 연구 중에 25개의 연구가 국제교육성취도평가회(the International Association for the Evaluation of Educational Achievement: IEA)의 25개국 독서 문해에 관한 자료를 사용하였다(Postlethwaite & Ross, 1993). 미국 이외의 다른 나라의 문해 연구들은 리더십과 문해 성취도 사이에 낮은 상관관계가 보고되었다는 것이다. Witziers와 그의 동료들의 분석에서 IEA 연구가 제외된다면 리더십과 성취 사이의 상관관계가 2배로 올라간다는 것을 그들이 발견하였다. 더구나 그들의 메타분석에 포함된 네덜란드에서 나온 연구는 리더십과 학생성취 사이에 특별히 영관계성(.00의 상관관계)으로 보고된 것이었다. Witziers와 그의 동료들이 진술해 놓은 것처럼 "전집과 IEA 자료를 제외한 표집의 양쪽에서 나온 결과는 네덜란드에서 나온 효과크기(effect size, 상관관계)가 거의 영에 가깝다."(p. 409)는 것을 보여 준다. 간단히 말하면 미국 이외의 연구는 특별히 매우 낮은 상관관계로 보고되는데 그래서 전체평균을 현저하게 떨어뜨리는 현상을 가져온다. Witziers와 그의 동료들이 미국 내 특정 형태의 연구에서 평균 상관관계를 계산했을 때는 .11인 것을 발견하였다.

둘째, 학생성취에 대한 리더십의 전반적 효과를 예측하는 우리의 연구와 Witziers와 그의 동료들의 연구 사이의 차를 설명하는 두 번째 다른 요인은 평균 상관관계를 계산하는 방식과 관련된다. 평균 상관관계를 계산하는 우리의 절차는 기술노트 7에 제시되어 있다. 요약하자면 메타분석에서 우리는 개념적 극단치(conceptual ouliers)와 통계적 극단치(statistical outliers)를 배제한 과정을 사용한 연구 내 그리고 연구들 사이의 평균 상관관계를 계산하였는데, 이 방법은 개념적 기준(conceptual criteria)이나 통계적 기준(statistical criteria)에 근거한 하나의 세트에서 한 다른 연구들과 아주 다른 방법이다. 극단치(outliers)들은 메타분석의 초점이 되는 구성(construct)요인에다 외생(extraneous)요인을 포함시킬 가능성이 아주 높기 때문에 연구자는 대개 이런 극단치를 제외시키곤 한다. 이 경우 이 구성요인은 교육리더십이었다(Lipsey & Wilson, 2001). 여러 경우를 살펴볼 때 이렇게 되면 극단적으로 낮은 상관관계를 제외시키는 결과를 가져온다. 우리의 분석에서 극단치를 남겨 두면 평균 상관관계 계수는 보고된 .25보다 더 낮아졌을 것이다.

셋째, 연구결과의 차를 설명하는 세 번째 요인은 학생성취 측정과 교장 리더십 측정에서 우리의 연구는 감쇄량(attenuation)을 교정하였다는 점이다(논의가 필요하면 기술노트 8을 보면 좋을 것이다). 감쇄량이란 연구에 사용된 측정도구의 정확성 부족 때문에 생긴 상관관계 계수의 축소된 양을 의미한다. 우리의 메타분석의 경우에 어떤 연구들은 아주 낮은 신뢰도를 갖는 리더십 능력 측정 질문지를 사용하였다. 이런 경우 당연히 낮은 신뢰도의 측정도구는 리더십과 학생성취 사이의 상관관계를 과소측정하게 될 것이다. 예를 들면, 어떤 연구에서 리더십과 학생성취 사이의 진상관관계가 .30이라고 가정해 보자. 그렇지만 이 연구에서 .64의 신뢰도를 갖는 질문지를 사용하여 교장의 리더십을 측정하는 경우도 있다. 감쇄량 이론은 신뢰도의 제곱근에 해당하는 요인에 의하여 진상관관계가 줄어들 것이라는 점을 우리에게 말해 준다(Hunter & Schmidt, 1990a, 1990b, 1994). .64의 제곱근은 .80이다. 그러므로 우리의 예에서 계산될 상관관계는 진상관관계인 .30이 아니라 .24(.80×.30)가 될 것이다. 한마디로 말하면 연구에서 계산된 상관관계는 .06만큼 진상관관계를 과소측정하게 된다.

요약하면 우리가 계산한 평균 .25의 상관관계는 다음과 같은 조건하에 있는 학교 교장의 리더십 행동과 전반적인 학생성취 사이의 관계성의 예측을 대표하는 숫자가 된다. 갖춰야 할 조건은, 첫째, 미국 내 학교이거나 미국에 있는 학교와 비슷한 문화의 학교이어야 한다. 둘째, 리더십 행위의 점수는 동일한 구인을 측정하는 것으로 나타난 상관관계 세트를 사용하여 계산되어야 한다. 셋째, 리더십 행위와 학생성취의 점수는 신뢰도 부족을 교정한 것이라야 한다.

이런 조건에서 계산된 평균 상관관계가 교장 리더십과 학생성취를 좀 더 합리적으로 예측할 수 있다고 믿는다. 만일 그렇지 못하다면 앞에서 인용한 통계적 문제가 되고 마침내 대안의 안면 타당도의 부족 문제가 된다. 좀 더 설명하기 위하여 Witziers와 그의 동료들의 연구에서 구한 상관관계 .02에 대하여 생각해 보기로 한다. 만일 이 계수가 교장 리더십과 학생성취 사이의 진짜 진관계성을 대표한다면 교육자들은 어떤 학교 교장의 리더십 행위가 그 학교 학생의 성취에 아무런 영향을 주지 못한다는 결론을 수용해야만 한다. 교장이 강력한 지도와 지원을 해도 그 학교 학생의 성취가 전연 지도나 지원을 하지 않은 학교에서 기대하는 것과 거의 똑같을 것이다. 이러한 결론은 자기 학교 학생성취에 극적인 향상에 영향을 준 미국 내 수많은 교장의 상식과 경험과 정면으로 배치된다.

4. 좀 더 심층적인 고찰

이 책 제1장에서 우리는 메타분석에서 계산해 낸 평균 상관관계를 과도하게 강조하는 점에 반대하여 주의하기로 하였다. 특히 현대 메타분석의 창시자로 인정받는 Gene Glass(Robinson, 2004)도 "메타분석의 결과를 결코 하나의 평균으로 내서는 안 되고, 하나의 그래프로 나타내야 한다."(p. 29)라고 주의를 하였다. Glass의 권고를 염두에 두고 우리의 메타분석에서 나온 상관관계 막대그래프 [그림 3-2]를 살펴보기로 한다.

[그림 3-2]는 우리의 메타분석 연구에서 나온 상관관계의 범위를 나타내고 있다. 하나의 관점에서 각 상관관계는 교장의 전반적 리더십 행위와 학생성취 사이의 '진관계성'의 각각의 예측을 대표한다. 즉, 조사한 교장과 학교는 미국 전국에 걸친 교장과 학교를 대표한다고 가정하거나 그러길 희망한다(이 개념에 대한 논의는 기술노트 9를 보라). 만일 우리가 [그림 3-2]에서 극단적인 예측을 한다면 교육리더십의 영향에 대한 매우 다른 전망을 하게 된다. 예를 들면, 그림에서 가장 큰 정적 상관관계 계수 .62를 생각해 보자. 만일 이 .62(오른쪽 극단치)가 교육리더십과 학생성취의 진관계성을 대표하는 숫자라면 리더십 행위가 50% 수준에서 84% 수준으로 향

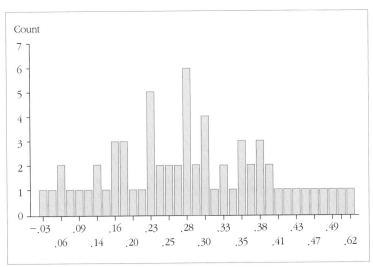

주) 극단치 제거. 기술노트 8을 보라.

[그림 3-2] 상관관계 분포

상(증가)한다면 학생성취는 50% 수준에서 73% 수준으로 향상된다
는 것을 의미한다. 그러나 이제 부적상관 극단치 −.03(왼쪽 극단치)
을 생각해 보자. 만일 이 수치 −.03이 교육리더십과 학생성취 사이
의 진관계성을 대표한다면, 리더십 행위가 50% 수준에서 84% 수
준으로 향상(증가)된다면 학생성취는 50% 수준에서 49% 수준으로
감소(decrease)하게 된다.

 똑같은 주제의 연구들이 어떻게 이러한 반대되는 결과를 가져올
수 있느냐고 묻는 것은 하나의 논리적 질문일 뿐이다. 여기서 다시
Glass는 하나의 방향을 제시한다. 이 질문에 대한 대답이 바로 메타
분석의 원초적 목적이 되어야 한다고 말한다. 특히 『How Science
Takes Stock: The Story of Meta-Analysis(과학은 주식 이동하는 방법:
메타분석 이야기, 1997)』란 제목의 메타분석에 관한 책에서 Hunt는

논평으로 Glass의 말을 인용하고 있다.

> 내가 메타분석에서 정말 생각해 온 것은 또는 이보다 생각해야 할 것
> 은 "이것이 심리치료의 효과(psychotherapy's effect)다."와 같은 하
> 나의 단순 요약 숫자가 아니라 모든 종류의 다른 조건의 기능, 즉 처치에
> 포함된 사람들의 나이, 그 사람들이 가졌던 모든 종류의 문제점, 심리치
> 료사의 훈련, 변화를 측정한 치료의 기간 등과 같은 처치와 산출 사이의
> 관계성이 어떠했는지 보여 주는 모든 연구결과의 집합체 제시다. 이것
> 이 우리가 정말 얻고자 했던 것인데, 즉 단순한 중심점보다는 모든 변화
> 와 전환의 전체 모습, 복잡한 전경을 말한다(p. 163).

다른 연구에서 발견된 학생성취에 대한 리더십 행위의 각각 다른 영향에 관한 질문에 대답하려는 시도는 기술적으로 조절변인(moderator variable), 즉 교육리더십과 학생성취 사이의 관계성에 영향을 줄 수 있는 변인을 찾고자 하는 것이라고 할 수 있다. 그렇다면 [그림 3-2]에 나타난 결과에서의 차이를 설명할 수 있는 잠재적인 변인(potential variables)은 무엇인가? 우리는 여러 조절변인의 영향을 고려하였다. 이에 대하여는 기술노트 10에서 논의되었다. 여기서는 이들 중 단지 두 변인에 대해서만 논의한다.

〈표 3-3〉에 나타난 것처럼 방법론의 질에서 가장 높게 평정된 연구는 교장의 리더십과 학생성취 사이에서 가장 많은 평균 상관관계(.31)를 나타내었다. 질에서 가장 낮게 평정된 연구가 가장 낮은 평균 상관관계(.17)를 보여 주었다. 이 결과로부터 아주 확고한 결론과 성급한 결론을 도출하기는 부적절할지 몰라도 교장 리더십과 학생

〈표 3-3〉 연구의 질			
연구의 질	평균 상관관계(r)	연구 수	학교 수
고(높음)	.31	22	820
중(중간)	.23	28	1,212
저(낮음)	.17	14	567
전체	.25	64	2,599

주) 우리의 분석에서 극단치를 배제했기 때문에 이 그림에 보고된 총 연구 수가 69가 아니라 64이
고, 총 학교 수도 2,802가 아니라 2,599다. 우리가 어떻게 극단치를 확인하였는가에 대하여
는 기술노트 7을 보라(역자주: 전체는 역자가 추가).

성취 사이에서 우리가 발견한 비교적 강력한 평균 상관관계가 아마
도 잘못된 연구설계의 가공물은 아닐 것이라는 증거를 〈표 3-3〉이
보여 주고 있는 것이다. 액면가 그대로 받아들인다 하더라도 〈표
3-3〉은 연구설계가 엄격하면 할수록 상관관계는 더 높아지고, 리
더십을 측정하는 방법과 리더십을 정의하는 방법에서 더 정밀한
연구일수록 리더십과 학생성취 사이에 더 강력한 관계성을 보여
준다는 것이다.

우리가 고려한 다른 조절변인은 연구에 포함시킨 학교의 수준이
다. 리더십과 학생성취 사이의 관계성은 다른 것보다 하나의 세트
로 된 학년 수준에 따라 지속적으로 다른 경우일 것이다. 이 변인에
관한 결과는 〈표 3-4〉에 보고되었다.

다시 말하게 되지만 〈표 3-3〉으로부터 확고한 결론과 성급한
결론을 도출해서는 안 된다. 그러나 액면가 그대로 받아들인다 하
더라도 〈표 3-3〉은 초등학교로부터 중학교, 고등학교에 이르기까
지 교장의 영향에는 큰 차이가 없다는 것을 보여 주고 있다. 이 세
수준의 학교에 상관관계가 동일하지는 않지만 통계적 관점에서 볼

〈표 3-4〉 학교의 수준

연구 초점의 학교 수준	평균 상관관계(r)	연구 수	학교 수
초등학교	.29	36	1,175
중학교	.24	6	323
고등학교	.26	9	325
K-8 학교	.15	7	277
K-12 학교	.16	6	499
전체	.25	64	2,599

주) 우리의 분석에서 극단치를 배제했기 때문에 이 그림에 보고된 총 연구 수가 69가 아니라 64이
고, 총 학교 수도 2,802가 아니라 2,599다. 우리가 어떻게 극단치를 확인하였는가에 대하여
는 기술노트 7을 보라(역자주: 전체는 역자가 추가).

때 아마도 '다르다(different)'고 하기에는 너무 비슷하다고 할 수 있
다. K-12 학교와 K-12 학교에 해당하는 연구의 평균 상관관계가
더 구체적인 학년 수준에 초점을 맞춘 학교(초등학교, 중학교, 고등
학교)보다 아주 더 낮다(.15와 .16)는 것은 흥미로운 일이다. 왜 이
들 학교에 대한 연구가 더 낮은 상관관계를 보여 주는지 분명한
이유를 밝힐 수는 없었다. 이들 학교의 연구의 넓은 범위(역자주:
K-8, K-12의 넓은 범위)가 교장의 리더십이나 학생의 학업성취나 또
는 이 둘을 정확히 측정하는 능력을 약화시켰을지 모른다. 그러나
이것도 단지 추측일 뿐이다.

교장의 리더십과 학생 학업성취 사이의 상관관계 크기에 관하여
총 8개 조절변인의 영향을 조사하였다. 기술노트 10에서 총 8개 변
인의 결과를 보고하고, 우리의 분석으로부터 결론을 내릴 수 있는
것과 결론을 내릴 수 없는 것에 관하여 논의하였다[역자주: 8개 조절
변인은 ① 연구의 질(study quality), ② 학교 수준(school level), ③ 교과
영역(subject area), ④ 효과크기의 추리 수준(inference level for effect

size), ⑤ 성취 측정(achievement metric), ⑥ 인종(ethnicity), ⑦ 지역사회 형태(community type), ⑧ 사회경제적 지위(socioeconomic status: SES) 다. 그렇지만 전반적으로 조절변인의 분석으로 교장 리더십과 학생성취 사이의 상관관계의 차이를 분명하게 설명하지 못한다. 그러나 조사의 다른 영역을 설명해 준다. 조사의 다른 영역으로 리더십 행위의 구체적 형태를 포함할 수 있다. 제4장에서 리더십 행위의 구체적 형태에 대하여 살펴보게 된다.

5. 요약 및 결론

개괄적으로 말하자면 교장은 자기 학교 학생의 성취에 깊은 영향을 준다는 점을 우리의 메타분석은 가르쳐 준다. 우리의 메타분석에 포함된 연구에서 교장 리더십과 학생성취 사이에 각각 다른 크기의 상관관계, 즉 매우 크고 긍정적인 관계, 낮고 부정적인 관계 등을 발견하였다. 연구의 질과 학교의 수준(초등학교, 중학교, 고등학교, K-8, K-12)과 같은 조절변인을 사용하여 이들 관계의 차를 설명하려는 우리의 시도에서 어떤 직선적인 설명을 할 수 없었다.

실제에의 적용

교육리더의 21 책임

1. 21 책임

우리의 메타분석에서 나온 평균 상관관계 .25는 매우 일반적인 용어로 정의한 교장 리더십에 근거한 것이었다. 그러나 교육리더십 연구자와 이론가들은 이런 일반적 정의로는 실제적 의미를 충분히 주지 못한다는 점에 주의를 기울인다. 예를 들면, Wimpleberg와 Teddlie 그리고 Stringfield(1989)는 교장 리더십에 관한 연구는 '비전 공유(has a vision)'와 같은 일반적 행위 특성에 주의를 기울여야 할 뿐만 아니라 학생성취에 영향을 주는 구체적 행동도 밝혀내야 한다고 간곡히 촉구해 왔다. 그래서 이런 권고에 따라 결과적으로 우리는 교장 리더십과 관련된 구체적인 행위를 찾고자 메

〈표 4-1〉 교장의 21 책임과 학생 학업성취와의 상관관계(r)

책임	교장 행위 범위	평균 r	95% CI	연구 수	학교 수
1. 긍정(affirmation)	성취에 대한 인정, 축하의 식과 실패에 대한 격려	.19	.08~.29	6	332
2. 변화 촉진(change agent)	가까이 도전하고, 현상에 대한 적극적 도전	.25	.16~.34	6	466
3. 보상(contingent rewards)	개인의 성취에 대한 인정과 보상	.24	.15~.32	9	465
4. 의사소통(communication)	교사, 학생과 밀접한 의사소통 라인 형성	.23	.12~.33	11	299
5. 문화(culture)	신념 공유와 공동체·협동 의식 촉진	.25	.18~.31	15	819
6. 기강(discipline)	교수 시간이나 초점을 흐리게 하는 이슈와 영향으로부터 교사 보호	.27	.18~.35	12	437
7. 융통성(flexibility)	리더십 행위를 현상황의 요구에 맞추고, 반대에도 편안함	.28	.16~.39	6	277
8. 초점(focus)	분명한 목표를 설정하고, 학교의 주의를 학교목표에 좌우 선을 둠	.24	.19~.29	44	1,619
9. 이상/신념(ideals/beliefs)	학교 교육에 대한 강한 이상과 신념에 대하여 소통하고 이에 의하여 학교 운영	.22	.14~.30	7	513
10. 투입(input)	중요한 결정과 방침의 결정과 실천에 교사 참여시킴	.25	.18~.32	16	669
11. 지적 자극(intellectual stimulation)	최신의 이론과 실제에 대하여 교직원이 알 수 있도록 하고, 정기적 학교문화 속에서 이에 대하여 논의하게 함	.24	.13~.34	4	302
12. 교육과정 수업, 평가에의 참여(involvement in curriculum, instruction, & assessment)	교육과정, 수업, 평가 실제의 설계, 적용에 직접 참여함	.20	.14~.27	23	826

책임	설명	평균 상관	95% CI	연구 수	학교 수
13. 교육과정과 수업, 평가에 관한 지식(knowledge of curriculum, instruction, & assessment)	현행 교육과정, 수업, 평가 실제에 대한 지식을 갖고 있음	.25	.15~.34	10	368
14. 모니터링/평가(monitering/evaluating)	학교 운영 실제의 효과성과 학생 학습에의 영향을 모니터함	.27	.22~.32	31	1,129
15. 낙관자(optimizer)	새롭고 도전적인 혁신을 불러일으키고 리드함	.20	.13~.27	17	724
16. 질서(order)	표준적 운영절차와 일상적인 일을 설정함	.25	.16~.33	17	456
17. 대외대변(outreach)	모든 이해당사자에 대하여 학교를 옹호하고 대변함	.27	.18~.35	14	478
18. 관계성(relationship)	교직원의 개인적 측면에 대하여 의식하고 있다는 것을 보여줌	.18	.09~.26	11	505
19. 자원(resources)	교사의 성공적인 직무 집행에 필요한 자원과 전문적 능력 개발을 지원함	.25	.17~.32	17	571
20. 상황인식(situational awareness)	학교운영의 암무와 세부사항을 인식하고, 현존 문제와 잠재적 문제에 관한 정보를 활용함	.33	.11~.51	5	91
21. 가시성(visibility)	교사, 학생과 질 높은 접촉을 하고 상호작용을 함	.20	.11~.28	13	477

주) 95% CI(confidence interval, 신뢰구간)는 진상관관계로 확신할 수 있는 범위가 95% 사이에 있다는 것을 의미한다(기술노트 9를 보라). '연구 수'는 제외을 다룬 연구의 수를 말한다. '학교 수'는 평균 상관관계 계산에 포함된 학교의 수를 말한다.

타분석에서 69편의 연구물을 조사하였다. 그래서 우리는 '교장의 책임(responsibilities)'이라고 하는 21개의 행위 범주를 밝혀냈다. 이들 21 책임을 학생성취와의 상관관계와 함께 〈표 4-1〉에 열거해 놨다.

제2장 여러 리더십 이론과 이론가에 대한 고찰에서 살펴본 것처럼 이들 21 책임은 약간 새로운 이름이 있긴 하지만, 리더십 문헌 내에서 완전히 새로운 것은 별로 없다. 제2장에서 말한 것처럼 정말로 Cotton(2003)이 밝힌 25 책임과 우리가 확인한 21 책임은 아주 비슷하다(이 두 비교를 위해서는 [부록 2]를 보라). 우리가 밝혀낸 것은 대부분 지난 수십 년간 리더십 이론가들이 제시해 온 의견을 정당화시켜 준다. 그러나 이 21 책임은 교육리더십의 성격에 대하여 약간 새로운 통찰을 제시하기도 한다. 여기서 21 책임의 각각에 대하여 간단히 살펴보기로 한다.

1) 긍정

'긍정(affirmation, 역자주: 꼭 맘에 드는 번역은 아니고 내용을 보면 성과와 책무성에 대한 '인정' '확인'의 의미도 강하다)'은 학교의 성취를 리더가 인정하고 또 축하의식을 갖고, 실패에 대해서는 격려하는 정도다. 이는 제2장에 거래적 리더십에 관한 논의에 기술된 행위와 관련되고, '좋음을 넘어 위대로(good to great)' 발전한 기업에 관한 Collins(2001)의 연구에서 밝힌 많은 리더십 행위와 관련된다.

이 책임의 핵심에는 학교의 성공과 실패에 대한 균형 잡히고 정직한 계산이 포함된다. Cottrell(2002)은 학교 수준의 행정가가 부닥

치는 가장 큰 도전의 하나는 긍정적, 부정적의 양 측면에서 학교의
성과를 직접적으로 말하는 것이라고 설명한다. 긍정적인 면을 인
정하고 감사를 표시하기는 좀 쉽지만, 부정적인 면을 인정하기는
훨씬 곤란하다. Cottrell은 보통 학교라면 30%의 슈퍼스타와 50%의
중간 스타, 20%의 실패 스타로 분류되는 직원들로 구성된다고 말
한다. 슈퍼스타로부터 뽑힌 예외적 특별한 성과 발휘자를 인정해
줄 뿐만 아니라 실패자로부터 나온 열등 성과자를 무시하는 것은
자연스러운 일이라고 그는 설명한다. 그러나 양쪽 다 명시적으로
알려줘야 한다. 또한 그는 "여러분은 성과 이슈를 단순히 무시할
수 없고 또 슈퍼스타가 아주 오래 지속되리라고 기대할 수도 없
다."(p. 40)라고 말한다. Lashway(2001)는 리더십 책무성 연구의 요
약에서 책무성 이슈를 "많은 경우 책무성은 단지 결과의 전달을 의
미한다."(p. 2)라고 하였다. 이 표준화 시대에 책무성은 결과에 근
거하여 긍정적인 측면과 부정적인 측면 양면에서 결과의 영향을
포함한다고 추가하여 말한다.

　우리의 메타분석에서 밝혀진 것처럼 이 책임에 해당하는 구체적
행위와 특성은 다음과 같다.

- 학생의 성취에 대하여 체계적으로 그리고 공정하게 인정하고
  축하하기
- 교사의 성취에 대하여 체계적으로 그리고 공정하게 인정하고
  축하하기
- 전체적으로 보아 학교의 실패에 대하여 체계적으로 그리고 공
  정하게 인정하기

예를 들면, 교장이 어떤 학생 집단이나 학교가 전반적으로 주정부 실시 학력검사에서 5% 상승하는 점수를 올린 것을 알았을 때 '긍정'의 책임을 수행하는 것이다. 또 다른 예는 사회과 교사들이 전문 학술지에 논문 게재 승인을 방금 받았다는 것을 교직원회의에서 교장이 발표할 때 '긍정'을 나타내는 것이다. 제3학기에 학생 징계를 줄이기로 설정한 목표를 달성하지 못한 것에 대하여 직원들에게 교장이 발표할 때 교장은 '긍정'의 책임을 보여 주는 것이다.

2) 변화 촉진

한 학교가(또는 다른 어떤 복합 조직에서도) 같은 곳 그리고 수년 또는 수십 년 동안 단지 역사적이란 이유 때문에 어떤 실제 상태를 그대로 유지하고 새롭게 도전하지 않고 내버려두는 일은 흔히 있는 일이다. '변화 촉진(change agent)'의 책임은 이와는 대조적으로 현상유지에 도전하는 리더의 성향을 말한다. 이 책임의 특성 대부분은 변혁적 리더십에 관한 제2장의 논의에 잘 맞는 내용이다. 또 총체적 질관리(TQM)의 특성을 정의하는 한 측면이기도 하다. 변화 촉진자로서 행동하는 책임을 지지하는 지지대는 리더가 기꺼이 학교의 평형을 일시적으로 깨고자 하는 것이다. Fullan(2001)은 효과적인 리더는 "바람직한 산출에 접근하는 방식으로 직원들을 흔들어 놓는"(pp. 45-46) 능력을 가지고 있다고 설명한다. 변화촉진자는 "더 평화롭게 살려고 하지 않는 대신 더 불확실성과 갈등을 해결할 수 있고, 조직 구성원의 헌신을 끌어내리기보다는 활력을 불어넣는 방식으로 복잡한 이슈를 더 잘 다룬다."(p. 619)라고 Fullan은 덧붙인다.

Silins와 Mulford 그리고 Zarins(2002)는 변화촉진자의 책임에 대하여 다른 관점을 제시한다. 효과적인 변화촉진자는 "모험을 감행하는 사람을 보호하는"(p. 618) 리더라는 데 이들은 주목한다. "직원들이 의사결정을 하는 데 임파워먼트를 느끼고, 실험을 하고 모험을 감행하는 데 편안함을 느낄 정도"(p. 619)로 효과적인 리더십은 직원들을 참여시킨다고 더 설명한다. 마지막으로 Clarke(2000)는 다음과 같이 말하고 있다.

> 이론(異論)이 있고 문제가 있는 이슈와 함께 살아가는 능력을 가지고 성공적인 학교 개선을 보는 것은 지속적인 학교 개혁을 위하여 준비하는 데 보다 현실적이고 발전적인 도움이 되는 방식이다. 이러한 운영 방식은 갈등이 좋은 개혁과 건전한 학습 환경을 위해서 필요한 역동성이라는 것을 수용한다는 의미를 암시한다(p. 350).

이 책임에 해당되고 우리의 메타분석에서 밝혀진 구체적 행위와 특성은 다음과 같다.

- 현상태에 의식적으로 도전하기
- 불확실한 산출에도 변화를 기꺼이 주도적으로 리드하기
- 일을 처리하는 새롭고 더 좋은 방법을 체계적으로 고려하기
- 학교 역량의 극단과 중심에서 운영하도록 지속적으로 시도하기

예를 들면, '변화 촉진'의 책임은 다음과 같은 질문을 교육리더가 가지고 있을 때 실천하는 것을 볼 수 있다. "우리 학교의 숙제방침은 정말 학생 학습에 도움이 되는가?" 또는 "이 숙제 방침이 집에서 별로 도움을 받지 못하는 학생들을 간접적으로 처벌하는 결과가 되는 것은 아닌가?" 실시할 수 있는 적정 시간으로 적어도 2년동안은 새로운 독서 프로그램을 교육리더가 시행했을 때 그 리더는 '변화 촉진'의 책임을 보여 주는 것이다. "우리가 우리 스스로너무 현실에 안주하고 있는지 모른다. 우리가 안주하지 않는 무엇을 할 수 있을 것인가?" 이렇게 직원들에게 교육리더가 말할 때 그는 '변화 촉진'의 책임을 보여 주는 것이다.

3) 보 상

'보상(contingent rewards)'은 개인의 성취에 대하여 교육리더가 이를 인정하고 보상을 해 주는 범위를 말한다. 제2장에서 이 행위를 거래적 리더십의 모습을 정의하는 하나의 특성으로 언급하였다. 개인의 성취를 인정해 주는 것은 학교에서 표준적인 운영 절차로 기대될지 모른다. 그러나 인정해 주고 보상해 줄 개별 교사를 찾아내는 일은 K-12 교육에서 별로 찾아볼 수 없다. 특히 어떤 사람들은 K-12 교육의 '평등주의(egalitarian)' 문화, 즉 역량에 상관없이 평등하게 다루는 이 문화가 이 책임의 수행에 역행하고 있다고 믿는다(Friedkin & Slater, 1994).

이러한 경향에도 불구하고 학교에서의 보상의 중요성에 대하여 많은 논의가 이루어진다. Nunnelley와 Whaley 그리고 Mull과

Hott(2003)는 "행정 리더는 직원의 다양한 능력을 인정하는 데 더 적극적이어야 한다."(p. 56)라고 설명한다. Buckingham과 Clifton(2001)은 "여러 종류의 명성으로 조직이 격려하고 싶어 하는 많은 다양하고 완벽한 업무수행을 반영할 수 있어야 한다."(p. 241)는 데 주목한다. Kouzes와 Posner(1999)는 '보상'은 행정가에게뿐만 아니라 교사에게도 메시지를 준다는 사실을 다음과 같이 강조한다.

> 개인을 인정함에서 우리는 때때로 축하의식의 측면을 잊기 쉽다. 형식에 대해서는 생각하는데 오히려 본질을 잊는 경우가 있다. 인정(recognition)은 상기(reminder)를 의미하는데 문자 그대로 '인정하다(recognize)'라는 단어는 '다시 알다(know again)'를 의미하는 라틴어로부터 왔다. 인정이란 "여기서 무엇이 중요한지 여러분에게 여러 번 상기하고 싶다."라는 것을 모든 사람에게 말하는 기회다(p. 19).

이 책임에 해당하고 우리의 메타분석에서 나온 구체적 행위와 특성은 다음과 같다.

• 보상과 인정의 근거로 열심히 일한 것과 그 결과 사용하기
• 보상과 인정의 기본적 기준으로 연공에 대조가 되는 성과 사용하기

예를 들면, 독해 점수가 해당 학년 수준보다 낮은 학생을 돕기 위하여 지난 달 추가시간을 바친 교사를 교장이 찾아내어 칭찬했을 때 '보상'의 책임을 보여 준 것이다. 학생의 최선의 실천으로 지

역 발표회에서 발표할 정도로 특별히 발전을 보여 교장이 그 교사
에게 보상을 해 주었을 때 교장은 '보상'의 책임을 행사한 것이다.

4) 의사소통

'의사소통(communication)'은 교육리더가 교사와 학생들 사이에
밀접한 의사소통 통로를 마련하는 범위를 이른다. 이 책임은 자명
한 것같이 보인다. 좋은 의사소통은 사람들이 공동의 목표를 위하
여 밀접한 접촉하에 일하는 어떤 노력의 중요한 모습이다. 제2장에
서 수업리더십, 총체적 질관리(TQM) 그리고 거의 모든 이론가들이
거기서 고찰하여 사실상 다 나왔던 리더십 이론과 함께 의사소통
을 다루었다. 효과적인 의사소통은 다른 모든 리더십 책임을 함께
묶어 주는 접착제로 생각해야 할 것이라고 Scribner와 Cockrell,
Cockrell, Valentine(1999)은 설명한다. 효과적인 의사소통은 리더
십 대부분의 측면에서의 내면적 또는 표면적 특성이라고 말할 수
있을 것이다. Elmore(2000)와 Fullan(2001), Leithwood와 Riehl(2003)
도 비슷한 정서를 말하고 있다.

우리의 메타분석에서 정의한 대로 이 책임에 해당하는 구체적
행위와 특성은 다음과 같다.

- 교사들이 서로 의사소통하는 효과적인 수단 개발하기
- 교사들에게 쉽게 접근할 수 있게 하기
- 직원과 의사소통할 수 있는 개방적이고 효과적인 통로 유지
  하기

예를 들면, 교사들이 자기들의 관심사를 논의할 수 있는 비공식적 모임, 격주 모임, 방과후협의회 등을 교육리더가 마련하고 또 직접 사회를 보기도 할 때 '의사소통' 책임을 보여 주는 것이다. 교육리더가 결정한 또는 결정을 고려하고 있는 중요한 결정을 모든 교직원에게 설명하는 내용을 월보소식으로 배포할 때 '의사소통' 책임을 보여 주는 것이다.

5) 문 화

당연한 말이지만 모든 학교는 그 학교의 독특한 문화(culture)를 가지고 있다. Hanson(2001)은 다음과 같이 설명하고 있다.

각 학교는 가치, 신념, 감정 등의 특별한 결합과 조합으로 형성된 독특한 문화를 가지고 있다. 최고의 풋볼 팀 업적이나 최고의 SAT 성적, 기강 잡힌 질서정연한 학급과 뛰어난 자동차 기술, 도심학교에서 온 학생의 대학 진학과 같은 특정 방향으로 지식 기반을 발전시키기 위해 노력하는 것처럼 그들 학교에 가장 중요한 것을 이들 학교문화는 강조한다. 한 학교의 문화가 사람의 눈에는 잘 안 보이지만, 이 문화의 인공물(artifacts)과 상징물(symbols, 역자주: 학교의 마크, 상징 색, 교기, 교가, 전해 오는 이야기 등)들이 특정 문화의 강조점으로 반영되어 나온다 (p. 641).

의사소통의 책임과 마찬가지로 '문화'도 제2장에서 논의했던 모든 이론가들이 제기한 사실상 모든 이론과 원리 안에 함축되어

있거나 표면화되어 있다. 문화는 사람들이 아주 근접하여 일하는
속에서 생겨난 자연스런 부산물이기는 하지만, 한 학교의 효과성
에 긍정적으로 또는 반대로 부정적으로 영향을 줄 수 있다. 효과적
인 리더는 교사에게 긍정적으로 영향을 주고 교사는 학생들에게
긍정적으로 영향을 주게 되는 그런 문화를 형성한다. Leithwood와
Riehl(2003)은 이렇게 설명하고 있다.

> 리더들은 다른 사람을 통해서 그리고 다른 사람과 함께 행동한다. 리
> 더들은 때로는 집단의 기본 목적에 직접적으로 영향을 주는 말이나 행동
> 을 통해서 일을 하지만, 때로는 아니 이보다 더 자주 다른 사람의 생각과
> 행동에 영향을 주는 기구를 통해서 그리고 다른 사람을 더 효과적으로
> 일하게 하는 정책이나 방침을 설정하는 사람을 통해서 일을 한다(p. 8).

학생성취에 간접적으로 영향을 주는 학교문화를 형성하는 일은
교장 리더십에 관한 문헌에서 아주 중요한 주제가 되고 있다. 예를
들면, Scribner와 Cockrell, Cockrell, Valentine(1999)은 교장이 학생
성취에 직접적으로 영향을 주는 것은 거의 없다고 주장한다. 결과
적으로 효과적인 문화는 한 리더가 그 문화를 가지고 변화를 조장
하는 기본적 수단이 된다.

이러한 문화에 대한 여러 다양한 정서를 가지고 우리 연구에서
는 '문화'의 책임을 리더가 직원들 사이에 공유적 신념과 공동체
일체감과 협동의식을 북돋우는 정도라고 정의한다. 우리의 메타분
석 결과 이 문화 책임에 해당하는 다음 행위를 밝혀냈다.

- 직원들의 응집력 증진하기
- 지원들의 웰빙감 증진하기
- 지원들 사이에 목적의식 이해 개발하기
- 학교가 어떻게 되어야 하는가에 대한 공유비전 개발하기

예를 들면, 교사들이 협동하는 모범을 보일 때 이를 직원회에서 지적하고 칭찬하는 시간을 가질 때 교장은 '문화' 책임을 보여 주는 것이다. 학교가 강조하는 목적과 미션에 관하여 교직원과 심도 있는 논의를 할 때 교장은 '문화' 책임을 실천하고 있는 것이다.

6) 기 강

교장의 중요한 과업의 하나는 불필요한 방해로부터 교사를 보호하는 것이다. 이것은 수업리더십에서 당연한 측면이라고 많은 이론가들은 직접적으로 또는 간접적으로 말해 왔다. Elmore(2000)는 "외부의 방해로부터 교사를 보호 · 완충할 수 있는 역량을 교육리더가 얼마나 가지고 있느냐에 근거하여 채용되고 또 리더로 계속 일하게 한다."(p. 7)라고 설명한다. 그리고 "교장의 완충 버퍼의 역할을 하는 것은 교수의 기술적 핵심을 중심으로 한 구조와 절차로 구성되어 있다."(p. 6)라고 말한다. Elmore가 말하는 구조와 절차는 우선 수업시간을 보호하는 것이다. 특히 Elmore는 "교육청과 학교, 교실에서 혼란과 방해를 일으키는 것을 막아내는 방법으로부터 비수업적 이슈를 몰아내는 리더의 역할이 있다."(p. 24)는 데 주목하였다. Youngs와 King(2002)도 교사 보호와 교사 방패의 중요

성을 고조시켰다. 아주 성공적인 교장의 행위를 기술하면서 "부정적 영향이 있을 가능성으로부터 새로이 교육청이 시도하는 일을 보호하는 것"(p. 662)이라고 이들은 설명한다.

'완충 버퍼'와 '보호(protection)'의 행동은 '기강(discipline)'의 책임으로 전환하는 것이다. '기강'은 특히 수업시간이나 수업에의 초점을 방해하는 이슈와 영향으로부터 교사를 보호하는 일을 말한다. 이 책임은 아마 학교의 원초적 일, 즉 교수에 집중하는 당연한 결과라는 메시지를 주는 것이기 때문에 우리는 '버퍼'나 '보호'라는 용어 대신 '기강'이라는 말을 더 좋아한다. 우리의 메타분석에서 밝혀낸 것처럼 이 책임에 해당하는 구체적인 행위와 특성은 다음과 같다.

- 방해받지 않도록 수업시간 보호하기
- 교내외 방해로부터 교사 보호하기

예를 들면, 교육리더가 수업시간에 안내 방송을 않는다는 방침을 수립하고 이를 철저히 지킬 때 이 '기강'의 책임을 다하고 있는 것이다. 교육리더가 개별 교사를 참여시키지 않아서 지역 미디어와 함께 이슈가 되는 문제를 다룰 때 '기강'의 책임을 행사하는 것이다.

7) 융통성

'융통성(flexibility)'은 리더들이 리더십 행위를 현 상황의 요구에 적응하고, 반대 의견에도 편안함을 느끼는 범위를 말한다. 이 융통성은 Bennis(2003), Collins(2001), Spillane(Spillane & Sherer, 2004)의 이론과 변혁적 리더십과 관련된다. Fullan(2001)은 융통성을 다음과 같이 설명한다.

다른 요소들을 동시에 그리고 시차적으로 결합하는 각각 다른 리더십 전략을 적용하도록 권고하는 것은 복잡한 충고같이 보이지만, 상황과 시간을 넘어 통찰과 지혜를 누적함으로써 변화 과정에 이 깊은 느낌을 개발하기를 권고하는 것은 우리가 할 수 있는 가장 실제적인 일로부터 멀어지게 될지 모른다(p. 48).

Deering과 Dilts, Russell(2003)은 이 책임을 '정신적 기민성(mental agility)'으로 묘사하고 있다. Lashway(2001)는 다양한 의견의 수용을 강조한다. 효과적인 리더는 "개인의 주도적인 시도를 격려하고 북돋아 줘야 한다. 그리고 다른 관점을 제시하는 참여자의 목소리를 보호하고 격려해야 한다."(p. 8)는 데 그는 주목한다.

우리의 메타분석에서 밝혀지고 이 책임과 관련된 구체적인 행위는 다음과 같다.

- 리더십 스타일을 특정 상황의 요구에 적용하기
- 상황 조건에 따라 지시적이거나 또는 무지시적이기
- 다양한 의견과 반대되는 의견을 내도록 사람들을 격려하기
- 일을 처리하는 방법에서 중요한 변화를 시키는데도 편하게 느끼기

예를 들면, 다른 교사들에게 부정적 결과를 가져오기 때문에 수학과 교사들이 내리는 결정에 교장이 직접 관여해야 한다고 결정했을 때 교장은 '융통성'의 책임을 보여 주는 것이다. 교사들이 결정에 대하여 주인의식을 갖도록 보장해 주기 위하여 새로운 교과서 채택에 관하여 교장 자신의 의견 제시를 사양할 때 교장은 융통성의 책임을 행사한 셈이다.

8) 초 점

학교는 아주 기꺼이 새로운 일을 시도한다고, 아마 너무 많이 시도한다고 연구자들과 이론가들이 흔히 공통적으로 의견을 말한다. Elmore(2002)가 설명하는 것처럼 "미국 학교의 병리는 어떻게 변화시켜야 할지 그 방법을 알고 있다는 것이다. 학교가 어떻게 해야 할지 그 방법을 모르고 있는 것은 성과 목표를 달성하기 위하여 지속적이고 계속적인 발전에 노력하는 것과 개선하려는 것이다"(p. 1). "공립학교에서 주요 문제점은 변화에 저항하지 않고 오히려 즉흥적 간헐적으로 너무나 많은 혁신을 무비판적이고 표면적으로 채택하고 강요한다고 말하는 것은 아마 진실에 가까운 말이란 데"(p. 23) 주목한 Elmore의 논평에 Fullan(1993)도 동조하고 있다. 효과적인 리더는 변화 노력이 분명하고 구체적인 목표라는 것을 확실히 보장해 준다.

이러한 논평을 마음속에 간직하길 바라고, 리더가 분명한 목표를 설정하며, 학교의 모든 주의집중의 최우선순위를 이들 목표에 두는 것을 '초점(focus)'의 책임이라고 한다. 어마어마한 많은 양의 에너지와 자원을 허투루 새지 않도록 하고 학교 개선 노력에 집중하도록 보호조치를 하는 것이 이 책임을 효과적으로 행사하는 것이다. Leithwood와 Riehl(2003)이 말한 것처럼 "리더십은 목적과 방향에 있다. 리더는 땀 흘려 노력을 지향하는 최종 목표를 안다. 리더는 분명하고 집요한 목표를 추구하고 또 목표달성에 책무를 다해야 한다"(p. 7). 이 책임과 관련되고 메타분석에서 밝혀진 구체적인 행위와 특성은 다음과 같다.

- 학교 내에서 교육과정과 수업, 평가의 실제를 위한 구체적인 목표 설정하기
- 학교의 일반적 기능을 하기 위한 구체적 목표 설정하기
- 모든 학생들이 충족시켜야 할 수준 높고 구체적인 목표와 기대 설정하기
- 설정된 목표에 지속적인 주의집중 유지하기

예를 들면, 교장과 교사들이 학년 말까지 모든 교과에 걸쳐 주정부 표준과 주정부 표준화검사에 맞춰 배정된 목표를 설정할 때 '초점'의 책임을 다하는 것이다. 학년 말까지 65%의 학생이 수학 과목에서 표준 이상 도달한다는 목표를 교육리더와 교직원이 설정했을 때 '초점'의 책임을 보여 준 것이다. 교육리더가 교직원회의에서 학교 목표를 교직원에게 상기시킬 때 '초점'의 책임을 보여 준 것이다.

9) 이상/신념

인간이 일단의 강력한 이상과 신념에 의해서 움직일 때 최선을 다한다고 할 수 있을 것이다. De Pree(1989)는 이렇게 설명하고 있다.

> 신념은 사적 친밀성과 연계되어 있다. 신념은 방침이나 표준이나 실제로부터 나온다. 신념 없는 실제는 헛된 존재다. 신념은 없지만 방법과 계량화만 이해하는 경영자는 현대적 의미의 환관이나 마찬가지다. 이런 경영자는 결코 역량이나 자신감을 잉태할 수 없다(p. 55).

Bennis(2003)는 잘 분석하여 상세화한 이상과 신념을 효과적인 리더십의 중심에 놓았다. Youngs와 King(2002)은 신념을 효과적인 변화를 위하여 교장이 사용하는 신비스럽지만 아주 강력한 유일한 힘이라고 보았다. "교장이 학교의 조건과 교수 실제의 모습을 만들어 내는 하나의 중요한 방법은 신념을 통해서"(pp. 643-644)라고 이들은 설명한다. Cottrell(2002)은 "여러분의 가장 귀중한 경영 철학과 같이 젊은이들의 성실성을 보호하라."(p. 52)라고 리더에게 충고하면서 Bennis(2003)의 입장에 반향을 보내고 있다.

메타분석에서 밝혀진 이 책임과 관련된 구체적인 행위와 특성은 다음과 같다.

- 학교, 교수, 학습에 관한 정확하게 정의한 신념 보유하기
- 학교, 교수, 학습에 관한 신념을 교직원들과 공유하기
- 신념과 일치하는 행위를 보여 주기

예를 들면, 교육적으로 불리한 배경을 가진 학생들에게 학교는 특별히 주의집중을 해야 한다는 교장의 신념 기술서를 써서 학년 초에 교직원에게 배포하였을 때 교장은 '이상/신념'의 책임을 보여 주는 것이다. 학업성취는 학교에서의 성공 정도의 측정뿐만이 아니라는 신념을 가지고 있다고 교장이 설명할 때 교장은 '이상/신념(ideals/beliefs)'의 책임을 보여 주게 된다.

10) 투 입

'투입(input)'은 교육리더가 중요한 결정과 학교 방침의 설계와 실행에 교사를 참여시키는 일 등을 말한다. 이것은 변혁적 리더십, TQM, 수업리더십과 관련된다.

"학교 방침 결정과 검토 등을 포함하여 학교 기능의 모든 측면에 교사를 참여시키고, 끈끈한 유대감과 방향감을 공유하며, 광범한 학교 공동체의 일체감을 느끼는 정도에"(p. 618) 학교 효과성은 비례한다는 점에 주목하면서 Silins와 Mulford, Zarins(2002)는 이 책임의 중요성을 증언한다. "학교의 우선순위 설정에서 모든 교직원의 합의를 끌어내기 위하여 교장이 노력하고, 전반적인 목적의식을 제고하면서 이 우선순위와 목표에 대하여 학생과 직원과 교장이 의사소통하는 정도"(p. 620)의 함수라고 이들은 효과적인 리더십을 설명한다. De Pree(1989)는 이 책임을 '참여적 경영(participative management)'이라고 다음과 같이 말한다.

모든 사람은 의사결정에 영향을 주고 또 그 결과를 이해해야 할 권리

와 의무를 가진다. 참여적 경영은 독단적 결정이나 비밀 결정이 이루어
지지 않도록 하고, 질문하는 정도에 한정되지 않도록 보장한다. 참여적
결정이 민주적인 것은 아니다. 말할 수 있는 권한을 갖는 것은 투표권을
갖는 것과는 다르다(pp. 24-25).

끝으로 Cottrell(2002)은 이 책임에 주의하지 않은 결과와 영향을
다음과 같이 경고한다.

교장들은 소속 직원들의 말에 경청하는 시간을 할애하기를 잊는다.
곧 그들은 팀의 개인의 요구와 소망에 둔감해진다. 오만과 통제불능의
자기중심성(egos), 둔감성은 경영의 토양에 함정 중 한 부분이 된다. 이
런 함정에 빠지지 않도록 하라. 사람들에게 귀를 기울이라(p. 87).

이 책임과 관련되고 메타분석에서 밝혀진 구체적인 행동과 특성
은 다음과 같다.

- 학교 방침 개발에 직원들이 참여할 수 있는 기회 제공하기
- 모든 중요한 결정에 직원들이 지혜를 투입할 기회 제공하기
- 의사결정 시에 리더십 팀 활용하기

예를 들면, 교육리더가 자기 사무실 밖에 '정직한 반응상자
(honest reaction box)'를 활용하는 제도를 설치했을 때 이 '투입'의
책임을 보여 주는 것이다. 교직원들이 서명을 하거나 무기명의 논
평을 써서 이 상자에 넣게 될 것이다. 교장은 이 논평을 모두 읽고

교직원회의 논의 주제로 다루도록 한다. 교육리더가 중요한 주제에 대하여 교직원과 정보를 나누고 결정의 방향에 대하여 의견을 달라고 할 때 투입의 책임을 적용하는 셈이다.

11) 지적 자극

'지적 자극(intellectual stimulation)'은 교직원들이 효과적인 학교교육에 관한 최신의 이론과 실제에 대하여 알고 있으며, 학교문화의 일상적 측면에서 이들 이론과 실제에서 자연스럽게 논의하도록 보장해 주는 범위를 말한다. 리더가 교직원들로 하여금 연구와 이론에 관하여 의미 있는 대화를 나누도록 참여시키는 정도로 이 특성을 Supovitz(2002)는 말하고 있다. 리더십 책무성에 관한 연구를 고찰한 결과로 Lashway(2001)는 이 책임을 변화 과정과 연결 짓고 있다. Lashway는 "심층적인 변화를 위해서는 심층적인 학습이 요구되고, 리더는 매일매일의 학교생활 속에 교수학습을 이룩해야 한다."(p. 7)라고 설명한다. Fullan(2001)은 이 책임을 '지식 형성, 지식 공유, 지식 창조, 지식 경영'(p. 77)의 욕구라는 측면에서 이 책임을 기술하고 있다. 끝으로 Kaagan과 Markle(1993)은 다음의 인용과 같이 설명한다.

교육 이슈에 대하여 논의한다는 것은 교육이라는 드라마에 다양한 여러 배우들이 별로 출연하지 않는 그런 것이다. 이런 이슈와 관련하여 팀 개발을 지원하기 위하여 단지 시간과 자원을 제공하는 것은 단지 생색 내기에 불과한 것처럼 보인다. 지금까지 단순하고 폐쇄적인 것으로 남

아 있는 공공연한 집단성과 개방적 반영을 함으로써 혁신을 위한 강한
의지와 역량이 보이고 있다(p. 11).

이 책임과 관련되고 메타분석에서 확인된 구체적 행위와 특성은
다음과 같다.

- 효과적인 학교 교육에 관한 최신 연구와 이론에 교직원들이
  계속적으로 접근하게 하기
- 효과적인 학교 교육에 관한 최근 연구와 이론에 관하여 정보
  를 가질 수 있도록 유지하기
- 효과적인 학교 교육에 관한 최근 연구와 이론에 관하여 체계
  적인 논의를 조장하기

예를 들면, 총체적언어접근법과 음성학기반접근법의 두 접근법
을 결합하는 새로운 독서 프로그램의 채택을 학교가 고려하고 있
기 때문에 이 두 접근법에 깔려 있는 각각 다른 철학을 연구하도록
독서연구집단 제도를 교장이 도입했을 때 교장은 '지적 자극'의 책
임을 수행한 것이다. 교장이 강사를 초청하여 경제 동향에 관하여
말해 주고, 이들 경제 동향이 일자리 시장에 어떻게 영향을 주고 있
는지 말해 주도록 직원 연수를 하고, 그런 다음 그 발표 내용을 학
교가 학생들로 하여금 미래를 위하여 어떻게 잘 준비시켜야 할지
논의하기 위한 도약대로 삼는다면 교장은 '지적 자극'의 책임을 보
여 준 셈이다.

12) 교육과정과 수업, 평가에의 참여

이 책임은 교장이 학급 수준의 교육과정, 수업, 평가 활동의 설계와 실행에 직접 참여하는 정도를 말한다. 이런 형태의 직접적인 지원은 수십 년 동안 교육리더십에 관한 논의의 주제가 되어 왔다. 이 '교육과정과 수업, 평가에의 참여(involvement in curriculum, instruction, & assessment)'의 책임은 '가시성'의 책임(뒤에 다루게 되는)과 함께 수업리더십에 아주 중요한 개념으로 생각된다. 교사들에게 교과목과 교수법에 대한 지식이 중요하듯이 행정가들에게도 중요해야 한다는 점에 주목하면서 Stein과 D'Amico(2000)는 이 책임의 중요성을 증언한다. 미국교육거버넌스재정정책경영연구소(the National Institute on Educational Governance, Finance, Policymaking, and Management)의 연구자들(1999)은 리더십에 관한 연구를 종합한 하나의 연구결과로 학급 실제와 관련하여 투입하는 행정가의 능력과 기꺼운 참여는 교사들이 보고한 가장 가치 있는 특성의 하나라는 데 주목하였다. 같은 보고서 요약에서 미국 노스웨스트의 한 대교육구에서는 교육장과 교장이 함께 훌륭한 교수 방법을 인정해 주고 잘 기술해 주기 위하여, 그리고 교사들에게 보다 훌륭한 수업 피드백을 제공해 주기 위하여 학습목표를 가지고 교실을 규칙적으로 방문한다고 보고하였다. 이 책임과 관련하여 Reeves(2004)는 교장의 평가 실제에의 참여를 강조한다. 그는 효과적인 학교에서는 교장이 다음과 같이 한다고 설명한다.

교장은 개인적으로 학생의 작품과 활동을 평가하고, 교사가 동의하는 백분위 점수를 측정하고 그 점수를 게시하는 협력적 점수 매기기 회의에 참여한다. 각 교사에 대한 교장의 교사 평가 활동의 한 부분으로 그리고 교사 코치 협의회의 한 부분으로 교사들이 실시한 평가 결과를 교장은 개인적으로 검토한다(p. 50).

메타분석에서 밝혀진 것처럼 이 책임에 해당하는 구체적 행동과 특성은 다음과 같다.

- 교사의 교육과정 활동 설계를 돕는 데 직접 참여하기
- 교사의 평가 이슈를 다루는 데 직접 참여하기
- 교사의 수업 이슈를 다루는 데 직접 참여하기

예를 들면, 평가 문제들이 좋아졌는지 알아보게 되는 개발된 분기 말 평가 문제의 사용 여부를 검토하기 위하여 교사와 규칙적으로 교육리더가 만날 때 교육리더는 '교육과정과 수업, 평가에의 참여'의 책임을 보여 주는 것이다. 필수 과학 코스가 주표준화검사 과학 영역을 다 포괄하고 있다고 어떻게 보장할 수 있는지에 대하여 논의하기 위하여 과학과 교사들과 교육리더가 참여하여 회의를 할 때 교육리더는 이 책임을 수행한 것이다.

13) 교육과정과 수업, 평가에 관한 지식

'교육과정과 수업, 평가에의 참여'는 학급 실제에 직접 접근하는 반면 '교육과정과 수업, 평가에 관한 지식(knowledge of curriculum, instruction, & assessment)'은 이 영역에 대하여 리더가 최선의 실천에 대하여 알고 있는 범위를 말한다. 여기서 초점은 '교육과정과 수업, 평가에의 참여'의 책임이 행동 지향적인 데 비하여 '교육과정과 수업, 평가에 관한 지식'은 지식의 습득과 함양에 있다. '교육과정과 수업, 평가'에 관한 교장의 효과적인 실제 지식은 교사의 매일매일의 교수학습 과업을 위하여 방향을 제시하는 데 필요하다고 설명하면서 Fullan(2001)은 이 책임의 중요성을 증언하였다. "리더십은 수업 향상의 지도와 방향 제시"(p. 13)라고 Elmore(2001)는 이에 덧붙인다. 이 책임을 완수하기 위하여 교장은 학생을 위한 최선의 실천자가 되어야 한다. Reeves(2004)는 최선의 실천에 관한 광범한 지식 기반은 교사를 멘토링하는 데 필수라고 하면서 이에 호응한다. 교장은 '교육과정과 수업, 평가'에 관한 최근의 발전에 발맞추기 위하여 다른 행정가와 매월 정기적으로 만나 협의하라고 Fullan(2001)은 권고한다.

이 책임은 분명하고 확실하게 나타나지만 실제에서는 별로 주의를 끌지 못하고 있다고 말하는 사람들이 있다. 예를 들면, 1999년 정책 요약에서 미국교육거버넌스재정정책경영연구소(the National Institute on Educational Governance, Finance, Policymaking, and Management)의 연구자들은 "교장 채용 과정에서 수업에 관한 지식이 전통적으로 별로 강조되지 못했다."(4단)는 점에 주목하였다. 교장과 함께 면접 원고를 가지고 연구한 결과를 기술해 보면 "교장 채용 면접의 다른 단계에서 잘한 사람이 그들이 관찰한 수업을 정확하게 기술하지 못하더라."(4단)는 데 연구자들은 주목하였다.

우리의 메타분석에서 밝혀진 이 책임에 관련되는 구체적인 행위와 특성은 다음과 같다.

- 효과적인 수업 실제에 관한 광범한 지식 보유하기
- 효과적인 교육과정 실제에 관한 광범한 지식 보유하기
- 효과적인 평가 실제에 관한 광범한 지식 보유하기
- 효과적인 학급 실제에 관한 개념적 안내 제공하기

　예를 들면, 교장이 수업 실제에 관한 새로운 연구의 특징을 나타내는 학회에 참석할 때 '교육과정과 수업, 평가에 관한 지식'의 책임을 보여 주는 것이다. 또한 지금 학교가 채택할 것으로 고려하고 있는 종합적인 학교 개혁 프로그램을 지지하는 연구에 관한 책을 교장이 읽을 때 이 책임을 수행하고 있다는 증거가 된다.

14) 모니터링/평가

　Hattie(1992)는 약 8,000개의 연구물을 고찰한 결과에 따라서 "학생성취를 향상시키는 가장 강력한 단일 요인은 수업에 대한 피드백"이라고 결론지었다. Hattie에 따르면 "교육 향상의 가장 단순한 처방은 '피드백'임에 틀림없다."(p. 9)라고 한다. 그러나 피드백은 저절로 이루어지는 게 아니다. 피드백은 설계에 의하여 이루어지는 것이다. 피드백을 제공하는 체제를 만드는 것이 '모니터링/평가(monitering/evaluating)' 책임의 핵심이다. 더 구체적으로 말하여 우리의 메타분석에서 이 책임은 학생성취에 대한 영향의 측면에서 학교 실제의 효과성을 리더가 모니터링하는 범위를 말한다.

Elmore(2000)는 성공적인 학교에 관한 자신의 연구결과 "교육감과 교육청 직원은 학교와 교실에서 이루어지는 교육과정과 수업을 모니터링하는 데 적극적"(p. 26)이라고 결론을 내렸다. 어떤 다른 연구자들은 이 책임을 평가활동과 관련지었다. 잘되면 성과 심사는 학교경영에서 아주 중요한 전환점이 된다고 De Pree(1989)는 설명한다. Kaagan과 Markle(1993)도 가장 효과적인 학교에서 '지속적인 평가'는 하나의 규범이라는 데 주목한다.

메타분석에서 밝혀진 대로 이 책에 해당하는 구체적 행위와 특성은 다음과 같다.

- 학교의 교육과정과 수업, 평가 실제의 효과성에 대한 계속적인 모니터링
- 학생성취에 대한 학교 실제의 영향 정도에 대하여 계속적으로 인식하기

예를 들면, 학교가 작문교육에서 표준이나 그 이상에 도달한 학생 수를 증가시키려는 목표를 달성하였는지 확인하기 위하여 교육리더가 성적표로부터 정보를 활용하고 또 표준기반 성적표를 적용할 때 '모니터링/평가' 책임을 실천하고 있는 것이다. 또 새로운 과학 프로그램의 적용을 체계적으로 관찰함으로써 교육리더는 이 책임을 수행하고 있는 것이다.

15) 낙관자

Blase와 Kirby(2000)는 1,200명 이상의 K-12 교사들을 참여시킨 연구의 결과에서 효과적인 교육리더의 중요한 특성의 하나를 낙관주의라고 하였다. 교장은 한 학교의 정서적 색채를 좋게 만드느냐 아니면 나쁘게 만드느냐를 거의 결정한다는 데 이들은 주목하였다. 효과적인 리더는 적절한 시기에 자신의 낙관주의와 정력을 가지고 기꺼이 변화를 과감하게 주도한다고 Kelehear(2003)는 설명한다. Kelehear에 따르면 낙관적 정서의 형성은 적절한 시기에 교장이 수행해야 할 하나의 전략이라는 것이다. Kaagan과 Markle(1993)은 긍정적 정서의 이점을 "새로운 아이디어와 혁신이 싹트게 하는"(p. 5) 환경이라고 기술한다.

혁신에 도전할 때 다른 사람에게 영감을 주고 동력을 주는 범위가 이러한 정서와 함께 이 '낙관자'의 책임에 해당된다. 메타분석에서 밝혀진 이 책임에 해당하는 구체적인 행위와 특성은 다음과 같다.

- 교사들이 달성할 수 있는 그 이상을 달성하도록 영감을 주기
- 주요 주도성 뒤에서 추동력으로 밀어 주기
- 본질적인 일을 달성할 수 있도록 교직원의 능력에 대하여 긍정적 태도 보여 주기

예를 들면, 지금 학교가 채택하기로 고려하고 있는 새로운 표준기반 성적표 제도를 지지하는 연구를 요약하여 직원들에게 교장이 배

포하여 줄 때 교장은 이 '낙관자'의 책임을 보여 주고 있는 것이다.
표준기반 성적표를 실행하는 데 난관에 부닥칠 수 있음을 교장이 이
해하고 또 시간이 걸리더라도 이 제도가 효과적으로 완성될 때까지
교장으로서 지원할 것이며 필요한 자원을 제공할 것이라고 교직원
에게 발표할 때 이 '낙관자'의 책임을 보여 주는 증거가 된다.

16) 질 서

혼란에 반대되는 말인 '질서(order)'가 학교에 좋은 것이라는 사
실은 자명하다. 교장의 리더십 행위의 측면에서 이에 해당하는 질
문은 "질서정연한 학교의 특성을 어떻게 정의하고 어떻게 질서를
확립하느냐?"다.

어떤 역동적인 환경에서나 '질서'는 구조적으로 확립된다. 한 환
경에서 명시된 구조는 어떤 행동은 금지하고 또 다른 어떤 행동은
촉진하고 장려한다. Fritz(1984)는 "한 번 구조가 생기게 되면 최소
한의 저항을 받으며 에너지가 그 구조를 통해서 흐르게 된다. 달리
말하면 에너지는 가장 흐르기 쉬운 곳으로 흘러가게 된다."(p. 4)라
고 이 역동성을 설명한다. 이러한 주제에 따라서 우리의 메타분석
에서 추출된 '질서'를 우리는 리더가 확립한 일단의 표준적 운영
원리와 일상화의 정도라고 정의한다.

Nunnelley와 Whaley, Mull, Hott(2003)는 학교 상황에서 '질서'
를 학생과 교직원이 지켜야 할 명백한 경계선과 규칙이라고 정의
한다. Supovitz(2002)는 대규모 광역 도시의 성공적인 학교를 분석
한 결과 '질서'를 필수 조건, 즉 "수업활동에 열심히 참여하도록

리더십, 시간, 자원, 유인가와 함께 제공하는 집단과 구조"(p. 1618)
라고 밝혔다. Lashway(2001)는 "질서는 시간과 돈을 찾아내는 것을
의미할 뿐만 아니라 일상적인 방침과 실제를 재구성하는 것을 의
미한다. 직원 인사 조직, 스케줄 짜기, 기타 보통 흔히 있는 이슈들
은 새로운 표준에 도달하기 위한 학교 역량에 심각한 영향을 준
다."(p. 1)라고 설명한다. Lashway는 계속해서 말한다. "일상적인
상투성은 교사의 학습을 방해하기도 하고 때로는 도움이 되기도
한다. 그리고 조직의 우선순위에 관하여 중요한 신호를 보내기도
한다."(p. 4)

우리의 메타분석에서 밝혀진 '질서'의 책임에는 다음과 같은 구
체적인 행위가 포함되었다.

- 교직원이 이해하고 따라야 할 순조로운 학교 운영에 필요한
  일상화를 확립하기
- 교직원이 지켜야 할 명료한 구조, 규칙, 절차의 제공과 때로는
  강조하기
- 학생이 지켜야 할 명료한 구조, 규칙, 절차의 제공과 때로는
  강조하기

예를 들면, 교육리더가 공평한 복사기 사용 절차를 수립하고 적
용할 때 '질서'의 책임을 수행하는 것이다. 또 교육리더가 공평한
점심시간 식당 감독 체제를 수립하고 적용할 때 이 책임을 보여 주
는 것이다.

17) 대외대변

학교는 외딴 섬이 아니다. 아주 효과적인 학교라면 오히려 복잡한 상황에서 기능을 발휘해야 한다. 리더가 모든 이해 당사자에게 학교를 위해서 변론을 하고 대변하는 범위가 이 '대외대변(outreach)'의 책임에 해당된다. 교장은 학교 내외에 있는 사람들에게 기꺼이 의사소통하고 또 의사소통할 수 있는 능력을 가지고 있어야 한다고 설명하면서 Cotton(2003)은 이 요인의 중요성을 강조한다. Benecivenga와 Elias(2003)는 학교를 효과적으로 운영하기 위해서는 동반자의식의 파트너십이 필수적이며, 이 파트너십은 학교 울타리를 넘어 더 넓은 지역사회에까지 확대되지 않으면 안 된다고 덧붙인다. Comer(2003)가 "한 아이를 키우는 데 온 동네가 필요하다(It takes a village to raise a child)."라고 말하며 똑같은 정서라고 반향을 보이는 점에 Benecivenga와 Elias는 주목한다. Benecivenga와 Elias는 "교육리더는 그 지방 경찰국과 소방국, 지역신문, 지방 공기업과 사기업 기관과 시민단체, 지방정부 공무원들이 학교 지역사회 문화에 참여할 수 있도록 보장해 주어야 한다."(p. 70)라고 한 발짝 더 나아가 설명한다.

이 책임에 해당하는 구체적인 행위와 특성은 다음과 같다.

- 학교가 교육청과 주정부의 모든 의무규정에 따를 수 있도록 보장해 주기
- 학부모와 함께 학교 변론하기
- 교육청과 함께 학교 변론하기

• 지역사회 전체와 함께 학교 변론하기

예를 들면, 학교가 따르고 있다는 점을 증명으로 보증하기 위하여 교육청의 모든 규정을 체계적으로 교장이 검토할 때 교장은 이 '대외대변'의 책임을 수행하고 있는 것이다. 그리고 학교가 최근에 성취하고 달성한 것을 자세하게 교육감에게 정기적으로 공문으로 보고할 때 교장은 이 '대외대변'의 책임을 다하고 있는 것이다.

18) 관계성

효과적인 전문직적 관계성은 다른 많은 교장의 책임을 효과적으로 수행하는 데 중심이 되는 사례가 있다. 우리의 메타분석의 상황에서 이 '관계성(relationship)'의 책임은 교육리더가 교직원의 사적 생활을 의식하고 있다는 것을 보여 주는 범위에 해당된다. Elmore (2000)는 이 책임을 증진시키기 위하여 교장은 "틀에 박힌 관료적 태도보다는 대면적 관계성에 더 비중을 두어야 한다."(p. 32)라고 강조한다. 뿐만 아니라 Elmore는 "책무성 체제에 따른 보상과 제재의 도구에서 가장 강력한 유인가는 외부 체제에 있는 것이 아니라 조직 내 사람들 사이의 대면 관계성에 있다."(p. 31)는 점에 주목하였다. 정서지능에 관한 연구와 이론을 인용하면서 Fullan(2001)은 직원과 행정가들로 하여금 불확실성의 시대에 병행하고 또 이에 초점을 맞출 수 있도록 돕는 교사와의 정서적 연대와 교사들 간의 정서적 연대를 교육리더들이 형성하는 힘이 중요하다는 점을 기술하고 있다.

우리의 메타분석에서 확인된 것과 같이 이 책임에 해당하는 구체적 행위와 특성은 다음과 같다.

- 교직원의 생활에서 중요한 개인적 이슈에 대하여 잘 알기
- 교사의 개인적 요구에 대하여 의식하기
- 교직원의 생활에서 의미 있는 이벤트를 인정해 주고 실시하기
- 교사들과의 개인적 관계성을 유지하기

예를 들면, 사랑하는 사람을 잃은 교사의 가족에게 학교의 이름으로 조화를 보낼 때 교육리더는 이 '관계성'의 책임을 행사하는 것이다. 교육리더가 적어도 하루에 한 번은 학교의 모든 교사에게 인사를 나누고 또 교사들이 하고 있는 일이 잘 되어 가고 있는지 묻는 노력을 할 때 교육리더는 또한 이 책임을 보여 주고 있는 것이다.

19) 자 원

음식이 우리의 몸에 중요하듯이 자원은 복잡한 조직에서 없어서는 안 될 중요한 존재다. 교육리더십 상황에서 '자원(resources)'은 단순한 책과 물질을 넘어 학교를 건강하게 만드는 데 중요하다고 Deering과 Dilts, Russell(2003)은 설명한다. 이들은 이렇게 말한다.

성공하기 위하여 리더는 새로운 환경에 빨리 대응할 수 있도록 조직을 충분히 유연하게 만들 필요가 있다. 여기에는 미래에 닥쳐올 기회와 위협에 대한 대응을 분석하고, 계획을 세우며, 행동을 취하기 위하여 여

러 수준의 필요한 자원에 맞추는 일이 포함된다(p. 34).

Fullan(2001)은 이 개념을 다음과 같이 더 확대하여 강조하고 있다.

학교 능력 용량의 다른 중요한 구성요소의 하나는 학교가 기술적 자원 창고에의 축적에 대한 관심이라고 할 수 있다. 수업의 향상을 위해서는 새로운 아이디어와 전문성을 위한 자료, 설비, 공간, 시간, 접근성과 같은 추가적인 자원이 절대적으로 필요하다(pp. 64-65).

하나의 학교를 효과적으로 기능하도록 하는 데 중요한 자원의 하나로 가장 자주 언급되는 자원은 교사를 위한 전문적 능력개발 기회다. "강력한 학급 수업의 기초로써 교사와 교장을 위한 고도의 집중(targeted) 전문직적 능력개발에 대한 과다하다고 할 정도의 투자."(p. 28)는 한 학교의 성공을 위해서 아주 중요하다. 전문직적 능력개발에 관한 논의에 Nunnelley와 Whaley, Mull, Hott(2003)는 전문직적 성장 계획을 포함시켰다. 이들은 "강력한 전문직적 성장 계획이 실행되고 있는지 확실히 확인하는 것은 교장의 의무"(p. 56)라고 설명한다.

이와 같은 논평들을 염두에 두고 우리의 메타분석에서 확인된 이 '자원'의 책임은 리더가 교사들의 의무를 성공적으로 수행할 수 있도록 교사들에게 필요한 자료와 전문직적 능력개발 기회를 제공하는 정도라고 할 수 있다. 우리의 메타분석에서 밝혀진 이 책임에 해당하는 구체적인 행위와 특성은 다음과 같다.

- 교사들이 필요한 자료와 설비를 가질 수 있도록 보장해 주기
- 교사들이 자신들의 교수를 직접 향상시키는 데 필요한 전문직적 능력개발 기회를 가질 수 있도록 보장해 주기

예를 들면, 교장은 한 달에 한 번은 교사들에게 필요한 자료가 있는지 모든 교사에게 물어볼 때 이 '자원'의 책임을 보여 주고 있는 것이다. 교사들이 표면적으로 요구한 주제에 관한 직원 능력개발 연수 스케줄을 교장이 잡을 때 또한 이 책임을 수행하고 있는 것이다.

20) 상황인식

'상황인식(situational awareness)'은 학교의 기능과 현재의 문제와 앞으로 일어날 가능성이 있는 문제에 관한 정보의 활용에 관하여 사세한 사항과 현재 진행되고 있는 사항을 리더가 의식한다는 것을 말한다. 리더십 책무성에 관한 연구의 요약에서 "심층적 변화는 매일의 사건에서 자아와 좀 멀리 떨어져서 일어나고 있는 일을 알아야만 하고 또 조직의 현 상태를 정직하게 평가하는 것을 알아야만 한다."(p. 8)라고 Lashway(2001)는 이 책임을 기술하고 있다. Deering과 Dilts, Russell(2003)은 이 책임을 상황 예상 리더십이라고 기술하고 있다. "다가오는 기회의 단서를 포착하고 발생할 위협에 대한 힌트를 미리 알아차리고, 조직 전반에 걸친 진정한 상황 예상 리더십에 관한 개방성과 정신적 능력을 가져야 조직은 생존과 번영에 잘 대처할 수 있다."(p. 33)라고 이들은 교장에게 간곡히

이를 권고한다.

우리의 메타분석에서 밝혀진 이 책임과 관련된 구체적인 행위와 특성은 다음과 같다.

- 매일매일의 일상에서 잘못될 가능성이 있는 것을 정확하게 예측하기
- 비공식 집단과 직원들 사이의 관계성에 대하여 인식하기
- 아직 표면화되지는 않았지만, 불화를 일으킬 가능성이 있는 학교 내 이슈에 대하여 인식하기

예를 들면, 교육리더가 교사나 학생들에게서 일어날 가능성이 있는 잠재된 문제를 알아내려는 의도로 스케줄을 검토할 때 교육리더는 이 '상황인식'의 책임을 보여 주는 것이다. 교육리더가 최근 결정한 일에 대하여 실망하였다는 말을 들은 교사 집단과 만나 이야기를 나눌 때 그는 또한 이 책임을 실천하고 있는 것이다.

21) 가시성

교육리더가 교사들과 학생들 그리고 학부모들과 접촉하고 상호작용하는 범위가 이 '가시성(visibility)'(역자주: 미국에서는 우리나라에서와 달리 교장이 교육 현장에 많이 나타나기를 학생, 교사, 학부모가 바라고 이것이 교장의 중요한 책임의 하나라고 한다)의 책임이라고 할 수 있다. 앞의 제2장에서 설명한 것처럼 이 책임은 수업지도성과 공통으로 해당된다. Whitaker(1997)는 '가시성'의 중요성을 다음과

같이 기술하고 있다.

> 학교에서 강력한 수업리더십에 대한 절대적인 필요성이 연구에서 나
> 타났고 또 효과적인 리더의 몇 가지 공통적인 특성이라고 연구에서 밝
> 혀졌다. 이들 몇몇 특성의 하나이면서 동시에 학교생활에서 지극히 중
> 요하면서도 종종 무시당하기 쉬운 것은 가시적인 교장이 되는 것이다
> (p. 155).

이에 대하여 Fink와 Resnick(2001)은 효과적인 교장은 "일상적으
로 교사의 교실을 방문하고, 평가 목적의 수업관찰과 전문적 지원
체제로써의 수업관찰 사이에 선을 긋기가 어렵다."(p. 606)는 점을
추가하였다. Blase와 Blase(1999)는 아주 효과적인 교장은 일상적
으로 교실에 머무른다고 설명하면서 이 논평에 맞장구를 치고 있
다. '가시성'의 효과를 두 가지로 제안할 수 있다. 첫째, 교장이 일
상의 학교 운영에 관심을 갖고 또 이에 관여하고 있다는 메시지를
전달하고 있는 것이고, 둘째, 학교의 본질적 이슈에 관하여 교장이
교사들과 또 학생들과 상호작용할 기회를 제공하고 있다는 점이다.
    우리의 메타분석에서 밝혀진 이 책임에 해당하는 구체적인 행위
와 특성은 다음과 같다.

- 체계적으로 자주 교실 방문하기
- 학생들과 자주 접촉하기
- 학생들과 교사들, 학부모들에게 아주 자주 보이게 하기

예를 들면, 가능한 한 자주 축구 게임이나 농구, 야구 게임에 교장이 참석할 때 '가시성'의 책임을 몸소 보여 주는 것이다. 교사와 학생에게 단순히 일이 잘 되어 가고 있는지 알아보기 위하여 교장이 매일 교실을 방문할 때 이 책임을 수행하고 있는 것이다.

2. 21 책임의 상대적 효과 검토

우리의 메타분석에서 밝혀진 21 책임이 리더십 문헌에서 이미 나타났던 것과 다른 결코 새로운 것은 아니라는 점을 다시 밝히지 않을 수 없다. 이들 각각의 책임은 연구자와 이론가들이 표면적으로 또는 암시적으로 이미 언급해 왔던 것들이다. 이들 책임은 효과적인 교장에게는 표준적 운영절차이거나 아니면 적어도 표준적 운영절차이어야 하기 때문에 이들 행위를 책임이라고 부르는 것이다. 이들 광범한 행위의 목록을 보면 효과적인 리더가 되는 것이 왜 그렇게 어려운 일인지 이해하는 데 설명이 될 것이다. 한 사람의 리더로서 숙달해야 할 광범하고 다양한 기능을 보면 참으로 주눅 들지 않을 수 없다.

그러면 리더십 문헌에 새로운 것으로 보태진 것은 우리가 발견한 각 책임이 학생 학업성취에 영향을 주는 관계성의 정도를 계량화하였다는 점이다. 각 책임과 학업성취와의 관계성 정도를 계량화로 나타낸 것은 앞의 〈표 4-1〉의 세 번째 종렬의 상관관계 계수로 보고되었다. 이 상관관계 계수가 흥미롭다. 그러나 〈표 4-1〉에 제시된 가장 중요한 정보는 아마도 네 번째 종렬에 보고된 95% 신뢰구간(confidence interval)일 것이다. 뒤에 있는 기술노트 9에서 신뢰구간에 대하여 좀 더 상세히 논의한다. 여기서 우리는 .00의 가치를 포함하지 않은 신뢰구간(CI)은 상관관계가 .05 수준에서 의의가 있다는 점에 주목해야 한다. 연구자가 자신의 연구결과가 .05 수준에서 상관관계가 의의 있다고 말할 때 만일 조사하고 있는 변인 사이에(우리의 경우에 조사하고 있는 변인은 학생 학업성취와 21 리더십 책임이다) 보고된 결과가 100번 중 5번 또는 그 이하로 일어날 수 있다고 말한 제1장의 논의를 돌이켜 회상해보라.

이것은 연구에 기반한(research-based) 한 세트의 교장 리더십 역량(책임)이라고 우리가 제시할 수 있는 미국 리더십 연구 역사상 아마 최초일 것이다. 우리는 이것을 교육리더십에 관한 지식 기반에 하나의 의의 있는 보탬이라고 믿는다.

앞에서 논의한 21 책임을 영어의 알파벳 순서로 제시하였다는 점을 강조하고 싶다. 우리가 알파벳 순서로 제시한 것은 이들 책임이 모두 중요하다는 뜻의 메시지를 전달하기 위해서다. 다음 장에서 보게 되는 것처럼 다른 각도에서 이들 책임을 보게 되면 이들의 중요도 순서는 바뀌게 된다. 만일 우리가 학생성취도와의 관계성의 강도 순서로 21 책임의 목록을 제시한다면 좀 재미 있는 패턴이 나타난다. 설명하기 위하여 〈표 4-2〉를 다시 생각해 보기로 하자. 다시 말하면 〈표 4-2〉에 설명된 관계성 정도를 고정된 형태로 설명하게 되면 오해를 일으키기 쉽다는 점을 조심해야 한다. 예를 들면, 〈표 4-2〉에서 상대적 위치에 근거하면 '상황인식' 책임은 가장 중요한 책임이 되고 '관계성' 책임은 가장 덜 중요한 책임이라고 결론을 내리도록 잘못 조언하게 된다.

〈표 4-2〉에서 가장 충격적인 것은 아마도 상관관계 크기가 아주 근소한 차이라는 점일 것이다. 21개 상관관계 중 20개 또는 95%가 .18과 .28 사이에 있다. 특히 '관계성'의 책임은 상관관계가 .18이고, '융통성'의 책임은 .28의 상관관계다. 제1장에서 소개된 해석대로 이 두 극단의 책임을 대조시켜 보면 아주 유용한 관점을 발견하게 될 것이다. '관계성'의 책임에 해당하는 상관관계 .18이라는 숫자는 '관계성'의 책임에서의 교장의 효과성이 50%의 수준에서 84%의 수준으로 향상되면 학교 성취도는 50% 수준에서 57% 수준으로 향상되는 것에 해당된다는 것을 암시하게 된다. 그런데 '융통성' 책임에서 교장의 효과성을 '관계성'과 똑같이 50% 수준에서 84% 수준으로 향상시키면 학교의 성취도는 50% 수준에서 61% 수준으로 향상되는 것에 해당된다. 비록 이 두 책임의 상대적 효과성이 약간 다르다 하더라도 이 두 '관계성'의 책임과 '융통성'의 책임은 분명히 학생성취에 실질적인 수준으로 영향을 주고 있는 것이다.

'상황인식' 책임은 가장 큰 상관관계 .33을 나타내고 있기 때문에 적어도 이에 대하여 잠깐 언급할 필요가 있다. 이 책임은 교장이 학교 운영에서 상세한 것과 현재 진행되고 있는 것을 인식하고, 현재의 문제와 앞으로 일어날 가능성이 있는 문제에 대하여 알려 주는 정보를 활용하는 범위에 해당하는 것이다. 그러므로 이 책임에 대하여 앞에서 정의하였던 것을 먼저 회상할 필요가 있다. 〈표 4-1〉에 따르면 이 '상황인식' 책임의 상관관계에는 가장 적은 수의 학교(91개교)가 포함되고 또 두 번째로 가장 적은 수의 연구물이 포함되었다. 가장 적은 수의 학교가 포함되고 두 번째로 적은 수의 연구물

| 〈표 4-2〉 학생 학업성취와의 상관관계 정도의 순위로 열거한 21 책임 목록 ||
성취도와의 상관관계	교장의 책임
.33	상황인식
.32	
.31	
.30	
.29	
.28	융통성
.27	기강
	대외대변
	모니터링/평가
.26	
.25	문화
	질서
	자원
	교육과정과 수업, 평가에 관한 지식
	투입
	변화 촉진
.24	초점
	보상
	지적 자극
.23	의사소통
.22	이상/신념
.21	
.20	교육과정과 수업, 평가에의 참여
	가시성
	낙관자
.19	긍정
.18	관계성

이 포함되었다는 사실이 발견되었는데도 상관관계가 가장 큰 .33이라는 것을 보면 놀라지 않을 수 없다. 그러나 교육리더는 학교 운영에서 깊숙하고 실천적 현장에서의 일이 효과적이어야 한다는 것을 이해해야 한다는 직관적 센스를 가져야 한다. 교육리더가 조직의 깊숙하고 실제적인 일에 관하여 더 많이 알면 알수록 그 조직을 더 잘 리드하고 경영할 수 있는 것이다.

3. 요약 및 결론

우리의 메타분석에서 나온 21 리더십 책임을 정의하였다. 수십 년에 걸쳐 이론적 리더십 문헌에서 각 책임에 대하여 언급해 왔겠지만, 이들 책임이 우리의 메타분석에서 제시한 것처럼 학생성취와 통계적으로 의의 있는 관계성이 있다고 밝힌 사실은 연구와 이론 문헌에 하나의 중요한 기여를 했다고 본다. 우리가 밝힌 21 책임은 모두 교육리더십의 효과적인 수행에 아주 중요하다는 점을 우리의 연구결과는 제시해 주고 있다.

CHAPTER 05

변화의 두 형태

제4장에서 기술한 교장의 21 책임은 그 자체만으로도 유용하지만, 이 책임들 간에 서로 어떻게 관련되어 있는지에 대하여는 우리들에게 별로 알려 주는 것이 없다. 예를 들면, '관계성'의 책임은 아마도 '의사소통' 책임과 관련되어 있을 것이고, '의사소통'의 책임은 '문화'의 책임과 관련되어 있을 것이라는 등등의 추론은 논리적일 것으로 보인다. 이 관련성의 이슈를 알아보기 위하여 우리는 21 책임의 측면에서 교장 행위를 측정하기 위하여 설계된 질문지에 반응하도록 하는 방법을 통하여 요인분석(factor analysis)을 하였다. 요인분석과 사용한 질문지의 구체적인 내용은 기술노트 11에 제시되어 있다. 그렇지만 간단히 말하여 여러 관찰 가능한 특징들에 공통되는 특성(traits), 즉 요인(factor)을 찾아내는 데 요인분석이 도움

이 되었다. 이 경우에 관찰 가능한 특징은 바로 21 책임이다.

우리의 요인분석에서 나온 주된 결과는 두 개의 특성(traits) 또는 두 개의 요인이 21 책임 속에 들어 있는 것같이 보인다. 이 두 개의 요인은 1단 변화와 2단 변화다.

1. 1단 변화와 2단 변화

미국 K-12 교육에서 지속적으로 일어나고 있는 일의 하나는 항상 이 교육을 변화시키려고 하고 있다는 점이다. 즉, 어떤 사람은 항상 새로운 프로그램이나 새로운 실천을 제안하고 있다. 이들이 시도하는 새로운 프로그램과 실천의 대부분은 아주 고심 끝에 나온 것이고, 아주 논리정연하게 잘 정리된 것이며, 나아가서는 잘 연구되기까지 한 것이다. 그러나 많은, 아마도 대부분의 교육혁신이 단명하기도 하였다. Cuban(1987)은 많은 수의 혁신 노력의 운명을 역사적으로 고찰하였는데 이들 모두가 기본적으로는 튼튼한 기반을 가지고 있었다. 이들 혁신 노력들 중에서 지속되지 못한 것들 중 눈에 띄는 것들에는 프로그램 수업, 프래툰시스템(Platoon System), 탄력(변형, 자유) 스케줄(flexible scheduling) 등이 있다.

Cuban과 그 외 많은 다른 사람들이 제기한 문제는 "왜 이들 혁신이 실패했는가?"다. 우리의 요인분석에서 나온 가능한 그리고 그럴듯한 설명이 있다. 우리의 요인분석(그리고 우리의 여러 경험에 비추어 볼 때)의 결과, 혁신을 지원하는 리더십이 그 혁신의 대표적인 가장 중요한 변화와 일치하지 않으면 안 된다는 점을 가르쳐 주고 있다. 만일 리더십 기술이 혁신에 따라 요구되는 중요한 변화와 잘 조화를 이루지 못한다면, 그 혁신이 아무리 장점을 가지고 있더라도 아마 실패할 수밖에 없을 것이다. 어떤 혁신은 점진적이고 본질적인 변화를 요구하는 반면 어떤 다른 혁신은 급진적이고 극적인 변화를 필요로 할 것이다. 논의를 하기 위하여 이들 변화의 범주를 1단 변화와 2단 변화로 나누어 부르기로 한다.

1단 변화는 점증적인 것이다. 1단 변화는 한 학교나 한 교육청에서 취하는 대부분의 후순위 등급의 일로 생각될 수 있다. 2단 변화는 점증적인 것 이외의 모든 변화를 말한다. 2단 변화는 주어진 문제를 정의하고 그 해결책을 모색하는 처음과 끝 두 측면에서 기대한 것으로부터 극적인 출발을 한다. 우리의 다른 출판물에서 1단 변화와 2단 변화의 차이를 '점증적 변화'와 '심층적 변화'라고 기술했었다(Waters, Marzano, & McNulty, 2004a, 2004b). 점증적 변화는 과거로부터 급진적으로 출발하지 않는 연속적인 작은 발전을 통해서 체제를 아름답게 맞춰 가는 것이다. 반면에 심층적 변화는 방향의 극적인 전환을 제시하고, 새로운 방법의 사고와 새로운 행동을 요구하면서 근본적인 방법으로 체제를 바꾸는 것이다.

다른 여러 이름과 용어를 사용했지만, 아주 많은 이론가들이 이 기본적인 두 분류의 변화에 대하여 논의해 왔다. 예를 들면, Heifetz(1994)는 I형태, II형태, III형태 문제라고 기술하며 1단 변화와 2단 변화를 구별하여 논의하였다. Heifetz는 I형태 문제를 전통적인 해결책이 표면화된 논리적으로 기대되는 것이라고 하였다. II형태의 문제는 매우 잘 정의할 수 있지만, 분명한 해결책이 떠오르지 않는 문제를 말한다. 그리고 III형태 문제는 현재의 사고방식으로는 해결

책을 찾을 수 없는 문제라고 하였다. I형태와 II형태 문제는 흔히 1단 변화가 요구되고 III형태 문제는 2단 변화가 요구된다.

Argyris와 Schön(1974, 1978)은 단선루프학습과 이중선루프학습의 논의에서 1단 변화와 2단 변화를 구별하였다. 단선루프학습은 하나의 조직이 과거를 계승하는 전략적 관점에서 문제에 접근할 때 일어난다. 하나의 특정전략이 성공적이었다면 그것을 또다시 사용하도록 거의 강요된다는 것이다. 만일 어떤 전략이 성공적이지 못했다면 성공할 때까지 다른 전략을 시도하게 된다. 그렇다면 어떤 의미에서 단선루프학습은 현재의 전략 세트가 다른 상황에서도 잘 먹혀든다는 것을 우리에게 가르쳐 준다. 이와는 달리 이중선루프학습은 주어진 문제를 해결하기 위하여 현존하는 전략이 표면으로 나타나지 않을 때 일어난다. 이러한 상황에서는 문제를 다르게 개념화하거나 새로운 전략을 마련하지 않으면 안 된다. 그러면 이중선루프학습은 조직이 가지고 있는 레퍼토리에다 새로운 전략을 추가하는 동안 조직의 세계관을 확대한다.

2. 2단 변화의 곤란점

인간의 공통적인 반응은 모든 문제를 사실상 1단 변화 이슈인 것처럼 말하고 있다. 우리는 새로운 문제를 우리 과거의 경험으로부터 접근하려는 경향, 즉 우리 과거의 해결책 레퍼토리를 사용하여 해결될 이슈로 접근하려는 경향이 있다. Argyris와 Schön(1974)은 이러한 경향을 '멘탈 맵(mental maps, 정신적 지도)'이라고 설명한다. 개인과 조직은 상황 대처 방식에 관한 멘탈 맵을 가지고 있다고 이들은 설명한다. 새로운 상황에 부닥칠 때 우리는 우리가 가지고 있는 하나나 그 이상 여러 개의 멘탈 맵에 비추어 상의하게 되는 셈이다. 불행하게도 현대에 일어나는 대부분의 문제에 대한 해결책은 2단 변화의 관점에서 찾지 않으면 안 된다. Heifetz(1994)는 다음과 같은 점에 주목하고 있다.

대부분의 많은 문제에서 아직 가장 알맞은 대응책이 개발된 것은 아니다. 그런 예는 아주 많다. 국내외의 빈곤문제, 산업계의 경쟁력, 학교 교육의 실패, 약물 오남용, 국가재정 적자, 인종적 편견 문제, 종족 간 투쟁 문제, 에이즈 문제, 환경오염 등이 그 예다. 이런 종류의 문제를 명쾌하게 해결할 수 있는 조직의 대응책은 없다(p. 72).

Fritz(1984)는 모든 상황을 1단 변화 이슈로 접근하려는 경향이 있다고 다음과 같이 설명하고 있다.

생활에서 얻은 공통적인 일반원칙은 일을 처리해야 하는 방식에 대하여 하나의 공식을 가지게 되어, 만일 여러분이 공식을 배우면 여러분은 어떻게 일을 할 것인지 항상 알고 있다고 생각하는 셈이다. 이러한 공식을 가지고 여러분은 아마도 어떤 상황에도 적절하게 반응할 수 있는 준비가 되어 있을 것이라고 가설적으로 생각하기 때문에, 반응적 대응 지향성으로부터 나온 이런 생각은 매우 매력을 갖게 된다. 그러나 불행하게도 이러한 생각은 잘해 봤자 여러분이 예측 가능하고 익숙한 상황에나 준비를 갖추게 되는 것이다. 여러분이 이러한 상황에 정통해진다는 것은 하나의 미로에서 잘 훈련된 쥐의 경우와 아주 흡사하다. 반면에 창의 지향성에서 볼 때 과정의 유일한 일반원칙은 하나의 일반원칙을 갖는 것은 아니다(p. 73).

마지막으로 Fullan(2001)은 "오늘날의 큰 문제는 매우 많은 패러독스와 딜레마에 싸여 있고 복잡하다. 그리고 이들 문제에는 모든 상황에 맞는 하나의 정답은 없다." (p. 73)라고 설명한다.

앞에서 말한 세 사람 Heifetz와 Fritz, Fullan의 코멘트는 학교에서 해마다 똑같은 방식으로 지속적으로 부닥치는 문제와 같다. 예를 들면, 가난한 지역 아이들과 가난하지 않은 지역 아이들 사이의 학력 성취도 격차와 같은 수십 년 지속된 문제가 이를 증명으로 보여 주고 있다. 이 이슈는 수십 년 동안 교육개혁의 초점이 되어 왔다. 실제로 이 문제는 1960년대 중반 린든 존슨 대통령의 빈곤과의 전쟁(President Lyndon Johnson's War on Poverty)의 한 부분이었다. 수십 년 동안 주의집중을 끌어왔어도 이 문제는 아직도 지속되고 있다. 이 문제와 같은 이슈에 대응하고 학교를 변화시키기 위하여 이들 문제에 대한 새로운 사고방식을 개발할 필요가 있다고 Clarke(2000)는 다음과 같이 설명하고 있다.

현재의 문제에 대응하고 나아가서 미래에 이르기 위해서는 낡아 버린 시대에 뒤진 문제해결을 위하여 설계된 방안보다는 더 잘 설계된 새로운 의미의 개선이라는 언어를 개발할 필요가 있다(p. 48).

Clarke의 충고를 모두 존중한다 하더라도 이와 같은 말은 아마 말하기는 아주 쉬워 보이지만, 2단 변화를 실천하기는 결코 쉬운 일이 아니다. 사실 2단 변화는 너무 복잡해서 가볍게 여기지 않는 것이 최선이다. 실제로 Prestine(1992)은 2단 변화는 망설이며 접근할 수 없다고 주의한다. Sizer는 2단 변화는 단호하고 즉각적인 행동이 요구된다고 다음과 같이 주장한다. "학교가 너무 느리고 시간이 다 지나갈 때까지 거의 하는 일도 없이 기다리고만 있어서 변화의 이익을 보지 못하고 계속해서 모든 일을 그르치고 있다는 말에 점점 더 수긍하게 된다." (Fullan, 1993, p. 8)

1단 변화와 2단 변화의 차는 자연적인 1단 변화에서처럼 모든 변화에 접근하기 위하여 자연적인 경향성과 결합하여 Cuban(1987)이 기록한 것처럼 실패한 혁신에 대하여 그럴싸한 설명을 붙이게 된다. 아마도 이러한 혁신은 교육에서 2단 변화를 대표하는 것이지만, 1단 변화에 더 알맞은 방법으로 관리하고 리드하게 된다. 예를 들면, 연구에 의하여 지원된 실패한 혁신으로 Cuban이 지적한 '열린교육(open education)'이란 걸 생각해 보기로 한다. 열린교육에 관한 연구 고찰에서 Hedges와 Olkin's(1985)는 열린교육이 학생의 태도와 성취도에 긍정적인 효과가 있는 것으로 나타났다. 그러나 이 열린교육은 단명으로 끝났다. 열린교육은 표면적으로는 학교의 물리적 구조의 단순한 변경이 대표되는 것으로 나타났다. 즉, 다양한 학생 집단이 각각 다른 활동에 동시에 참여하는 넓은 열린 공간을 사용하는 것이다. 그러나 이 단순한 물리적 공간 변화라고 생각했던 것이 스케줄 원안의 변화뿐만 아니라, 교사의 수업 준비와 상호 간의 상호작용 방법의 변화, 수업 내용 제시 방법의 변화 등등의 변경을 수반하게 되었다. 간단히 말하여 열린교육은 학교 운영에 관한 2단 변화가 필요하게 되었다. 이러한 사실을 인정하는 데 실패하게 되면, 즉 이러한 사실을 인정하지 않게 되면 모든 혁신을 1단 변화로 접근하려는 자연적인 경향성과 겹쳐져서 아마도 부적절한 리더십 행위를 적용하여 혁신을 리드하게 되는 원인이 된다. 궁극적으로는 이로 인하여 혁신은 무너지고 만다.

3. 1단 변화 리더십 대 2단 변화 리더십

1단 변화와 2단 변화의 차는 특히 학교의 경우 중요한 차이임에 분명하다. 우리의 메타분석에서 나온 결과의 관점으로부터 이런 질문이 제기된다. 앞에서 제시된 21 책임 중 어느 책임이 1단 변화에 알맞고 어느 책임이 2단 변화에 적당한가?

1) 1단 변화 리더십: 학교의 일상생활의 관리

우리의 요인분석의 결과 모든 21 책임은 적어도 어느 정도까지는 1단 변화에 중요하다. 이것은 직관적 감각이 된다. 우리의 메타분석 내에서 21 책임은 아주 광범한 상황, 다양하고 광범한 학교에서 나타났다. 그러나 우리의 요인분석에서는 21개의 모든 책임이 다 1단 변화에 동등하게 중요하지는 않다는 것을 보여 주었다. 우리의 요인분석에서 발견된 것처럼 이 책임들이 1단 변화와 얼마나 관계성을 갖는지 보여 주는 순위는 다음과 같다(이 순위를 어떻게 계산하였는지에 대하여는 기술노트 12를 보라).

- 모니터링/평가
- 문화
- 이상/신념
- 교육과정과 수업, 평가에 관한 지식
- 교육과정과 수업, 평가에의 참여
- 초점
- 질서
- 긍정, 지적 자극(동일 순위)
- 의사소통
- 투입
- 관계성
- 낙관자
- 융통성
- 자원
- 보상
- 상황인식
- 대외대변
- 가시성
- 기강
- 변화 촉진

　이 순위 목록은 1단 변화의 리더십에 관하여 재미있는 관점을 제
시해 준다. 이 목록은 〈표 4-2〉에 들어 있는 21 책임의 상대적 중
요도에 대하여 다른 관점을 제시해 준다. 〈표 4-2〉의 순위를 과

대 해석하는 실수가 있을 수 있다는 점을 조심해야 한다고 하였다. 마찬가지로 여기서도 이 목록의 순위에서 낮은 순위의 책임에 대하여 부적 강제로 고려되어서는 안 된다는 점에 조심해야 한다. 낮은 순위인 변화 촉진, 기강, 가시성과 다른 낮은 순위 책임도 높은 순위 책임인 모니터링/평가, 문화, 이상/신념과 기타 다른 높은 순위의 책임과 마찬가지로 매일의 학교 운영에서 많은 주의를 기울여야 한다.

모든 21 책임이 1단 변화와 관련되어 있다고 말한다는 것은 21 책임이 모두 학교에서 표준적 운영 절차를 정의해야 한다고 말하는 것을 달리 표현한 것이라고 할 수 있다. 이 말은 이 절의 부제로 '학교의 일상생활의 관리'라고 한 데 반영되어 있다. 1단 변화는 매일의 일상적 학교 운영의 부산물이다. 학교의 일상적 사무는 바로 그 사무를 바로잡고 바꾸기를 필요로 하며 반드시 저절로 1단 변화에 해당된다. 그래서 책임은 효과적인 교육리더의 경영 도구로 생각된다. 〈표 5-1〉은 구체적인 경영 행위의 측면에서 본 21 책임과 관련되어 있다.

〈표 5-1〉의 목록을 보면 겁먹지 않을 수 없다. 만일 이 모든 책임이 매일매일의 학교 운영을 효과적으로 하는 데 다 필요하다면 한 사람의 교육리더가 이 과업을 어떻게 다 완수할 수 있단 말인가? 제7장에서 이 문제에 대한 해결 방안을 제시한다. 학년도 전체에 걸쳐 부딪히게 되는 일상적 변화와 적응을 통하여 학교를 리드하고 경영해야 하는 과업의 복잡성과 폭의 증거를 우리의 요인분석의 결과에 의하여 제시한다는 점에 우리는 주목하기로 한다.

CHAPTER 05 _ 변화의 두 형태 **137**

〈표 5-1〉 21 책임과 학교 일상생활의 관리

학교 관리는 다음 사항을 포함한다.

1. 학교의 교육과정과 수업, 평가 실제의 효과성과 학생성취에의 영향에 대한 피드백을 제공하기 위한 효과적인 모니터링 체제를 확립한다(모니터링/평가).
2. 공동의 언어를 사용하고, 아이디어를 서로 나누며, 교직원들이 협력의 규범에서 일하는 문화를 형성하고 유지한다(문화).
3. 학교 교육과 교수, 학습에 관하여 잘 상세하게 하고 분명한 세트의 이상과 신념에 의하여 운영한다(이상/신념).
4. 교육과정과 수업, 평가의 효과적인 실제에 관한 최근 연구와 이론을 추구하고 또 최신 경향에 맞춘다(교육과정과 수업, 평가에 관한 지식).
5. 교실에서의 교육과정과 수업, 평가에 관한 이슈에 관하여 교사를 적극적으로 도와준다(교육과정과 수업, 평가에의 참여).
6. 학교에서 교육과정과 수업, 평가는 물론 학생성취에 관하여 구체적인 목표를 설정하고 또 학교의 일상생활에서 이들 목표를 두드러지게 유지한다(초점).
7. 교직원과 학생에게 질서감과 예측가능성을 주는 절차와 일상성을 형성한다(질서).
8. 학교 선체의 성공과 마찬가지로 학교 내 개인의 진정한 성공을 인정해 주고 축하하며, 필요에 따라서는 실패에 대해서도 인정하고 격려해 준다(긍정).
9. 독서와 토론을 통해서 교직원 중의 최고의 실천에 관한 연구와 이론의 지식을 북돋워 준다(지적 자극).
10. 교직원 간의 명확한 의사소통 통로를 마련하고 의사소통을 북돋워 준다(의사소통).
11. 교직원들이 주요 결정과 방침에 투입할 수 있도록 보장해 주는 절차를 마련하고 북돋워 준다(투입).
12. 교직원과의 사적인 관계성에 주의를 기울이고 그런 관계성을 진작한다(관계성).
13. 학교가 현재 하고 있는 일과 미래에 달성할 수 있는 일에 관하여 낙관적인 관점을 제시한다(낙관자).

14. 학교 운영에 관한 다양한 선택방안의 제시를 환영하고 존중하며, 현 상황의 요구에 맞춰 리더십 형태를 채택한다(융통성).

15. 교직원들이 교수학습 과정을 효과적으로 실행하기 위하여 필요한 자원과 지원, 전문적 능력개발을 받을 수 있도록 보장한다(자원).

16. 직원들로부터 최상의 성과를 기대하고 또 인정해 준다(보상).

17. 학교의 일상적 기능에 영향을 주는 체계와 역동성을 예리하게 인식하고, 예상되는 문제에 대한 예측의 인식을 활용한다(상황인식).

18. 모든 해당 관계자들에 대하여 학교를 옹호하고, 모든 중요한 규제와 필수 요건에 학교가 따를 수 있도록 하려고 한다(대외대변).

19. 빈번한 교실 방문을 통하여 교사와 학생, 학부모에게 자주 보일 수 있도록 한다(가시성).

20. 교수학습 과정으로 빗나가게 하는 각종 방해와 논란으로부터 교직원을 보호한다(기강).

21. 장기간 진행할 학교의 실천을 기꺼이 도전하고, 최선의 역량으로 일할 가치를 진작한다(변화 촉진).

2) 2단 변화 리더십

1단 변화와 달리 2단 변화는 우리의 요인분석 결과 교장의 21 책임 중 다음의 7 책임과 관련되어 있었다.

- 교육과정과 수업, 평가에 관한 지식
- 낙관자
- 지적 자극
- 변화 촉진
- 모니터링/평가
- 융통성

• 이상/신념

다시 말하지만 이 7 책임은 2단 변화와 관계성 정도의 순위에 따라 열거한 것이다. 안면 가치로 볼 때 여기에 열거한 목록은 교장이 2단 변화 시도를 위하여 리더십을 발휘하고자 할 때 다음에 우선순위를 두어야 한다는 것을 알려 준다.

- 혁신이 교육과정과 수업, 평가에 어떻게 영향을 주게 될 것인지에 대하여 잘 알아야 하고, 이들 영역에서 개념적 지침을 제공하기(교육과정과 수업, 평가에 관한 지식)
- 새로운 혁신을 뒷받침하는 추진 세력이 되고, 교직원이 기꺼이 스스로 적용하고자 한다면 예외적인 특별한 결과를 가져올 수 있다고 믿는 신념을 진작하기(낙관자)
- 혁신에 관한 연구와 이론에 대하여 잘 알고, 독서와 토론을 통하여 교직원들이 이에 관한 지식을 갖도록 북돋우기(지저 자극)
- 현 상태에 대하여 도전하고, 성공 보장이 없더라도 혁신을 지향하여 기꺼이 움직여 나아가기(변화 촉진)
- 혁신의 영향을 계속 모니터링하기(모니터링/평가)
- 상황의 보장으로써 혁신에 대하여 지시적이기도 하고 비지시적이기도 하기(융통성)
- 혁신에 관하여 자신의 이상과 신념을 가지고 지속적인 방법으로 운영하기(이상/신념)

이 목록의 여러 측면에서 볼 때 2단 변화를 위한 리더십에 통찰력을 제공해 준다. 첫째, 혁신의 측면에서 일반화가 가능하다는 점에 주목하게 된다. 그 이유는 말로 표현된 구체적 이슈의 상황에서나 또는 해결된 문제의 상황에서 2단 변화가 분명하기 때문이다. 그것은 추상적인 어떤 것이나 본질적인 어떤 것이 아니기 때문이다. 어떤 것에 대하여 단지 말로 2단 변화에 참여하지는 않는다. Fritz(1984)는 구체적 행동이 따르지 않는 과장된 말의 위험성을 이렇게 경고한다.

> 이 전략은 자기 주변에 어떤 일이 벌어지고 있는지 무시하는 동안 '비전을 쥐고 있는(hold the vision)' 사람이 흔히 사용한다. 이런 사람들은 실제 비전가에 나쁜 이름을 매기는 환상가들이다. 진짜 꿈을 창조하는 사람과 혼동해서는 안 된다. 환상가들은 단지 꿈을 꿀 뿐이지만, 꿈의 창조자는 그들의 꿈을 실현시킨다. 현실을 정확하게 인식하고 자신의 비전을 정확하게 인식하는 것만이 여러분으로 하여금 구조적 긴장을 창조적 과정의 중요한 한 부분으로 형성할 수 있도록 해 준다(p. 118).

둘째, 2단 변화의 중요한 측면인 앞의 일곱 책임 중 ① 모니터링/평가, ② 이상/신념, ③ 교육과정과 수업, 평가에 관한 지식, 이 셋은 1단 변화의 상황에서 상위 순위로 열거된 것들이다. 이들 책임 안에서의 행위는 어떤 형태의 변화에도 아주 중요하다고 미루어 생각해야 할 것이다. 어떤 혁신이 소규모 변화(1단 변화)이든지 아니면 대규모 변화(2단 변화)이든지 교장은 교육과정과 수업, 평가에서 효과적으로 실천되고 있는지 비효과적으로 실천되고 있는지 밝힐 수 있는 모니터링 체제를 형성해야 하고, 학생성취에 대한 영향을 실지로 평가해야 한다. 그렇게 하기 위해서 교장은 교육과정과 수업, 평가에 관한 최선의 실천을 위한 지식을 찾아내야 한다. 이런 행동의 토대로 교장은 일단의 아주 강력한 이상과 신념을 나누어야 한다. 그러나 교장의 행위는 신봉하는 이상과 신념과 일치해야 한다. 발표한 이상과 신념과 일치하지 않는 행위는 대규모 변화든 소규모 변화든 어떤 변화 시도에 스며들게 마련이다. Argyris와 Schön(1974)은 '실용이론(theories-in-use)'에 대가 되는 '신봉이론(espoused theories)'이라고 하여 이 역동성에 대하여 논의한다.

어떤 상황에서 어떻게 행동할 것이냐는 질문을 받으면 흔히 하는 대답은 그 상황에 대한 행동의 '신봉이론'이 된다. 이것이 자신이 믿고 또 요청받은 것에 대하여 다른 사람에게 전달하고자 하는 행동에 대한 이론(신봉)이 된다. 그러나 자신의 행동을 실지로 지배하는 이론은 이 '실용이론'인 것이다(pp. 6-7).

리더들은 너무나 자주 일단의 이상과 신념을 신봉한다고 표현하지만, 자신의 신봉이론과 배치되는 실용이론에 해당하는 다른 이상과 신념으로 운영한다고 Argyris와 Schön은 설명을 한다. 이러한 신봉과 실용 사이의 차는 분명히 리더의 관리자로서의 적합성에 대한 신뢰를 급격하게 떨어뜨리게 된다.

셋째, 2단 변화에 중요한 7 책임 중 셋은 상대적 중요성이란 측면에서 1단 변화에 비하여 낮은 순위에 해당한다. 특히 '변화 촉진'의 책임은 2단 변화에 중요하지만, 1단 변화의 상대적 중요성에서는 제일 낮은 것으로 평정되었다. 이것은 직관적 의미가 있다. 현

상태에 대한 도전과 같은 행위는 1단 변화보다는 2단 변화에 훨씬 더 알맞은 것같이 보인다. 마찬가지로 '낙관자'와 '융통성'의 책임은 2단 변화에 중요하지만, 1단 변화의 상대적 중요성에서 13순위와 14순위에 해당되었다. 이것도 역시 일리가 있다. 장기적 잠재 혁신에 초점을 둔(낙관자) 리더십 행위와 변화의 전체적 전망에 맞추어 적응하는(융통성) 리더십 행위는 1단 변화를 특징짓지만, 논리적인 과거의 연장에 그치지 않고 거보를 내딛는 데 결정적으로 중요한 점증적이고 예측 가능한 변경에는 아마도 그렇게 중요하지는 않을 것이다.

우리의 요인분석에서 가장 현저하게 드러나는 측면은 아마도 몇 개의 책임은 2단 변화에 의하여 부정적으로 영향을 받는다는 점일 것이다. 이들 책임은 다음과 같다.

- 문화
- 의사소통
- 질서
- 투입

앞에서와 마찬가지로 이들 네 책임은 2단 변화와의 관계성 강도의 측면에서 목록으로 제시되어 있다. 그러나 이 경우에 관계성은 부적 관계다. 즉, 첫 번째 제시된 '문화'는 2단 변화와 가장 강한 부적 관계성을 가지고 있다는 식이다. 이 책임들 내에서 구체적 행위가 2단 변화와 부적 관계성을 가지지만, 그렇다고 이 부적 관계가 교육리더가 이들 책임을 적극적으로 뒤엎으려고 한다는 의미는 아니라는 점을 이해하는 것이 중요하다. 이것은 교육리더가 2단 변화 혁신을 적용하는 데 일정한 대가를 치르게 된다는 의미다. 특히 2단 변화에 리더십을 발휘하고자 하는 교장은 다음과 같은 지각을 인정해야 할 것이다.

- 혁신의 결과로 팀 정신, 협력, 공통의 언어를 악화시킬 수 있다(문화).
- 혁신의 결과로 의사소통을 악화시킬 수 있다(의사소통).
- 혁신의 결과로 질서, 일상성이 악화될 수 있다(질서).
- 혁신의 결과로 모든 교직원들이 하는 투입의 수준을 저하시킬 수 있다(투입).

시행되고 있는 2단 변화 혁신에 대한 교직원 측면에서 나오는 말에 주의해야 한다. 다시 말하지만 2단 변화에서 리더는 21 책임 중에서 어떤 것도 뒤엎으려 하지는 않는다. 그러나 어떤 교직원은 혁신의 결과로 일이 악화되거나 저하되고 있다고 지각할지도 모른다는 점을 리더는 알고 있어야 한다. 연구자들은 이런 현상에 대하여 언급해 왔다. "알려지지 않은 문제를 다루는 데 익숙한 사람일수록 모호한 사고와 혼동, 탐색 기간에 의하여 창의적 타개를 항상 지각한다는 것을 더 잘 이해하고, 뒤이어 목적 있는 변화를 추구하거나 원치 않는 변화에 대처할 때 흥분의 기간이 이어지고 또 자신감이 생긴다."(p. 17)는 점에 Fullan(2001)은 주목하였다. Heifetz(1994)는 이 현상을 경쟁하는 가치들의 측면에서 설명하고 있는데, "경쟁하는 가치의 관점이 포함하게 되는 것은 성공 채택에 필수적일 것"

(p. 23)이라고 설명한다. Fullan(1993)은 2단 변화는 때로는 아주 혼잡하다고 이렇게 설명을 덧붙이고 있다.

만일 우리가 중요한 개혁을 진행하고 있는 조직을 직선적으로 스냅사진으로 그려내고자 한다면 '준비, 발사, 명중'이 훨씬 더 효과적인 시퀀스 순서일 것이다. '준비'는 중요하다. 여기에는 어떤 방향감이 있어야 하지만, 여러분이 역동적인 현실에 대하여 충분히 알지 못하고 준비하다 보면 비전과 미션, 전략적 기획을 가진 과정을 수렁에 빠뜨리게 한다. '발사'는 기능과 명료성, 학습을 진작하는 행동이고 탐구다. '명중'은 새로운 신념을 구체화하고, 미션과 비전 진술문을 작성하고, 전략기획에 초점을 맞추는 것이다. 실제 비전과 전략기획은 그 다음에 나온다 (pp. 31-32).

마지막으로, "가장 효과적인 개인과 조직은 적은 문제도 경험하지 않고, 스트레스 상황도 덜 겪으며, 많은 행운을 갖게 될 뿐만 아니라 이런 문제들을 다른 방식으로 다룬다." (p. 9)라고 Fullan (1993)은 덧붙인다.

우리의 요인분석에서 나온 2단 변화에 관한 결과가 함축하고 있는 내용은 아주 광범위하다. 아주 초보적 수준에서 주는 메시지는 2단 변화가 리더십 관점에서 나온 하나의 전혀 다른 별개의 사항이라는 점이다. 2단 변화 시도를 성공적으로 수행하기 위하여 교육리더는 자신의 이상과 정력, 열정을 서서히 올려야 한다는 것이다. 뿐만 아니라 이에 더하여 좌절과 때로는 어떤 교직원들로부터 나오는 분노까지도 사게 되는 기간도 기꺼이 함께 살아가지 않으면 안

된다. 이것 때문에 교육리더에게는 많은 개인적 통행료를 지불하게 되고, 왜 많은 교육에 유망한 실천가들이 학생성취 향상을 위하여 리더십을 발휘하지 못하고 마침내 포기하고 마는지 그 이유를 설명하는 데 의심의 여지가 없다. 제7장에서 우리는 교육리더가 2단 변화를 관리한 몇 가지 구체적인 방식에 대하여 다루고자 한다.

4. 요약 및 결론

우리의 요인분석에 의하여 21 책임이 어떻게 서로 상호작용하고 이 책임을 어떻게 적용할 것인지에 대하여 어떤 통찰을 할 수 있었다. 학교가 당면하는 1단 변화와 바로잡기가 일상생활에서 일어날 때 교육리더는 학교운영의 일상적 측면에서 21 책임(1. 모니터링/평가, 2. 문화, 3. 이상/신념, 4. 교육과정과 수업, 평가에 관한 지식, 5. 교육과정과 수업, 평가에의 참여, 6. 초점, 7. 질서, 8. 긍정, 9. 지적 자극, 10. 의사소통, 11. 투입, 12. 관계성, 13. 낙관자, 14. 융통성, 15. 자원, 16. 보상, 17. 상황인식, 18. 대외대변, 19. 가시성, 20. 기강, 21. 변화 촉진) 모두에 주의를 기울여야 한다. 과거와 달리 극적으로 발생하는 2단 변화 시도가 포함될 때 리더는 특히 7 책임(1. 교육과정과 수업, 평가에 관한 지식, 2. 낙관자, 3. 지적 자극, 4. 변화 촉진, 5. 모니터링/평가, 6. 융통성, 7. 이상/신념)을 강조해야 한다. 뿐만 아니라 이에 더하여 21 책임 중에서 4개(1. 문화, 2. 의사소통, 3. 질서, 4. 투입)의 행위가 악화시키거나 저하시킨다고 생각되는 교직원의 지각을 잘 견뎌내야 한다.

CHAPTER 06

옳은 일하기

우리의 메타분석이나 요인분석에서 나온 결과로 증명되지 않은 하나의 중요한 리더십 측면은 하나의 학교가 초점을 두는 일의 형태였다. 미국의 모든 학교에서 매년 공식적 또는 비공식적으로 학교를 유지하거나 (이상적으로) 학생성취를 향상시킬 것으로 생각하는 어떤 방법을 밝힌다. 이런 결정의 대부분이 학교발전계획으로 증명된다. 하버드 대학교 교수인 Richard Elmore는 이들 학교발전계획에서 학교가 선택한 것은 학생성취 향상을 위한 학교의 능력에서 아주 중요한 요소라고 주장한다. 특히 미국 주지사협의회(the National Governors Association)에서 시행한 연구에서 Elmore(2003)는 다음과 같이 결론을 맺었다.

우리가 해야 할 옳은 일(right thing)을 아는 것은 학교 발전의 핵심
문제다. 학교의 성과에 대한 학교의 책무를 다한다는 것은 학생의 성과
증대의 향상을 가져오는 지식과 기능, 판단력을 가진 사람을 얼마나 확
보하고 있느냐에 달려 있다(p. 9).

Elmore는 미국의 학교 개혁 노력은 허구의 역병에 걸려 있는데
그중의 하나는 교사와 행정가들이 충실하게 열심히 일하지 않기
때문에 학교가 실패하고 있다고 하며, 다음과 같이 지적하고 있다.
"이러한 허구에는 학교에 있는 사람들, 즉 행정가, 교사, 학생들이
충실하게 열심히 일하지 않기 때문에 학교가 실패하고 또 이들이
게으르고, 동기유발이 안 되며, 이기적이라고 믿게 되는 일이 포함
된다"(p. 9). Elmore의 입장에서 보면 저성과 학교에서 성과가 낮은
원인은 노력 부족과 동기 문제라기보다는 오히려 하고 있는 일에
관한 잘못된 결정(poor decision)에 있다고 본다. 그래서 저성과 학
교의 문제는 사람들을 일하게 만드는 것이 아니라 사람들로 하여
금 '옳은 일[right thing, 역자주: 행정에서 'do right thing(옳은 일하기)'
와 'do thing right(일을 옳게 하기)'가 중요하게 비교되고 있어 여기서는
'옳은 일'이라고 하였으나 '바른 일' 또는 '맞는 일'로 생각해도 좋을 것
이다]'을 하게 하는 것이다.

그렇다면 하나의 학교가 해야 할 여러 형태의 일이 있는데 그중
에서 어떤 일이 옳은 일인가? 이 장에서는 이 이슈에 대한 두 가지
의 일반적 접근법인 ① 종합학교개혁(Comprehensive School Reform:
CSR) 모델과 ② 현장접근 설계(Designing a Site-specific Approach)에
대하여 살펴보기로 한다.

1. CSR 모델 활용

옳은 일을 선택하는 하나의 접근은 종합학교개혁(Comprehensive School Reform: CSR) 모델을 사용하는 것이다. 특히 CSR 프로그램은 검증된 이 모델을 채택하는 학교에 보조금을 제공하는 미국 연방 재정지원 프로그램이다(Borman, Hewes, Overman, & Brown, 2003). 이 개혁 프로그램의 목적은 학생성취 향상, 특히 저성과 학교에서의 학생성취 향상을 위한 연구기반 접근을 제공하기 위한 것이다. 미국 연방교육부(2002)는 이 CSR 모델을 광범한 측면에서 정의하고 있다. 예를 들면, 이 모델은 다음과 같이 정의한다.

- 학생의 학업성취를 과학적으로 향상시키기 위한 과학적 기반 연구를 통해서 발견된 모델이다.
- 질 높은 전문적 능력개빌을 제공하는 모델이다.
- 학부모와 지역사회의 의미 있는 참여를 제공하는 모델이다.
- 학생 학습과 교수, 학교경영을 위하여 증명된 방법을 적용하는 모델이다.

CSR 모델을 여러 사람, 여러 곳에서 연구한 것이 있다(Herman et al., 1999; Northwest Regional Educational Laboratory, 2000). 보다 더 잘 알려지고 잘 연구된 것에는 '지시적 수업(Direct Instruction)' '학교 발전프로그램(the School Development Program)' '모든 학생의 성공(Success for All)' 등이 있다.

'지시적 수업(Direct Instruction)'은 Siegfried Engelman이 개발하고 미국 오레곤 주 Eugene의 National Institute of Direct Instruction (미국지시적수업연구소)에 의하여 사용 가능하도록 만들어진 것이다. K-6학년에서 활용하도록 설계된 이 교수법의 기본 목적은 5학년 말까지 해당 학년 수준 이상으로 학생들이 잘할 수 있도록 독서와 언어, 수학의 학생 학업성취를 향상시키려는 것이다. 이 교수법에는 고도의 상호작용 수업, 성적 수준에 의하여 조직된 소집단 활용, 학생의 진보에 대한 잦은 모니터링 등이 포함된다. 이 지시적 수업은 정규수업에서 떼어내어 별도의 지도를 하는 프로그램(a pull-out program)에 반대되는 정규수업에서 활용된다는 의미를 갖고 있다.

'학교발전프로그램(the School Development Program)'은 James Comer에 의하여 고안된 것으로 코네티컷 주 뉴헤븐 학교발전프로그램으로부터 사용 가능하게 되었다. 이 프로그램의 목표는 학생의 성공을 지원하기 위하여 성인 공동체를 동원하자는 것이다. K-12학년에서 활용하도록 설계된 학교발전프로그램은 ① 학교기획팀, ② 학생직원지원팀, ③ 학부모팀의 세 팀을 활용한다. 이 세 팀은 ① 학교종합계획 설계, ② 효과적인 교직원능력개발, ③ 학생진보 모니터링과 평가의 세 운영에 공통의 초점을 맞춘다. 끝으로 모든 세 팀은 ① 절대 빗나가지 않는 논의, ② 합의적 결정, ③ 협력이라는 세 원리를 고수한다.

'모든 학생의 성공(Success for All)'은 Robert Slavin과 Nancy Madden이 개발한 것으로 메릴랜드 주 볼티모어 '모든 학생의 성공 재단'을 통해서 사용 가능하게 되었다. K-8학년을 위해서 개발된 '모든 학생의 성공'의 기본 목표는 모든 학생이 효과적으로 읽을 수 있도록 보장하겠다는 것이다. 이 프로그램에는 협동학습의 활용, 1:1 개인지도(tutoring)가 포함되는데 이는 가정지원팀과 현장 촉진과 형성 자문자에 의하여 뒷받침된다.

Borman과 Hewes, Overman, Brown(2003)에 의한 종합적 메타분석에서는 '지시적 수업(Direct Instruction)' '학교발전프로그램(the School Development Program)' '모든 학생의 성공(Success for All)'을 포함한 29개 CSR 모델을 고찰하였다. 이들 프로그램에 관한 인습적인 지혜는 이들 모든 프로그램이 학생성취 향상을 위한 능력에서 증명된 자취의 기록을 가지고 있다고 말하는 것이 아마도 정확한 표현일 것이다. 사실 교육부가 제시한 목록에서 첫째 기준은 과학적 근거에 의한 연구를 통해서 학생성취 향상을 위해서 프로그램이 발견되었다는 것이다. 그러나 Borman과 그의 동료들에 의한 종합적 메타분석에서는 이들 CSR 모델을 지지하는 연구에 대하여 흥미로운 관점을 제시하고 있다.

이들의 메타분석에서는 CSR 모델에 대하여 적어도 세 가지 일반화를 제안하고 있는데 여기서 논의하는 것이 적절할 것 같다. 첫째, Borman과 그의 동료들이 고찰한 29개 CSR 모델 중에는 한 학교에 매우 큰 차이가 있는 비용을 들게 한다는 점이다. 첫해(준비기간)의 인사 비용이 적게는 0달러에서 많게는 208,361달러에 이르기까지 그 비용 범위가 크다는 점이다. 첫해 인사비용 중앙치가 13,023달러다. 첫해 비인사(인사 이외) 비용이 14,585달러에서 780,000달러이고 중앙치 72,926달러다. 간단히 말하여 CSR 모델을 채택하려면 아주 비싼 비용이 든다. 만일 한 학교가 비용이 비싸게 드는 모델의

하나를 선택한다면 그 특정 학교에서의 학생성취 향상의 기회를
이 모델이 갖는지 조심스럽게 검토하기를 충고하게 된다.

둘째, 29개의 CSR 모델이 그 효과성을 지지하는 연구가 포함하
는 학교 수의 범위가 대단히 광범하다. 예를 들면, 한 CSR 모델은
182개의 학교를 포함하는 연구인 반면 다른 어떤 모델은 단지 한
학교만을 포함하고 있다. 뿐만 아니라 CSR 모델의 학생성취에 대
한 효과 정도의 차이가 대단히 크다. 이에 대한 설명은 〈표 6-1〉을
보면 알 수 있다.

〈표 6-1〉에 보고된 백분율은 Borman과 그 동료들의 메타분석
에 보고된 1,111 표준 평균차 효과크기에 근거한 것이다. 표준 평
균차 효과크기(이후부터는 표준 평균차라고 부른다)에 대하여는 기술
노트 13에 설명되어 있다. 간단히 말하여 표준 평균차는 CSR 모델
을 사용한 학생 집단의 평균 점수에서의 표준편차가 CSR 모델을

〈표 6-1〉 종합학교개혁 모델의 효과크기의 분포

효과크기 간격	백분율	누가 백분율
-2.00~-2.13	.27	.27
-1.00~-1.99	1.50	1.77
-.01~-.99	33.12	34.89
.00~.99	54.91	89.80
1.00~1.99	4.23	94.03
2.00~2.99	1.10	95.13
3.00~3.99	1.00	96.13
4.00~4.99	1.10	97.23
5.00~5.99	1.10	98.33
6.00~6.99	1.00	99.33
7.00~7.83	1.00	100.33

사용하지 않은 학생 집단의 평균 점수보다 얼마나 많이 높은가 또는 얼마나 많이 낮은가를 말해 준다. 〈표 6-1〉에 보고된 표준 평균차는 -2.13~+7.83 범위다. 이러한 광범한 범위는 29개 CSR 모델에 관한 연구에서 나온 결과에 아주 광범한 차가 있다는 것을 말해 준다. -2.13의 낮은 표준 평균차는 연구에 포함된 CSR 모델이 큰 부적효과를 갖는다는 것을 말한다. 특히 실험집단인 CSR 모델을 적용한 학교의 평균 학생성취가 CSR 접근을 적용하지 않은 학교의 평균 성취보다 2.13 표준편차 낮다는 것을 가리켜 준다. 바꿔 말하면 이 연구의 CSR 학교의 평균 성취 점수는 CSR 비적용 학교의 두 번째 퍼센트(2nd percentile)에 해당한다. 이러한 큰 부적효과크기를 액면 그대로 받아들인다면 CSR 학교의 보통 학생들은 CSR 비적용 학교 보통 학생에 비하여 대단히 많은 기초를 잃게 된다.

〈표 6-1〉에 보고된 7.83의 높은 표준 평균차는 CSR 모델에 대한 큰 정적효과를 보인 것이다. 특히 CSR 모델을 적용한 학교의 평균 성취 점수가 통제집단 학생의 평균 점수보다 7.83 표준편차 더 높다는 것을 가리켜 준다. 즉, CSR 집단 평균 학생은 통제집단의 99.9999999번째 퍼센트(99.9999999th percentile)보다 높다.

그렇다면 CSR 모델은 학생성취에 아주 불공평한 효과를 준다고 할 수 있다. 어떤 CSR 모델은 학생성취에 매우 큰 정적효과를 준다고 어떤 연구는 가리켜 주는 반면 어떤 CSR 모델은 부적효과를 준다고 다른 연구들은 가리켜 준다. 실제로 Borman과 그의 동료들의 메타분석에서 1,111 효과크기의 34.89%가 0 이하인데, 이는 메타분석에서 고찰된 연구의 약 35%에서 주어진 CSR 모델을 적용하지 않은 집단이 적용한 집단보다 월등한 성과를 보였다는 것을 가리켜 준다[역자주: 〈표 6-1〉에서 부적효과인 -.99(0 이하) 효과크기에 해당하는 누가 백분율이 34.89다].

셋째, CSR 모델은 시간에 따라 효과 패턴에 일관성이 없이 혼란스러운 결과를 보여 주고 있다. Borman과 그의 동료들은 CSR 모델의 장기적 효과를 다음과 같이 설명하고 있다.

> 이들 모델을 적용한 지 5년째에 이르러 CSR 모델의 효과는 실질적으로 증가하기 시작하고 있다. 5년 동안 CSR 모델을 적용한 학교는 일반적인 CSR 학교에서의 성취보다 거의 2배의 성취를 보이고 7년 동안 적용한 후의 효과는 2배 이상이었고, d=.15(즉, 표준평균편차는 .15)의 전반적 CSR 영향 크기의 한 배 반이었다. 8~14년 CSR 모델을 적용한 이후에 나온 데이터를 가진 소수의 학교는 3배의 효과를 달성하고 전반적 CSR 효과보다 3배 더 컸다(p. 153).

만일 한 학교가 5년 동안 CSR 모델을 고정해서 적용한다면 아주 극적인 성취 향상을 기대할 수 있을 것이라는 결론을 이러한 코멘트로부터 내려도 좋을 것이다. 그러나 이러한 결과를 조심스럽게 분석하면 또 다른 해석도 가능하다. CSR 모델 적용 첫해의 평균 효과 크기는 .17이다. 2년의 표준 평균차는 .14, 3년은 .15, 4년은 .13이었다. 이는 CSR 모델의 효과가 기본적으로 같거나 첫 4년이 지나면서 약간 줄어든다는 것을 가리켜 준다. 5년째에 표준 평균차는 오히려 .25로 극적으로 증가한다. 끝으로 8년째에서 14년째에 효과 크기는 인상적으로 .50으로 높게 증가한다.

이러한 효과크기의 패턴에 대한 하나의 분명한 해석은 첫 4년은 보통으로 증가하다가 그 다음에는 극적으로 증가할 것이라는 기대를 갖고 학교가 주어진 CSR 모델을 지속적으로 적용 노력해야 한다는 것이다. 그러나 Borman과 그의 동료들이 시행한 메타분석에서 나온 하나의 결과는 하나의 다른 해석을 암시하고 있다. 특히 이들은 주어진 연구의 표준 평균차가 크든지 또는 작든지 효과 크기의 규모가 큰 관계성을 가진 많은 요인들을 분석하였다. 이들이 확인한 하나의 특징은 CSR 모델이 모델 적용을 촉진하기 위하여 계속적인 교직원 능력개발을 제공하는 정도였다. 더 많은 교직원 능력개발을 통해서 주어진 하나의 CSR 모델을 지원하면 할수록 이모델에 해당하는 효과 크기가 더 낮아진다는 것을 이들은 발견하였다(이 결과에 대한 더 자세한 논의를 위해서는 기술노트 14를 보라). 만일 한 학교가 단순히 충분한 정도로 장기간 지속한다면 CSR 모델의 장기 지속은 반드시 그 대가를 돌려줄 것이라는 상반된 해석에 이르게 된다. 만일 이렇게 되면 교직원 능력개발은 CSR 모델의 효과를 증대시킬 것이라 기대하게 된다. Borman과 그의 동료들은 이상하게도 이 점에 대하여 논의하지 않았다. 그러나 하나의 해석은 CSR 모델을 적용하면 가장 효과적이라는 것이다. 즉 학교가 특정 상황에 CSR 모델을 맞게 적용하기만 해도 학생성취에 긍정적으로 영향을 준다. 이러한 해석은 다양한 인구를 가진 학교에 대한 CSR 프로그램의 영향에 대한 별도의 다른 연구에 의해서 지지되었다.

Datnow과 Borman, Stringfield, Overman, Costellano(2003)는 문화적으로 그리고 언어적으로 다양한 13개의 초등학교에서 CSR을 4년간 적용하는 연구를 실시하였다. 보다 재미있는 결과의 하나는 연구에서 대부분의 학교가 적용을 시도했던 CSR 모델을 포기하였다는 것이다.

　요약하면 우리의 4년 연구 말에 13개 학교 중 5개 학교가 열성 정도
에서 보통 정도로 설계된 개혁을 아직 계속 적용하고 있었다. 우리가 연
구한 13개 학교 중 6개 학교는 개혁 기간이 끝나고, 두 개의 다른 학교는
매우 낮은 수준에서 아직 공식적으로는 개혁 중에 있다(p. 153).

　이러한 결과를 보면 CSR 모델을 '옳은 일'로 굳건하게 적용하려
는 교육리더에게 좋은 조짐을 주지 못하고 있다. CSR 모델이 지속
적으로 적용되려면 상황에 맞게 수정되어야 한다는 것이다. CSR 모
델 적용에서 지속되었던 Datnow 연구의 5개 학교는 모두 학교 현
장에 맞추어 많이 수정하였던 것이다.

　Datnow 연구에서 문화적으로 그리고 언어적으로 다양한 인구
를 가진 학교를 전적으로 다루었음에도 불구하고 학교 변화에 관
한 연구와 이론은 상황에 맞춘 수정의 중요성을 아주 강력히 지지
하고 있다. 특히 Hall과 Hord, Loucks(Hall & Hord, 1987; Hall &
Loucks, 1978; Hall, Loucks, Rutherford, & Newlove, 1975; Hord,
Rutherford, Huling-Austin, & Hall, 1987)의 연구에 의하여 학교가 학
생과 지역사회의 특수한 요구에 맞추기 위하여 혁신의 구체성을
변경하여야 한다는 것을 보여 주고 있다. 실제로 Hall과 Hord,
Loucks에게는 혁신의 가장 높은 수준의 적용은 상황에 맞춘 수준
이라고 정의할 정도다.

　요약하자면 지금까지 많은 좋은 CSR 모델이 개발되어 왔다. 옳
은 일을 찾는 학교는 이들 모델을 채택할 것을 고려하게 된다. 그러

나 CSR의 경직된 채택으로는 학생성취 향상을 위한 실패로부터 안
전한 방법이라고 보장할 수 없다.

2. 현장접근 설계

학교에서 취하려는 '옳은 일'을 확인하는 두 번째 접근은 학교의
특수한 요구에 맞는 개입 방안을 만들거나 확인하기 위하여 현장
특수성에 맞는 개입 방안을 설계하는 것이다. 이러한 선택의 이면
에 있는 논리는 모든 학교는 어느 면에서든 차이가 있다는 것이다.
결과적으로 어떤 사전에 설계된 종합적인 학교 개혁프로그램도 주
어진 학교의 독특한 특성에 맞출 수 없다는 것이다.

현장 특수성에 맞는 개입 방안을 설계하기 위해서는 학생성취
향상을 위하여 한 학교 안에서 변경시킬 수 있는 요소를 가진 모델
이나 프레임을 갖고 학교가 시작해야 한다. Levine과 Lezotte(1990)
그리고 Sammons(1999)가 개발한 모델을 포함한 많은 모델이 이러한
목적으로 개발되었다. 우리가 이 장에서 사용하는 모델은 Marzano
(2003)가 개발한 것인데 『학교에서 적용 가능한 모델: 연구로부터
실행으로(*What Works in Schools: Translating Research into Action*)』란
책에서 기술된 것이다. 이 모델은 학교 개혁에 초점을 둔 11개 요
인이 있을 것으로 가정하여 만들었다.

이들 요인은 다시 학교 수준, 교사 수준, 학생 수준의 3개의 넓은
범주로 조직되었다는 점에 주목할 필요가 있다. 학교 수준 요인은
안전과 질서와 같은 전형적인 학교 방침 기능에 해당한다. 바꿔 말

하면 이들 학교 수준 요인은 개별 교사가 종합적으로 다룰 수 없는 이슈에 해당한다. 오히려 이들 이슈는 대개 전교적인 시도나 운영 절차를 포함하게 된다. 교사 수준 요인들은 수업전략과 수업학급 관리와 같이 개별교사가 효과적으로 다룰 수 있는 이슈를 포함한다. 끝으로 학생 수준 요인들은 대개 학교가 다룰 수 없지만, 만일 학교가 구체적인 전교 프로그램을 적용하고자 한다면 다룰 수 있는 가정환경과 같은 이슈를 포함한다.

이들 각 요인에 대하여 깊이 고찰해 보기 전에 이들 요인은 특별한 재정 자원의 투입 없이 실질적으로 변경시킬 수 있는 요인으로 제한되었다는 점을 설명하는 것이 중요하다. 즉, 11개 각 요인은 실제 실천될 수 있는 변화 영역을 대표하는 것이다. 예를 들면, 학년도의 수업일수 증가라든지, 학교에서 곤란을 겪는 모든 학생에게 개인지도를 제공한다든지 하는 어떤 강력한 개입은 이들 목록

〈표 6-2〉 '학교에서 적용 가능한' 모델의 요인	
학교 수준 요인	1. 보장되고 실행 가능한 교육과정
	2. 도전적인 목표와 효과적인 피드백
	3. 학부모와 지역사회 참여
	4. 안전하고 질서정연한 환경
	5. 동료의식과 전문직주의
교사 수준 요인	6. 수업전략
	7. 수업학급관리
	8. 교실 교육과정 설계
학생 수준 요인	9. 가정환경
	10. 학습된 지능과 배경지식
	11. 동기

출처: What Works in Schools: Translating Research into Action by Robert J. Marzano, 2003, p. 10. Copyright ⓒ 2003, ASCD.

에서 제외시켰다는 점을 주목해야 한다. 이들 자원 소요 개입 요인들은 학생성취에 확실히 강력한 효과를 주겠지만, 대부분의 학교에 현재 가동 가능한 자원으로는 아마 감당하기 어려울 것이다. 〈표 6-2〉에 제시된 요인들은 부가적인 특별한 자원에의 접근 없이 즉각 실시할 수 있는 것이기 때문에 실용세트로 고려될 수 있을 것이다. 이들 각 요인은 주어진 학교에서 '옳은 일'로 확인된 구체적이고 한정된 특성과 실행 단계를 나타내고 있다.

1) 요인 1: 보장되고 실행 가능한 교육과정

이 요인의 명칭에서 알 수 있는 것처럼 이 요인은 학교 교육과정의 상호관련 된 두 측면, 즉 교육과정이 보장되는 범위와 교육과정이 실행되는 범위를 말하고 있다. 이 요소의 명칭에서 실행 가능성이 두 번째로 뒤에 언급되었지만 우리는 교육과정의 이 측면을 첫째로 생각하고 있는데, 그 이유는 이 실행 가능성이 교육과정을 보장하는 필수조건이기 때문이다.

실행 가능성(viability)은 진술된 교육과정이 교사에게 가능한 수업시간에 적절하게 가르쳐지는 정도를 말한다. 이 이슈는 아마 불합리한 추론같이 들릴지 모르지만, 현재 K-12 학교에서 부닥치고 있는 가장 골치 아픈 문제 중 하나일 것이다. 특히 미국의 50개 주 중 49개 주(유일한 예외 주는 아이오와 주임)가 학생들이 선택한 교과 영역에서 알아야 할 것과 해야 할 것을 대표하는 표준 내용을 정해 놓고 있다. 전형적으로 이들 교과목 영역은 수학, 언어, 과학, 사회(여기에는 역사, 시민정신, 지리가 포함됨), 보건과 체육, 예술이다. 표준화 운동은 좋은 목적과 의도를 가지고 있고 또 많은 주에서 문서로 잘 작성되었지만, 이 표준화 운동은 적용범위의 위기를 일으켰다. 주(州)의 표준교육과정 문서는 교사가 가능한 수업시간에 알맞게 가르칠 수 있는 양보다는 대개 훨씬 더 많은 내용을 확인하여 밝힌 것을 단지 그냥 진술해 놓은 것에 불과하다.

예를 들면, 국가수준과 주(州)수준 표준화 교육과정 문서에서 발견된 현재의 내용을 가르치기 위하여 걸릴 것으로 생각되는 시간 양에 관한 연구에서 Marzano와 Kendall, Gaddy(1999)는 이들 문서에 제시된 내용을 가르치려면 현재 가능한 시간보다 71퍼센트 더 많은 수업시간이 필요할 것이라고 결론을 내렸다. 더 구체적으로 지적하자면 학년도의 추가 수업일수를 늘리지 않고 이들 문서에 진술된 대로 모든 내용을 학교에서 다 가르치려고 한다면 아마 약 10년은 학교에 더 다니도록 연장해야 할 것이라고 한다. 그렇다면 교육과정을 실행 가능하게 하려면 사용 가능한 수업시간 변인에 맞지 않으면 안 되고 또 분명히 내용의 실질적 축소 정리가 요구된다.

교육과정이 실행될 수 있는 정도까지 축소 정리되고 나면 그 교육과정은 보장된다(guaranteed). 이것은 수업 교사로 하여금 특정 학년, 특정 코스, 특정 내용에 맞게 진술하도록 학교가 강제해야 한다는 것을 의미한다. K-12 교육을 우연히 관찰하게 된 관찰자는 학교와 교육청은 이미 이렇게 강제했다고 가정하겠지만 이것은 사실이 아니다. 예를 들면, 교사들이 교과서에 어떻게 접근하는지에 대하여 논의하면서 Stevenson과 Stigler(1992)는 학교와 교육청 내 모든 교사들이 똑같은 교과서 시리즈를 사용하는 경우일지라도 교사에 따라 각각 다른 주제 내용을 생략하더라는 점에 주목하였다. 결과적으로 학교와 교육청은 학생들이 무엇을 배우는지 알 수 있는 방법이 없다는 것이다. "지방교육청 관내, 심지어는 개별 학교 내에서도 가르치는 내용을 위한 동일 계획을 세워야 한다는 아이디어는 비참하게도 신화에 이르게 한다." (p. 26)라는 점에 주목하면서 Hirsch(1996)는 똑같은 현상에 대하여 말하고 있다.

많은 학교와 교육청에서 보장성과 실행 가능성이 부족한 주어진 교육과정을 가지고 한 학교는 다음 행동 단계 중 하나나 그 이상의 단계를 '옳은 일'로 확인하게 될 것이다.

- 모든 학생에게 필수적인 것으로 고려되는 내용과 보조적인 것으로 고려되는 내용을 확인하고 전달하기
- 필수적 내용을 수업 가능한 시간 양 내에서 소화할 수 있다고 보장하기
- 교사들이 필수 내용을 다룰 수 있다고 보장하기
- 수업시간이 교사들에게 가능하도록 보호해 주기

2) 요인 2: 도전적인 목표와 효과적인 피드백

연구문헌으로부터 나온 가장 강력한 일반화의 하나는 피드백이 여러 다양한 상황에서 사용할 수 있는 좋은 수업활동이라는 것이다. Hattie(1992)도 피드백은 교육자에게 사용 가능한 가장 강력한 단일 교육 도구라고 결론을 맺었다. 연구에 의하여 시사점을 찾은

〈표 6-2〉 효과적인 학교와 비효과적인 학교 학생들의 기대 합격률과 실패율

학생명: 세실리아 헤이스티드
학년: 8학년
담임: 교사 베이커

수학:	79.7	C		참여:	90.8	B
과학:	79.4	C		과제:	87.6	B
언어:	93.8	A		집단활동:	78.2	C
역사/지리:	82.9	A		규칙준수:	87.1	B
예술:	97.7	A				
시민정신:	85.4	B				

수학		
집중경향과 변산도	76.5	
차트와 그래프	87.2	
자료수집과 표집	78.2	
함수	68.3	
문제해결전략	88.2	
참여	94.2	
과제	82.1	
집단활동	70.5	
규칙준수	78.4	
과학		
지구/달의 운동	71.0	
지구계의 에너지	82.3	
태양계	79.1	
우주	83.9	
계절/일기/기후	80.7	
참여	90.2	
과제	84.7	
집단활동	71.5	
규칙준수	82.4	
언어		
쓰기/작문:		
작문 과정	94.7	
조직과 개발	95.0	
화법	89.9	

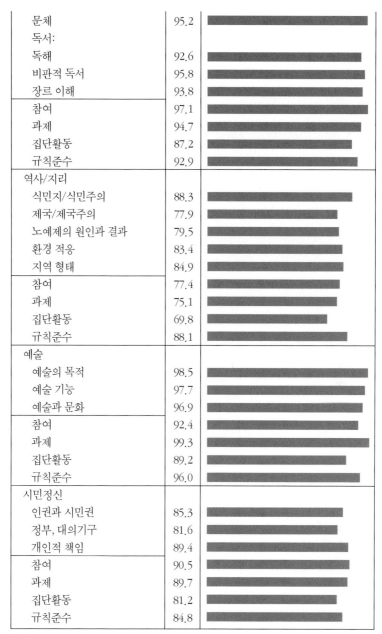

문체	95.2	
독서:		
독해	92.6	
비판적 독서	95.8	
장르 이해	93.8	
참여	97.1	
과제	94.7	
집단활동	87.2	
규칙준수	92.9	
역사/지리		
식민지/식민주의	88.3	
제국/제국주의	77.9	
노예제의 원인과 결과	79.5	
환경 적응	83.4	
지역 형태	84.9	
참여	77.4	
과제	75.1	
집단활동	69.8	
규칙준수	88.1	
예술		
예술의 목적	98.5	
예술 기능	97.7	
예술과 문화	96.9	
참여	92.4	
과제	99.3	
집단활동	89.2	
규칙준수	96.0	
시민정신		
인권과 시민권	85.3	
정부, 대의기구	81.6	
개인적 책임	89.4	
참여	90.5	
과제	89.7	
집단활동	81.2	
규칙준수	84.8	

출처: What Works in Schools: Translating Research into Action by Robert J. Marzano, 2003, pp. 41-42.

피드백제공 유형의 가장 좋은 방법은 〈표 6-3〉에 제시된 것과 같은 성적표(report card)를 활용하는 것이다.

〈표 6-3〉에서 성적표의 상단부는 전반적인 성적을 보여 주는 아주 전통적인 방식같이 보인다. 이러한 전반적인 성적은 앞의 Hattie가 언급한 피드백 수준을 확실히 제공해 주지는 못하고 있다. 그러나 성적표의 하단부의 내용은 각 교과 영역에서 구체적인 주제별로 성적을 보고해 주고 있기 때문에 충분한 피드백 수준을 제공해 주고 있다. 〈표 6-3〉의 예시는 100점 척도를 사용하고 있다. Marzano(2000b)는 4점 척도에 의한 성적표에서는 어떻게 시용할 수 있는지 설명해 주고 있다. 100점 척도나 4점 척도 또는 어떤 다른 척도를 사용하든 〈표 6-3〉에서 보는 것과 같은 성적표의 중심 부분은 각 학생이 모든 평가 기간에 걸쳐(예를 들면, 9주 기간마다) 지식과 기능의 구체적 측면에 대하여 피드백을 받을 수 있다는 것이다. 이 성적 기간 동안의 점수는 주제 수준에 따른 학생성취의 경로를 보여 주는 성적 기록을 보고해 줄 수 있다(이에 대한 더 자세한 논의를 보려면 Marzano, 2000b, 2003을 보라). 〈표 6-3〉에 기술된 것과 같은 성적통지표는 교사들이 평가 기간별로 비교적 적은 수의 주제별로 경로를 추적해 달라는 요구를 받고 또 일상적인 일이지만 파일에 보관된 자료와 평균 계산 프로그램, 주제 간 교차 결합 점수 프로그램과 같은 수고로운 일을 수행하는 컴퓨터 소프트웨어 프로그램을 제공받을 때만 가능하다는 점에 주목하는 일이 중요하다. 현재 미국에서 교사들이 1일 단위로 구체적인 지식 영역과 기능 영역별로 평가 자료의 경로를 추적할 수 있는 컴퓨터 프로그램도 이용 가능하고, 교사들이 수집한 정보를 종합하여 〈표 6-3〉에 기술

된 것과 같은 성적통지표로 작성하는 프로그램도 가능하며, 성적
표에 있는 정보를 종합하여 성적증명으로 바꾸는 프로그램도 가능
하다.

보장되고 실행 가능한 교육과정(요인 1)의 적용과 이 두 번째 요
인에 중요한 기록 보존을 위한 기술의 지원을 가지고 학교는 학교
전체는 물론 학생 개인을 위한 도전적 목표를 확인할 수 있고, 이어
서 Hattie(1992)가 언급한 학습을 할 수 있는 체계적이고 구체적인
피드백을 제공할 수 있는 것이다. 결과적으로 학교는 옳은 일로써
다음의 행동 단계의 하나나 그 이상의 단계를 선택하게 될 것이다.

- 특정 학생의 구체적인 지식과 기능 영역에 대한 피드백을 적
  시에 제공하는 평가와 기록 유지 체계를 적용하기
- 학교 전체의 구체적이고 도전적인 성취 목표를 설정하고 모니
  터링하기
- 각 개인 학생의 구체적이고 도전적인 성취 목표를 설정하고
  모니터링하기

3) 요인 3: 학부모와 지역사회 참여

이 요인은 학부모와 지역사회의 학교에 대한 지원과 참여를 다
룬다. 이 요인에는 적어도 세 관련 요소인 ① 의사소통, ② 참여,
③ 거버넌스가 포함된다.

첫째, 의사소통은 학부모와 지역사회 '로' 그리고 학부모와 지역
사회 '로부터'의 양방 의사소통의 좋은 통로를 개발하는 정도를 말

한다. 이러한 의사소통의 수단으로는 대개 뉴스레터, 전화, 가정방문, 학부모와 교사 상담이 포함된다. 이에 추가하여 인터넷을 통한 e-메일, 채팅방의 활용이 효과적인 양방 의사소통으로 크게 확대 가능해졌다.

둘째, 참여는 학부모와 지역사회가 매일매일의 학교 운영에 참여하는 정도를 말한다. 학교에의 참여는 학부모와 지역사회가 자발적으로 수업 보조자, 복도나 식당, 운동장 감독자, 사무실 서기 보조자, 초청강사와 발표자와 같은 기능을 하는 것을 보고 알 수 있다.

셋째, 거버넌스는 학부모와 지역사회가 학교 방침 결정에 어느 정도 참여하도록 허용되는 구조를 설정한 정도를 말한다. Tangri와 Moles(1987)는 학부모와 지역사회가 다음과 같은 방법으로 학교의 거버넌스에 참여하는 논리를 설명하고 있다. "교육적 의사결정에의 학부모(그리고 지역사회) 참여의 개념은 정부 일에의 시민참여의 민주적 이상과 밀접하게 연결되었다"(p. 520). 전통적으로 학교 거버넌스에의 학부모와 지역사회 참여방법으로는 코머학교발전프로그램(Comer's School Development Program, Comer, 1984, 1988)에서의 학부모 팀과 학교자율책임경영팀(site-based management team)과 같은 공식적 팀의 설치가 포함된다.

이 요인과 관련하여 학교는 옳은 일로써 다음 행동 단계에서 하나나 그 이상의 단계를 선택하게 될 것이다.

- 학교와 학부모와 지역사회와의 의사소통 수단 설치하기
- 매일매일의 학교 운영에 다양한 여러 학부모와 지역사회 참여

방법 설치하기

• 학부모와 지역사회 구성원의 참여를 허용하는 거버넌스 수단 설치하기

4) 요인 4: 안전하고 질서정연한 환경

학교가 안전하고 질서정연한 환경을 가지고 있다는 것은 학생과 교사가 학교에서 안전하다고 느끼고, 육체적 및 심리적 위험으로부터 안전하다고 지각한다는 것을 의미한다. 여기서 말하는 안전과 질서는 효과적인 학교 교육을 위한 필수조건이라고 많은 사람들이 인정하였다(Chubb & Moe, 1990; Mayer, Mullens, Moore, & Ralph, 2000). 사실은 이 요인에 관하여 국가 목표까지 설정한 적이 있다. 예를 들면, 1994년의 미국 2000년 목표: 미국교육법(the Goals 2000: Educate America Act, National Education Goals Panel, 1994)에서 2000년까지 미국의 모든 학교에서는 "학습 수행에 필요한 질서정연하고 안전한 환경을 제공한다."(p. 13)라고 진술해 놨다. 이 요인을 실행하기 위하여 각 학교는 학교 수준에서의 규칙과 절차를 마련해야 하는데 이를 설계하고 실행하는 데 학생들을 참여시켜야 한다.

이 요인과 관련하여 각 학교는 옳은 일로써 다음 행동 단계에서 하나 그 이상의 단계를 선택하게 될 것이다.

• 학교의 물리적 성격이나 일상생활 때문에 생기는 행동문제를 다루는 규칙과 절차의 제정

- 학교의 일반적인 행동에 관한 전교적 규칙과 절차의 제정
- 규칙과 절차의 위반에 따른 해당 조치의 제정과 강제 이행
- 학생의 자율(self-discipline)과 책임을 가르치는 프로그램의 제정
- 잠재적 고위험 위반과 극단 행동 가능 학생에 대한 조기 수색을 허용하는 체제 제정

5) 요인 5: 동료의식과 전문직주의

'동료의식과 전문직주의'는 학교 내 교직원이 서로 상호작용하는 매너와 교직원들이 전문가로서 자신들의 직무에 접근하는 정도를 말한다. 이 요인은 1970연대 연구자들이 '학교풍토'(Brookover & Lezotte, 1979; Brookover et al., 1978)라고 부르던 것과 관련되어 있다. Brookover와 그의 동료들(1978)은 "학교풍토의 차이가 정상적으로 구성되는 학교들 사이에서 생기는 학업성취의 차를 만들어 낸다고 우리는 믿는다."(p. 303)라고 하면서 이 요인의 중요성을 검증하여 왔다. Brookover의 풍토란 개념은 그 범위에서 아주 광범했다는 점을 주목하지 않으면 안 된다. 여기서 '동료의식과 전문직주의'라고 한 것은 Brookover와 달리 Deal과 Kennedy(1983)가 '조직풍토'라고 부른 것과 오히려 더 가깝다.

학교에서 조직풍토는 학교 내 개인들의 사회적 전문직적 상호작용으로 구별되는 분위기에 근거한 한 학교의 집단적 개성이라고 정의해 왔다(p. 14).

조작적으로 정의하자면 '동료의식과 전문직주의'는 교직원 사이의 암묵적 또는 표면적 행동규범의 기능이라고 할 수 있다. 이 규범은 한편으로는 따뜻하고 친절하면서도 근본적으로 전문직적인 관계성을 형성하는 데 기여한다. 이 요인은 또한 학교 내 중요한 의사결정을 할 때 교사들이 중요한 통합적 측면으로 참여하도록 허용하는 구조가 된다. 끝으로 이 요인은 각 세션마다 그리고 해마다 초점이 되고, 기능 중심적이고 또 집중적인 전문직적 능력개발을 포함한다.

다음의 세 행동 단계가 이 요인에 해당된다.

- 동료의식과 협동성을 일으키는 행동과 행위 규범의 제정
- 학교의 의사결정과 방침 결정에 교사들의 참여를 허용하는 거버넌스 구조의 설치
- 교사에게 의미 있는 능력개발 활동 기회 제공

6) 요인 6: 수업전략

〈표 6-2〉는 학교 개혁의 '학교에서 적용 가능한 모델'의 11개 요인 중 첫 다섯 학교 수준의 요인(① 보장되고 실행 가능한 교육과정, ② 도전적인 목표와 효과적인 피드백, ③ 학부모와 지역사회 참여, ④ 안전하고 질서정연한 환경, ⑤ 동료의식과 전문직주의)을 밝힌 것이다. 각 요인의 행동 단계에서 지적한 것처럼 이들 행동 단계는 각 학교가 취해야 할 조치를 포함하고 있다. 이번 여섯 번째 요인인 '요인 6: 수업전략'과 다음에 다룰 두 요인인 '요인 7: 수업학급관리'와

'요인 8: 교실 교육과정 설계'는 교사 수준에서의 매일매일의 학급 수업생활의 측면을 다루게 된다.

효과적인 교사에게 요구되는 보다 분명한 특징의 하나는 전적으로 자신들의 뜻에 달려 있는 광범한 범위의 수업전략이라고 할 수 있다. 이미 많은 연구자들이 효과적이라고 주장하는 수업전략의 목록을 개발하여 놓은 것이 있다. 예를 들면, Fraser와 Walberg, Welch, Hattie(1987) 그리고 Hattie(1992)가 공동으로 연구 고찰한 보고에 근거하여 밝혀낸 8범주의 일반 수업전략이 있다. 그리고 Marzano의 연구(Marzano, 1998; Marzano, Gaddy, & Dean, 2000; Marzano, Pickering, & Pollock, 2001)에 근거하여 다음 9 수업전략 범주가 제시되었다[역자주: 자세한 내용은 앞의 책을 번역한 주삼환, 정일화 역(2010). 학업성취 향상 수업전략. 시그마프레스 참조].

- 유사점과 차이점 확인하기
- 요약하기와 노트하기
- 노력 강화하기와 인정하기
- 숙제와 연습
- 비언어적 표현하기(예, 도식, 도해 등)
- 협동학습
- 목표 설정과 피드백 제공
- 가설 설정과 가설 검증
- 단서, 질문 및 선행조직자

어떤 구체적인 수업전략 목록을 활용하든 수업전략은 수업설계

를 위한 어떤 형태의 프레임으로 조직되어야 한다. Hunter(1984)
는 개별수업을 위한 설계를 제안하였다. 그리고 보다 최근에는
Marzano(2003)가 단원 계획을 위한 설계를 제안하였다. 이는 〈표
6-4〉에 제시된 것과 같이 4 범주로 되어 있다.

범주 I은 '진전 모니터링, 집단 작업과 개별 작업의 균형, 노력
강화, 성공 축하의식'을 다루는 수업전략이 포함된다. 이 활동은
흔히 단원 전체를 통하여 규칙적으로 그리고 체계적으로 적용된
다. 범주 II는 단원의 '최종목표 달성 평가와 최종 성공 축하의식'
을 다루는 전략들이 포함된다. 이 전략들은 한 단원을 완전히 마치
도록 하는 데 도움이 된다. 범주 III은 '학생들에게 제시된 새로운
정보를 학생들이 이해하고 받아들이도록 돕는' 전략을 포함한다.

〈표 6-4〉 수업전략 범주

범주 I-진전 모니터링, 집단 작업과 개별 작업의 균형, 노력 강화, 성공 축하의식
해 주기
• 학생들이 개별적으로 학습
• 학생들이 협력집단에서 학습
• 학생들이 구체적인 주제에 대한 지식과 기능에 따라 집단에서 학습
• 학생들에게 학습목표에 대한 정기적인 피드백 제공
• 학생들로 하여금 학습목표를 향하여 따라 가도록 하기
• 학습목표를 향하여 적정하게 진전하여 나아갈 때 정기적으로 축하의식 해
  주기
• 모범적 노력을 보일 때 칭찬하고 강화하기

범주 II-최종목표 달성 평가와 최종 성공 축하의식 하기
• 각 학습목표에 대한 학생의 진전 정도에 대하여 분명한 평가 제공
• 학습목표에 대하여 학생 자신이 평가하고 교사의 평가와 비교하도록 하기
• 특정 학생을 위하여 특정 목표의 달성에 대하여 인정하고 축하의식 해 주기

> **범주 Ⅲ-학생들에게 제시된 새로운 정보를 학생들이 이해하고 받아들이도록 돕기**
> • 학생들이 내용에 대하여 이미 알고 있는 것을 확인하도록 도와주는 질문하기
> • 학생들로 하여금 이미 알고 있는 내용과 새로운 내용 사이에 직접적으로 연결 짓도록 하기
> • 새로운 내용을 조직하는 방법이나 새로운 내용에 대한 사고하는 방법 제공하기
> • 내용에 대하여 학생들이 노트하도록 하기
> • 내용에 대하여 학생들이 요약하여 말하고 기록하도록 하기
> • 새로운 내용을 그림, 픽토그래프, 기호, 물리적 모델이나 극적 활동으로 나타내도록 하기
> • 새로운 내용을 심상도로 만들어 보도록 하기
>
> **범주 Ⅳ-학생들이 내용을 검토하고 연습하고 적용하도록 돕기**
> • 노트를 수정하고, 교정, 자세히 추가하도록 하기
> • 학생들의 그림, 픽토그래프, 기호, 도형, 물리적 모델 등을 수정, 교정, 추가하도록 하기
> • 학생들의 심상도를 수정, 교정 추가하도록 하기
> • 학생들로 하여금 기능과 과정을 연습하도록 하는 숙제와 학급 활동을 하도록 배정하기
> • 내용 비교, 내용 분류, 내용 비유, 내용 유추하는 숙제와 학급 활동 배정하기
> • 문제해결 과제, 의사결정 과제, 조사 과제, 탐구 과제, 체제분석 과제, 발명 과제를 통하여 가설을 설정하고 검증하도록 하는 프로젝트에 학생을 참여시키기

출처: What Works in School by Robert J. Marzano에서 수정, Copyright ⓒ 2003 ASCD.

마지막 범주 Ⅳ는 '학생들이 내용을 검토하고 연습하고 적용하도록 돕는' 수업전략을 포함한다.

〈표 6-4〉에서 프레임으로 제시되었지만, 이 요인에 해당하는 하나의 행동 단계는 광범한 수업전략을 포함하는 다음과 같이 다면적인 것이다.

• 연구에 근거한 전략을 적용하는 단원 계획을 위한 프레임을
교사에게 제공하기

7) 요인 7: 수업학급관리

사람들은 '수업학급관리'(역자주: 'classroom management'라고 하
면 우리나라에서는 흔히 담임교사로서의 '학급경영' 또는 '학급관리'라
고 번역한다. 여기서는 담임교사가 아닌 수업교사로서 수업하는 동안의
수업단위에 해당하는 수업학급을 어떻게 질서정연하게 관리하여 수업의
목표를 달성하느냐의 문제이기 때문에 '수업학급관리'라고 번역한다)가
효과적인 교수의 기초라고 주장한다. 실제로 Wang과 Haertel,
Walberg(1993)는 주요 연구문헌 고찰에서 '수업학급관리'가 228개
변인 목록 중에서 학생성취에 가장 영향을 많이 주는 요인이라는
것을 밝혀냈다. 이것은 직관감이 된다. 잘못된 수업학급관리의 결
과로 혼란스러운 학급은 성취 향상을 못할 뿐만 아니라 오히려 향
상을 방해하기까지 한다.

Marzano와 Marzano, Pickering(2003)은 효과적인 수업학급관리
의 5 측면을 찾아냈다. 첫째, 수업 규칙과 절차를 설계하고 실행하
는 것이다. 둘째, 규칙과 절차를 위반하였을 때 적절한 결과 처리
방법을 설계하고 실행하는 일이다. 셋째, 교사와 학생 사이의 관계
를 확립하고 유지하는 일이라고 할 수 있다. 더 구체적으로 말하면
학생과 최적의 관계성을 확립하기 위하여 교사는 두 형태의 행위
를 보여 주어야 하는데 ① 적정 수준의 우위(지배)의 위치를 보여
주는 관계성이고(즉, 교사는 학생의 행동과 학업에 책임이 있고, 이를

지도하는 데 신뢰를 받을 수 있어야 한다는 신호를 보내는 정도의 관계성), ② 적정 수준의 협동을 보여 주는 관계성(즉, 교사는 개별 학생의 욕구에 대하여 관심을 가지고 있고, 하나의 팀으로서 수업 학급에서의 기능을 기꺼이 담당해야 한다는 신호를 학생에게 보내는 정도의 관계성)이다. 넷째, 앞으로 일어날 수 있는 어떤 잠재적 문제를 확인하고 미리 막는 데 특별히 강조점을 두고, 수업학급에서의 모든 활동에 주의를 집중하는 교사의 전략 사용이 포함된다. 다섯 번째, 관리적 이슈에 관하여 교사가 건전하고 정서적인 객관성을 유지하는 정도와 관련된 것이다.

결과적으로 만일 수업학급관리에 초점을 맞춘다면 학교는 옳은 일로써 다음의 행동 단계의 하나나 그 이상의 단계를 선택하게 될 것이다.

- 교사가 수업학급 규칙과 절차의 종합세트를 마련하고 실행하기
- 교사가 올바른 행동을 강화해 주고 부적절한 행동에 대하여는 결과 조치를 하고, 이를 인정하게 하는 구체적인 전략을 사용하기
- 기강을 세우기 위하여 전교적 접근을 제도화하기
- 교사로 하여금 학생을 다루는 데 알맞은 정도의 우위(지배)와 알맞은 정도의 협동 사이의 균형점을 찾도록 돕기
- 교사들이 학생들이 가지고 있는 각각 다른 형태의 욕구를 의식하고 또 이들 욕구를 완화시킬 수 있는 방법을 찾도록 돕기
- 수업학급 내 학생들의 행동에 관하여 교사들의 의식을 계속

유지하거나 집중시키는 구체적인 전략을 세우도록 돕기
- 교사들이 학생들에게 건전하고 정서적인 객관성을 갖도록 하는 구체적 전략을 세우도록 돕기

8) 요인 8: 교실 교육과정 설계

'교실 교육과정 설계'는 교과서와 주(州) 표준 문서, 교육청 교육과정 지침에 나와 있는 내용을 특정 학생들의 욕구에 맞도록 교사가 결정하는 것을 말한다. 학교에 따라, 심지어는 한 학교 내에서도 학급에 따라 가르치려는 주제에 대한 학생들의 배경지식과 학습 준비도에서 대단히 차이가 크기 때문에 이러한 결정이 필요하다. 결과적으로 학급 수업교사는 교과서와 주 표준 문서 그리고 교육청 교육과정 지침의 활동과 내용을 학생들에게 맞게 수정하지 않으면 안 된다.

교사들이 가르칠 학생들에게 맞게 수정할 때 교사들이 첫 번째 해야 할 중요한 일 중의 하나는 어떤 정보와 기능이 교과서와 주 표준 문서, 교육청 교육과정 지침에 명시된 주어진 주제의 초점에 맞는지 결정하는 것이다. 예를 들면, 이러한 문서의 하나 이상에 근거하여 초등학교 4학년 교사는 수학 분수의 주제를 다루어야 한다. 그러나 이 주제에서도 여러 측면이 수업의 초점이 될 수 있다. 즉, 분수와 소수의 관계성 또 1/2, 1/4, 1/5과 같은 공통 분수의 본질과 비교적 성격 등이 초점이 될 수도 있다. 이뿐만 아니라 분수의 일반 주제 내에서의 중요한 기능에다 분수를 소수로 바꾸기 그리고 분모가 다른 분수들 더하기를 포함시킬 수도 있다. 어떤 정보

와 기능이 특정 학생을 위한 수업의 초점이 되어야 할 것인지 결정하기 위하여 교사는 그 학생들이 배우려는 주제에 대하여 이미 알고 있는 것이 무엇인지 고려해야 한다. 이러한 결정은 분명히 교과서나 주 표준이나 교육과정을 설계한 사람이 할 수는 없다. 이런 결정은 학급에 따라 심지어는 학생에 따라 달라지지 않으면 안 된다.

교사들이 해야 할 또 다른 두 번째 교실 교육과정 결정은 다양한 방법으로 여러 번 새로운 내용에 학생들이 접근할 수 있는 기회를 가질 수 있게 하는 활동을 찾아내는 일이다. 학생들이 새로운 지식을 충분히 이해하고 통합하기 위해서는 다양한 관점에서 다양한 방법으로 정보를 처리해야 하기 때문에 이러한 활동 선택이 필요하다. 뿐만 아니라 이러한 기회는 곤란에 대한 세심한 계획과 함께 여러 번 주어져야 한다.

교사들이 해야 할 세 번째 교육과정 결정은 학생들이 숙달해야 할 기능이 무엇이며, 단지 소개만 해도 될 기능이 무엇인지 확인하는 것이다. 기능이란 절차적 지식의 형태라고 할 수 있다. 이 절차적 지식이 유용하게 되려면 몸에 배서 자동적으로 나올 수 있을 때까지 학습을 해야 한다. 즉, 개별 학생이 거의 의식하지 않거나 무의식중에 기능을 완벽하게 쓰거나 처리할 수 있어야 한다. 불행하게도 이런 수준까지의 학습을 위해서는 아주 많은 연습이 요구되는데 이 정도까지 교사가 모든 절차를 교과서나 표준문서, 교육과정 지침에서 찾아 잘 밝히기란 거의 불가능한 일이다. 결과적으로 교사는 주어진 학기 내에 가능한 한 많은 기능을 소개하고 거의 자동이라 할 정도로 요구되는 수준의 일부만 가르치게 되는 것이다

[이에 대한 자세한 논의를 위해서는 Marzano와 Kendall, Gaddy(1999)를 참고하라]. 다시 말하지만 교사는 이러한 교실 교육과정에 관한 결정을 하기 위하여 자기 학급 학생들의 배경지식과 준비도에 관한 지식을 활용해야만 한다.

교사들이 해야 할 네 번째 교육과정 결정은 한 주제 내에서 어떻게 정보를 제시하느냐 또는 유사점을 뚜렷하게 나타내는 방법으로 어떻게 한 세트로 된 주제를 제시하느냐의 문제다. 주제들 사이에서 유사점을 뚜렷하게 나타내는 것은 지식 전이의 핵심이라고 할 수 있다. 다시 말하면 개별 학생에 대한 배경지식 없이는 이러한 연관 짓기는 불가능하다. 한 집단의 학생에게 알맞은 주제들 간의 분명한 연관을 제공해 주는 조직 구조로는 다른 집단의 학생들을 위한 주제들 간의 연결 짓기로는 쓸 수 없다.

교사가 해야 할 마지막 다섯 번째 교육과정 결정은 지식에 대한 학생들의 최초의 지식을 더 확대하기 위하여 새로운 지식을 적용하도록 요구하는 복잡한 과제를 어떻게 학생들에게 제공하느냐 하는 것이다. 이러한 과제에는 새로운 지식에 근거하여 어떤 결정하기, 새로운 지식에 터하여 문제해결하기, 새로운 지식에 근거하여 가설을 검증하기 등이 포함될 수 있다.

이 요인을 염두에 두고 각 학교는 옳은 일로써 다음 행동 단계 중 하나나 그 이상 여러 단계를 선택하게 될 것이다.

- 교사들이 반드시 다루어야 하는 주제에서 중요한 정보와 기능을 교사들이 확인하기
- 다양한 활동을 통하여 여러 번 새로운 내용을 제시하기

- 교사들이 숙달 수준까지 가르쳐야 할 기능과 처리, 단지 소개할 기능과 처리 수준까지 가르쳐야 할 기능과 처리를 구별하기
- 교사들이 내용의 중요한 측면을 나타내는 집단이나 범주로 내용을 제시하기
- 교사들이 여러 방법으로 내용을 다루도록 요구하는 복잡한 과제에 학생들이 수행하도록 하게 하기

9) 요인 9: 가정환경

〈표 6-2〉의 마지막 세 요인(9. 가정환경, 10. 학습된 지능과 배경지식, 11. 동기)은 '학생 수준 요인'이라는 이름 아래 들어 있다. 이들 요인은 매일 학생들과 함께 학생들이 학교에 가지고 오는 일반적 배경의 일부분이라는 특징을 대표하는 요인이라고 할 수 있다. 지난 수십 년 동안 이 학생 배경 변인은 학교가 영향을 줄 수 없는 어쩔 수 없는 변인일 것이라고 많은 사람들이 가정했었다. 〈표 6-2〉에 열거된 세 요인도 그렇게 생각될 것이다. 이 요인들이 학교 밖의 환경 영향의 산물이지만, 각 요인은 집중적인 전교적 노력으로 크게 영향을 줄 수 있다고 본다.

학생 수준 세 요인 중 첫 번째 요인은 '가정환경'이다. 이 이름에서 볼 수 있는 것처럼 가정의 환경이 학생 학업 성공을 지원해 주는 정도를 말한다. 이 요인과 관련된 보다 흥미로운 연구결과의 하나에 따르면 가정의 부모나 보호자의 수입이나 직업, 학력 수준에 상관없이 학생의 학업성취에 긍정적으로 영향을 주는 오케스트라와 같은 요인이라는 것이다(White, 1982).

적어도 가정환경의 다음 세 측면은 학업성취의 지원을 결정한다. 첫째, 부모와 보호자는 학교에 대하여 그리고 자녀들이 하고 있는 일에 대하여 자녀들과 의견을 나누는 정도다. 자녀들과 효과적으로 의사소통하는 부모와 보호자는 학교에 관하여 자녀들과 빈번하게 그리고 체계적으로 의논하고, 학교와 관련한 일에 대하여 자녀들을 격려하며, 자녀들이 다니는 학교가 일을 할 수 있도록 자원을 제공하여 도와준다.

지원적인 가정환경의 두 번째 특징은 감독이다. 이 특징에는 자녀들이 학교에서 집으로 돌아갔을 때 숙제 시간이라든지, 방과 후에 무엇을 하는지, 얼마나 텔레비전을 보는지, 어떤 종류의 프로그램을 보는지와 같이 자녀들의 활동을 모니터링하는 정도가 포함된다.

이 요인의 세 번째 특징은 부모 역할의 스타일이다. 권위적(authoritative) 스타일과 권위주의적(authoritarian) 스타일, 허용적(permissive) 스타일의 세 일반적 부모 스타일 중 첫 번째 권위적 스타일이 학생의 학업성취에 가장 강력한 긍정적 관계성을 보이고, 그 다음이 권위주의적이었다. 허용적 스타일이 학업성취 지원에 거의 영향을 주지 못했다.

하나의 행동 단계가 이 요인에 해당된다.

- 학부모로 하여금 학교에 대하여 자녀들과의 의사소통을 증대시키고, 자녀들의 감독을 증가시키며, 효과적인 부모 스타일의 맥락에서 자녀들에 대한 기대에 대하여 자녀와의 의사소통 능력을 향상시킬 수 있도록 훈련하고 지원해 주기

10) 요인 10: 학습된 지능과 배경지식

'학습된 지능과 배경지식'이란 이 요인은 학업성취의 가장 강력한 예언 요인 중의 하나는(만일 하나의 유일한 강력한 요인이 없다면) 가르칠 내용에 관하여 학생이 가지고 있는 배경지식(Bloom, 1976; Dochy, Segers, & Buehl, 1999)이라는 사실에서 가져온 이름이다. 흥미롭게도 배경지식, 특히 학업 배경지식은 심리학자들이 구체화된 지능 또는 타고난 지능이 아니라 학습된 지능의 형태라고 부르는 그런 지능과 지식에 해당된다.

학업 배경지식을 향상시키는 기법은 ① 직접적 접근과 ② 간접적 접근의 두 기본 접근의 범주로 조직할 수 있다. ① 직접적 접근은 학업 지향의 교외활동에 학생들을 참여시키는 접근이다. 이러한 직접적 접근 경험에는 역사적 유적지 현장학습, 문화 이벤트, 연극, 박물관 방문 등이 포함된다. 그리고 또 직접적 경험에는 광범하고 다양한 학교 외 학업 경험을 학생에게 제공하기 위한 수단으로 어른과 짝을 이루어 멘토링 관계성에 학생을 참여시키는 프로그램도 포함되고, 이러한 관계성에 참여하기 원하는 학생에게 경험을 제공하는 일이 포함된다. 이상적으로는 멘토링 짝이 되는 어른은 학생일 때 멘토링 배경을 가졌던 사람이나 같은 인종에 속한 사람이 좋다.

② 간접적 경험은 학생의 학업 배경지식을 향상시키는 '가상적' 경험을 만들어 경험하게 하는 것이다. K-12 교육의 현 문화에 잘 맞는 두 가지 형태의 간접 경험에는 광범한 독서를 시키는 것, 학교에서 학생들이 부닥치게 되는 학과목에 중요한 용어와 관련한 직

접적인 용어 수업을 하는 것이다.

이 요인과 관련하여 각 학교는 옳은 일로써 다음 행동 단계를 선택하게 될 것이다.

- 학생들이 가진 인생 경험의 양과 질을 직접적으로 증가시키는 프로그램에 학생들을 참여시키기
- 어휘 개발을 강조하는 광범한 독서 프로그램에 학생들을 참여시키기
- 특정 교과목 내용에 중요한 어휘 용어와 구절에 관한 직접 수업 제공하기

11) 요인 11: 동기

마지막 학생 수준 요인은 '동기'다. 이 동기 요인은 학생들이 외석 출처와 내직 출처 양쪽에서 나온 학업 과제에 몰두하도록 동기유발되는 정도를 말한다. 충동이론, 귀인이론, 자아존중이론은 외적동기 출처에 의하여 학생들을 동기유발시키는 방법에 관한 어떤 방향을 제시해 줄 것이다(Covington, 1992). 하나의 기법은 학생들의 지식 습득에 관한 지식에 대하여 피드백을 학생들에게 제공하는 것이다. 학생들이 지식이나 기능 획득에서 발전하고 있다고 의식하게 될 때 학생들은 다른 학생과 비교한 상대적 입장과 상관없이 자신의 노력과 투입의 수준을 증가시키는 경향이 있다. 동기유발의 다른 외적 접근방법의 하나는 학업 내용에 초점을 맞춘 게임화한 과제에 학생들을 참여시키는 것인데 게임이나 유사게임 활동

은 본질적으로 학생들에게 흥미를 끌기 때문에 좋다. 만일 학업 내용에 게임이나 유사게임 활동이 스며들어 있다면 학생들이 학습 과제에 열심히 참여하는 경향이 있고, 결과적으로 학생들이 학습 내용 자체에는 흥미가 별로 없더라도 스며든 내용을 배우게 되는 것이다.

자아체제이론(Self-system theory, Csikszentmihalyi, 1990; Harter, 1999; Markus & Ruvolo, 1990)은 학생들의 내적동기 향상이나 내적 동기 유발을 위한 기법에 관한 방향제시가 될 것이다. 하나의 접근은 학생 자신이 설계한 장기 프로젝트에 학생들을 참여시키는 방법이다(Marzano, Paynter, & Doty, 2004). 그러나 내적동기의 출처에 진실로 발동을 걸기 위해서는 학생들로 하여금 프로젝트의 주제와 구체적 목표를 선정할 수 있는 자유를 갖게 하고, 프로젝트를 완성하는 데 필요한 시간과 자료를 확보할 수 있도록 해야 한다. 이것은 학생들이 이러한 자유 과제를 할 수 있는 학습 주간과 학기를 설정할 수 있도록 한다는 의미를 내포하고 있다. 이러한 학생 주도 프로젝트로 인한 전통적 학과에 손실을 본 시간은 이러한 프로젝트에서 얻게 되는 후광효과(halo effect)로 보상받을 것이다. 즉, 이런 과제로 인한 열정과 몰입이 전통적 교과 영역으로 저절로 흘러들어 갈 것임에 틀림없다. 내적동기의 두 번째 접근은 학생들에게 인간 동기의 역동성에 관하여 이해할 수 있는 기회를 제공하고 그래서 결과적으로 자신의 학교 내외 행위에 관하여 이해할 수 있게 하는 것이다. 이러한 이해를 하게 되면 학생들이 다양한 상황에서의 자신의 동기 수준에 관하여 자신이 통제 조치를 할 수 있게 된다.

만일 학생동기에 초점을 맞춘다면 각 학교는 옳은 일로써 다음 행동 단계의 하나 이상을 선택하게 될 것이다.

- 학생들의 지식 획득에 대한 피드백을 학생들에게 제공하기
- 학생들이 전적으로 노력을 투입하게 되는 과제와 활동을 학생들에게 제공하기
- 학생들 자신이 설계하는 장기 프로젝트를 구성하고 작업할 수 있는 기회를 학생들에게 제공하기
- 학생들에게 동기의 역동성을 가르치고 이 역동성이 어떻게 자신들에게 영향을 주는지에 대하여 가르치기

3. 요약 및 결론

옳은 일을 선택할 수 있는 리더의 능력은 효과적인 리더십에서 아주 중요한 측면이다. 낮은 성과를 올리는 교사와 행정가들은 학생의 학업성취 향상의 기회를 거의 갖지 못하는 개입 활동을 선택하여 '열심히(hard)' 일하지만 '멋있게(smart)' 잘 해내지 못하는 사례가 된다. 학교가 개입하는 활동에 있을 수 있는 두 범주의 접근에는 ① 종합학교개혁(CSR) 모델과 ② 현장접근(site-specific)이 있다.

① CSR 모델이 학생성취에 효과적이라고 증명된 기록을 가지고 있다고 일반적으로 생각하지만, 어떤 주어진 CSR 모델은 학교 현장에 따라 그 효과가 크게 다르다고 연구는 보여 주고 있다. 그래서 CSR 모델도 각 학교의 구체적 필요에 맞추기 위하여 오랜 시간에 걸쳐 수정 보완되어야 한다는 것이 하나의 좋은 경험법칙이라고

할 수 있다.

② 현장접근을 사용할 때 효과적인 학교 교육의 이론이나 모델에 근거한 학교 자체의 개입 활동을 설계해야 한다. 앞에서 소개된 39 행동 단계(역자주: 요인1의 4행동, 요인2의 3행동, 요인3의 3행동, 요인4의 5행동, 요인6의 1행동, 요인7의 7행동, 요인8의 5행동, 요인9의 1행동, 요인10의 3행동, 요인11의 4행동)를 포함하는 11-요인모델(학교에서 적용 가능한)은 각 학교가 해야 할 일의 초점을 밝혀내는 데 도움을 줄 수 있을 것이다. 하나의 학교가 이 모델을 사용하든 아니면 어떤 다른 모델을 사용하든 현장접근을 적용하고자 한다면 주어진 학교의 필요와 상황에 따라 구체화된 개입행동을 설계하는 일이 포함되어야 한다.

CHAPTER 07

효과적 교육리더십 계획

옛 속담에 따르면 "계획 없는 비전은 한낱 꿈일 뿐이고, 비전 없는 계획은 하나의 고역일 뿐이다. 그러나 계획 있는 비전은 세상을 변화시킨다."라고 한다. 이 책의 처음 6개 장에 걸쳐 우리는 이론적 근거와 메타분석과 요인분석의 결과를 제시하였다. 우리의 메타분석에서는 교육리더의 역할을 정의하는 21 책임을 밝혀내는 결과를 끌어냈다. 그리고 우리의 요인분석에서는 리더십이 학교가 적용하는 1단 변화나 2단 변화에 따라 다르다는 것을 밝히는 결과를 가져왔다. 마지막으로 Richard Elmore의 연구가 우리의 연구결과에 중요한 설명적 차원을 보완해 준다는 사실을 발견하였다. '옳은 일(right work)'의 확인이 학교의 성공에 아주 중요하다는 Elmore의 결론에서 우리는 교육리더십의 영향을 중간에서 조정하는 조건이 있다는 것을 이해하는 데 도움을 받았다.

이들 발견으로부터 우리는 교육리더십을 좀 더 잘 이해할 수 있게 되었다. 그러나 이들 결론이 따로따로 분리되어서는 하나의 계획, 즉 교육리더가 학교에서 학생성취의 향상을 위하여 취해야 할 조정된 행동의 세트를 구성하지 못한다. 그래서 이 장에서 우리는 바로 그 계획을 다루려고 한다. 즉, 우리는 어떤 교육리더가 학생성취 향상이라는 강력한 비전을 상세화하고 실현하도록 도와주는 '행동계획'으로 우리의 연구결과와 결론을 조직하려는 것이다.

우리가 제안하는 계획은 다음 5단계가 포함된다.

- 1단계: 강력한 교육리더십 팀 구성
- 2단계: 리더십 팀 전체에 책임 분배
- 3단계: 옳은 일 선정
- 4단계: 선정된 옳은 일이 내포한 변화 등급 정하기
- 5단계: 변화 등급 순서에 맞게 관리 스타일 정하기

1. 1단계: 강력한 교육리더십 팀 구성

우리의 메타분석에서 발견한 것 중 하나는 21 책임이 효과적인 교육리더 직무의 특징이라는 것이었다. 이 21 책임의 목록이 특별히 길게 느껴지겠지만 결코 그런 것만은 아니다. 리더십에 관한 연구를 종합한 다른 연구자들도 이와 못지않은 긴 목록을 제시하였다. Cotton(2003)이 밝힌 25 책임도 우리가 밝힌 21 책임과 같이 긴

목록이라고 한 제2장의 논의를 상기해 볼 필요가 있다. 교육리더십에 관한 연구를 종합하고자 하는 사람은 누구나 비슷한 결과를 얻게 될 것이라고 믿는다. 요약하자면 학교를 리드하기 위해서는 복잡한 기능의 목록이 요구된다는 결론을 우리의 연구와 다른 연구에 의하여 타당하게 설명된다. 그러나 이러한 복잡한 목록의 기능역량을 다 갖추거나 숙달한 그런 한 개인을 찾기는 실로 드물거나 어렵기 때문에 이러한 결론의 타당성은 논리적 문제를 일으킨다. 효과적인 교육리더십을 위해서는 21 책임이 필수로 요구되지만, 이 21 책임 모두를 대부분의 보통 사람이 숙달하기는 역량 이상이라는 사실을 어떻게 수용할 것인가? 언뜻 보기에도 슈퍼맨의 능력을 갖춘 사람이나 슈퍼맨의 노력을 기꺼이 기울이고자 하는 사람만이 효과적인 교육리더로서의 자질을 갖출 수 있을 것같이 보인다.

다행스럽게도 만일 교육리더십의 초점을 한 사람 개인으로부터 여러 개인들로 이루어진 팀으로 전환한다면 하나의 해결방안이 될 수 있다. 만일 교육리더십을 외로운 리더로 행동하는 한 명의 교장에 반대가 되는 개념으로 한 학교 내 리더십 팀의 책임이라고 한다면 21 책임 모두를 적절하게 다 감당할 것으로 볼 수 있다. 우리가 제2장에서 본 것처럼 여러 리더십 이론가들(Elmore, Fullan, Spillane 등)이 다양한 이론에서 직간접의 공유리더십의 개념에 대하여 언급하였다. 우리들도 리더십 팀을 최선으로 구성하고 유지하는 방법을 안내하는 유목적(有目的) 공동체(purposeful community)의 개념을 제시한다. 특히 우리들은 강력한 리더십 팀이 유목적 공동체의 자연적 태동이라고 믿는다. 바꾸어 말하면 학교를 유목적 공동체로 형성하는 것은 효과적인 리더십 팀 설계의 필요조건이라고 본다.

1) 유목적 공동체 형성

우리는 '유목적 공동체'를 "의견일치 과정을 통해서 모든 공동체 구성원과 관련된 목표를 달성하기 위하여 자산을 개발하고 활용하는 집단 효능성과 역량을 가진 집단"이라고 정의한다. 이 정의 속에는 4개의 중요한 개념이 내포되어 있다.

첫째, 집단 효능성(collective efficacy)의 개념인데 집단 구성원들이 한 조직의 효과성을 극적으로 향상시킬 수 있다는 집단 구성원의 공유된 인식 또는 공유된 신념을 말한다. Goddard와 Hoy, Hoy(2004)에 따르면, 한 학교에서의 교사들의 집단 효능성은 학생들의 사회경제적 지위(SES)보다도 학생성공을 더 잘 예언할 수 있는 변인이라고 하였다. 한마디로 말하면 집단 효능성은 "우리는 해낼 수 있다(We can make a difference)."는 공유신념이다.

둘째, 유목적 공동체 정의에서 아주 중요한데 모든 가용 자산의 개발과 활용(development and use of all available assets)이다. 여기서 자산은 유형(有形), 무형(無形)이 다 있을 수 있다(Kaplan & Norton, 2004). 유형자산에는 재정적 물리적 자원, 학교의 여러 인적 자원과 이들의 재능, 기술과 정보에의 접근성 등이 포함될 수 있다. 무형자산에는 공유비전, 학교에서 중요하다고 생각하는 공유가정, 학교의 핵심미션에 대한 공유이상과 공유신념 등이 포함된다.

셋째, 모든 공동체 구성원과 관련된 목표의 달성(accomplishes goals that matter to all community members)이다. 공동체에는 많은 형태와 유형이 있다. 유목적 공동체는 그 강력성의 정도와 분명한 존재이유의 측면에서 '우연한 공동체(accidental community)'와 구별된다. 유목적 공동체는 우연의 산물이 아니라 오히려 구성원들이 공동체에 참여하기를 원하는지 결정해서 생긴 것이다. 이건 새로운 아이디어가 아니고, '의도적 공동체(intentional community)'란 논의에서 잘 정의해 온 것이다. 예를 들면, Wagner(2002)는 『등급매기기(*Making the Grade*)』란 책에서 다음과 같이 말하고 있다.

> 역사적으로 보면 대부분의 공동체는 우연하게 형성된다. 이런 공동체는 대개 물리적 근접성이나 일시적 공유 필요성의 결과로 생겨나게 된다. 때로는 구성원의 목표와 성장, 발전을 추구하기도 하고, 때로는 그렇지 않은 경우도 있는데 조그마한 마을에서 오랫동안 같이 살다 보니 그렇게 되었다고 말하기도 한다. 이와는 대조적으로 '의도적 공동체'는 목적을 가지고 형성된다. 실지로 '의도적 공동체'라는 용어는 구성원의 지성적 및 정신적 성장을 목표로 하는 공동체를 형성하기 위한 19세기 이상주의자들을 묘사하기 위한 노력으로 처음 널리 사용하게 되었다(pp. 148-149).

넷째, 의견일치 과정(agreed-upon processes)이다. 공동체 구성원들 사이의 의사소통을 향상시키고, 구성원들 간의 의견불일치를 효과적으로 조화시키며, 구성원들로 하여금 공동체의 현 상태에 잘 맞추도록 유지하는 과정을 말한다.

이 네 요소는 교육리더가 취해야 할 행동 방향을 제시해 준다. 21 책임을 더 구체적으로 말하면 교육리더는 강력한 리더십 팀을 형성할 수 있는 유목적 공동체를 형성하기 위하여 어떤 책임을 수행해야 한다. 21 책임 중 적어도 다음 9 책임이 교장의 책임 범위에 필요하고 유목적 공동체를 설립하는 데 기초가 된다고 믿는다. 이들 9 책임은 다음과 같다.

- 낙관자
- 긍정
- 이상/신념
- 가시성
- 상황인식
- 관계성
- 의사소통
- 문화
- 투입

유목적 공동체의 이들 네 가지 주요 측면(① 집단 효능성, ② 모든 가용 자원의 개발과 활용, ③ 모든 공동체 구성원과 관련된 목표를 달성, ④ 의견일치 과정)의 각각은 이들 9 책임에서 하나 이상의 책임을 교육리더가 어떻게 효과적으로 수행하느냐에 달려 있다.

첫째, 유목적 공동체를 특징짓는 집단 효능성(collective efficacy)을 이룩하기 위하여 교육리더는 낙관자(Optimizer)와 긍정(Affirmation)의 책임을 효과적으로 수행해야 한다. 교직원이 응집력 강한 집단으로 움직여야 본질적 변화를 일으킨다는 신념에 대하여 교장은 철저한 최고의 챔피언(낙관자)이 되어야 한다. 불행하게도 하나의 집단으로서의 교직원이 차이를 만들어 낼 수 있다는 공유신념을 갖고 교직원들이 일하고 있지 못하다고 많은 연구자와 이론가들은 믿고 있다(DuFour, 1998, 2004; Sergiovanni, 2004). 이보다는 오히려 교사들은 학생 학습에 대한 자신들의 기여는 교직원의 집단적 노력보다 개인의 노력 때문이라는 관점을 갖고 일하는 경향이 있다는 것이다. 이런 고립감의 경향이 있다고 한다면 집단 효능성의 힘에 대한 신념을 진작시키는 것은 바로 교육리더의 몫이라고 할 수 있다. Sergiovanni(2004)는 이러한 관점의 전환을 '희망 공동체(community of hope)' 의 형성이라고 부른다.

구체적으로 말하여 교장은 팀 작동의 힘을 보여 주는 사례를 제시하여 학교 교육에 대한 팀 접근의 중요성을 언급하면서 세심한 대화로 새 학년도를 시작하는 것도 좋을 것이다. 경제적 고난에도 번창한 회사들에 관한 『*Good to Great*』란 Collins(2001)의 책은 전 미국에 걸쳐 교육자들의 주의를 사로잡았다. '옳은 사람을 버스에 태우기(getting the right people on the bus)' 라는 Collins의 개념은 집단 효능성의 힘에 관한 논의에 아주 꼭 맞는 표현이다. Collins의 표현에서 버스는 조직, 우리의 경우는 학교를 비유한다. '옳은 사람(right people)' 은 기관의 공동선 아래 개인의 야망을 기꺼이 내려놓는 아름다운 마음을 가진 개인으로 구성된 집단을 비유한다.

집단 효능성에 대한 신념은 사실은 작동한다는 증거인 사실로 뒷받침되어야 한다는 점을 Sergiovanni(2004)는 상기시켜 주고 있다. 교육리더는 긍정(affirmation)의 책임, 즉 학교 내 개인과 전체로서의 한 학교의 정당한 성공에 대한 인정과 축하의식을 베푸는 책임을 행사함으로써 집단 효능성을 달성한다. 이러한 감사의 표시와 인정은 교직원의 노력으로 가시적인 성과를 거둔 교직원에게 증명으로 보여 주는 것이다. 이를 위하여 한 학교 전체의 성취와 향상된 학생성취라는 공동선을 위하여 공헌한 개인의 성취를 인정하고 감사하기 위하여 교장은 각 직원회의 시간의 일정 부분을 할애하는 것도 좋을 것이다.

유목적 공동체에 중요한 두 번째 개념은 가용자산의 개발과 활용이다. 앞에서 말한 것처럼 자산에는 유형자산과 무형자산이 있다. 책이나 교재 같은 유형자산은 자원(Resources) 책임의 수행에서 리더십 팀이 효과적으로 다루어질 수 있다(리더십 팀이 이것을 어떻게 다룰 것인가에 대하여는 2단계에서 제시될 것이다. 〈표 7-1〉을 보라). 그러나 공유비전, 공유가정, 공유이상과 같은 무형자산은 교장 행동의 부산물이라고 할 수 있다. 이러한 교장의 행동은 교장이 이상/신념의 책임을 수행할 때 잘 나타날 수 있다. 이상/신념은 교육리더가 수행하기에 어려운 책임 중의 하나다. 어떤 사람이 자신의 이상과 신념을 개방한다는 것은 아주 본질적 행동이라고 말한(De Pree, 1989) 제4장의 논의를 상기해 볼 필요가 있다. Goleman과 Boyatzis, McKee(2002)는 기꺼이 자기개방을 한다는 것은 정서지능에서 중요한 요인이라고 주장한다.

이상/신념의 책임을 수행하기 위하여 교육리더는 학교 교육의 본질과 목적에 관한 이상과 신념을 분석하여 밝히고 또 교사들과의 공통점을 찾아내기 위하여 교사들의 이상과 신념을 공유하도록 초대하여야 할 것이다. K-12 학교에서 교사와 행정가들은 교직에 들어오게 된 공통적인 이유를 공유할 수 있고, 다른 사람의 생활에서 긍정적인 차이를 대부분 다루기 때문에 이러한 공통점을 쉽게 찾을 수 있을 것이다. 이러한 이상과 신념과 같은 보다 높은 수준의 원칙에서 의식적으로 작동할 때 인간은 대단한 에너지를 기꺼이 바치고자 하고, 일을 할 때 고도의 만족감을 경험하게 된다(Bandura, 1997; Csikszentmihalyi, 1990; Harter, 1999).

유목적 공동체를 정의하는 특징의 세 번째는 모든 공동체 구성원과 관련된 목표의 달성이다. 여기서 중요한 문구는 '모든 공동체 구성원'이다. 이 개념의 뒤에서 밀어 주는 추진력은 학교 교직원의 모든 구성원들이 자기들의 매일매일의 노력이 공동의 목표를 위한 것이라고 믿는다는 점이다. 공유이상과 신념에 관한 논의가 확실히 이 공동목표를 향하여 긴 여정을 밟는다. 그러나 대부분의 학교에서 매일매일 생활의 특징이 되는 복잡한 소용돌이 활동에서 가장 의미 있는 논의조차도 쉽게 잊어버리는 경우가 많다. 이러한 논의에서 명확하게 밝혀진 공동목표를 모든 교직원에게 생생하게 의식하도록 유지하는 일은 교장에게 달려 있다. 교장은 말로만 하는 것이 아니라 행동을 통해서 그렇게 해야 한다. 특히 ① 가시성, ② 상황인식, ③ 관계성, ④ 의사소통, ⑤ 문화의 다섯 책임은 유목적 공동체의 이 측면에 해낭된다.

① 가시성이란 교장이 자주 교사와 학생과 접촉해야 한다는 의미다. 이러한 접촉은 교장이 교실 수업상황을 관찰하면서, 건물 내를 순회하면서, 교사와 학생과 이야기하면서, 스포츠 활동과 과외활동을 관찰하면서 비공식으로 스케줄을 정하지 않고 자연스럽게 교사와 학생과 마주치는 것을 보면 알 수 있다. 교장이 자주 눈에 띈다는 것은 행정가와 교직원이 학교의 모든 측면에서 함께 일하는 하나의 팀이라는 것을 몸으로 ④ 의사소통하고 있는 것이다.

② 상황인식은 학교에서 지금 진행되고 있는 자세한 내용과 흐름을 교장이 인식하고 있다는 것을 말한다. ① 가시성의 책임을 효

과적으로 수행하면 ② 상황인식의 책임을 수행하기에 확실히 훨씬 더 쉬워질 것이다. 유목적 공동체 형성의 측면에서 상황인식의 책임에는 학교 내 개인들 사이에 일어나는 긍정적 및 부정적 역동성을 파악하는 일이 포함되고, 앞으로 닥칠 잠재적 문제점을 미리 짐작하게 하는 정보를 활용하는 일이 포함된다. 예를 들면, 어떤 교사나 어떤 집단의 교사들이 박탈감을 느끼고 있다는 것을 교장은 인식하게 될 것이다. 교사들이 부정적인 방식으로 보여 주는 감정 표현을 기다리기보다는 오히려 교장이 미리 공개적으로 이슈가 되는 문제에 대하여 상의하도록 교사들을 초대하여 직접 만나는 게 더 좋을 것이다.

③ 관계성의 책임은 유목적 공동체 형성을 위한 교장 노력의 기반이라고 생각된다. 학교 내 교직원의 전문직 생활의 구체적인 내용에 대한 인식과 함께 교장은 중요한 사안에 대하여 적절하게 코멘트를 하거나 반응을 보여 주면서 교직원들의 사적인 생활에 대해서까지도 인식하여야 할 것이다.

⑤ 문화의 책임은 공유 목적의식의 맥락에서 직원 간의 협력적 환경을 만드는 일이 포함된다. 교장의 다른 책임의 수행이 좋은 문화를 형성하는 데 도움을 주는 것은 확실하다. 그러나 교장은 이 목적 문화 형성을 위해서 분명한 행동을 취해야 한다. Schmoker(2001)는 동교과 교사나 동학년 교사 또는 동교과 동학년 교사들이 수업상의 이슈에 대하여 협의하기 위하여 격월로 또는 매월 협의회를 갖도록 하는 제도를 제안한다. 이 모든 협의회의 하나의 고정된 이슈는 학교의 실제 운영과 표면적 이상과 신념 사이에서 일관되고 지속적인 수준이 유지되어야 한다. 유목적 공동체를 정의하는 네

번째 특징은 의견일치 과정이다. 앞에서 말한 것처럼 이 과정에서
는 공동체 구성원 간에 의사소통을 증진시키고, 의견불일치에 대
하여 효과적으로 조정하며, 공동체의 건강을 분명하게 해 준다. 투
입의 책임에 대한 효과적인 수행은 이 이슈와 관련된다. 투입은 학
교의 모든 교직원 구성원들이 학교 운영에 대하여 자기 목소리를
낼 수 있다고 보장해 주는 것이라고 제4장에서 말한 것을 상기하면
좋을 것이다. 한 수준에서 투입은 교장에게 돌아간다. 한 방법은 모
든 교직원이 교장에게 쉽게 접근하도록 하는 상시 문호개방 방침
을 만드는 것이다. 보다 많은 공식적 수준에서 학교를 보다 효과적
으로 운영하는 방법에 대한 제안을 쉽게 구하기 위하여 교장이 모
든 교직원과의 체계적 회의 스케줄을 잡는 것이다. 이에 더하여 교
직원회의 때마다 교직원들이 학교 운영에 관하여 관심을 갖는 영
역을 확인하는 시간을 갖도록 한다.

이러한 여러 활동이 많은 수고를 요하는 것이지만, 유목적 공동
체 형성을 위한 전제조건이며 이 자체가 강력한 리더십 팀을 위한
전제조건이기도 하다.

2) 리더십 팀의 구성과 유지

유목적 공동체 형성을 위하여 이제 충분하니 그만 노력해도 좋
다는 지점에는 아마도 결코 도달할 수 없을 것이다. 진부한 문구를
사용하자면 하나의 유목적 공동체 형성은 도달하기에는 너무나 많
은 여행을 남겨 놓고 있다. 결과적으로 유목적 공동체 형성 노력과
화음을 맞춰 교육리더는 리더십 팀을 구성하기 시작할 수 있다. 리

더십 팀 설계를 위한 확실하고 쉬운 방법은 없다. 그러나 경험에 의하여 리더십 팀으로 하여금 잘 기능하도록 적용할 만한 적어도 다음 두 개의 일반화가 있을 수 있다.

첫째, 리더십 팀 구성원은 자발적이어야 한다. 이것은 구성원들은 각 교직원이 일정 기간 의무적으로 봉사하도록 하는 그런 돌아가면서 하는 형태의 로테이션 형식이 아니라는 의미다. 말할 것도 없이 팀 구성원은 과외의 일과 에너지를 자발적으로 바치기를 요구한다. 학교가 효과적으로 기능을 발휘하여 돌아가도록 하기 위해서는 과외의 헌신을 요구하기 때문에 리더십 팀 구성원에게서 이런 노력을 기대할 수 있는 유일한 방법은 자원봉사를 하도록 하는 것이다. 그리고 리더십 팀에 대하여 생각해야 할 하나는 학교의 일반적 안녕을 위하여 고도로 헌신하는 개인들의 집단이라는 점이다. 구성원들은 학교에 관한 하나의 '헌신 문화'를 공유한다. 그렇다고 리더십 팀으로 자원봉사하지 않는 사람이 헌신적이지 않다는 의미는 아니다. 오히려 자원봉사하지 않는 사람이 주어진 시점에서 우선순위에 있는 교외 이슈 때문에 자원봉사에 참여하지 못하는 경우도 있을 수 있다. 모든 교육자들은 개인 생활 때문에 전문 교직생활이 뒤로 밀려나는 그런 때를 경험하게 된다. 적어도 일정 시간 동안 전문 교직생활을 최우선순위에 둘 수 있는 사람이 리더십 팀에 참여할 수 있는 가능성이 가장 높다.

리더십 팀과 관련하여 두 번째 일반화는 강력한 운영 원칙과 의견일치를 수립하는 것이 중요하다는 점이다. 리더십 팀은 뜻밖의 능력이나 설계의 기능을 갖도록 해 주는 '함께 일하는 방법(way of working together)'을 갖는다. 팀이 함께 일하는 방법은 파괴적이 아

니라 건설적으로 일하도록 보장해 주는 데 강력한 운영 원칙이 도
움이 된다. 팀 운영 원칙은 변화(특히 2단 변화)에 따라 있을 수 있는
갈등이 생길 때 팀이 지향해야 할 방향이다. 그래서 운영 원칙은 스
트레스나 갈등이 있을 때 집단을 가르는 차이를 만들어 내는 가치
나 진리를 반영하도록 폭넓은 진술과 강력한 진술로 표현되어야
한다. 다음 여섯 운영 원칙은 우리가 특히 강력하다고 발견한 것들
이다.

- 의의도(Significance): 학습과 실습에 깊이 있고 광범하게 긍정적
  영향을 주느냐 하는 '문제에 대한 질문(questions that matter)'
  이라고 한다. 우리의 자원을 알맞게 초점을 맞춰 써야 할 목표
  와 새로 생겨나는 이슈에 비추어 새로운 일과 현존하는 일을
  계속해서 검토하는 기준이다.
- 질(Quality): 우리의 일과 접근이 철저한 검토를 유지하고 또 최
  신의 실제를 보여 주는 최고 수준의 전문 직적 표준을 보여 주
  도록 하는 것이다. 계속적인 향상을 위하여 노력하면서 우리
  의 일을 검토하고 우리의 과정과 결과에 책임을 지도록 한다.
- 책임(Responsibility): 우리는 공공선을 위하여 운영하고, 우리
  가 하는 일과 방법, 상호작용에 대하여 책임을 진다. 우리의
  궁극적 목표는 학생학습을 향상시키는 정보와 기술을 밝혀내
  고, 개발하며, 공유하는 것이다. 우리가 배우고, 성장하며, 우
  리가 봉사하는 학생들에게 적합한 수준을 유지하기 위하여 우
  리의 일을 평가하고, 직접적이고 정직한 피드백을 기꺼이 받
  아들인다.

- 정직성실(Integrity): 우리는 신뢰와 존중, 공동가치의 환경을 조성하고 유지하기 위하여 노력한다. 우리는 서로 그리고 우리가 봉사하는 사람들을 공정성과 존중하는 마음을 가지고 대한다. 우리가 이렇게 되었으면 하고 열망하는 사람들을 위하여 말하고 지원하며, 우리가 설정한 목표를 달성하고자 한다.

- 윤리(Ethics): 우리의 일과 접근은 공정과 정의를 반영하고, 이해와 통찰을 배려한다. 그래서 이렇게 한 결과 인종이나 문화, 출신지, 사회경제적 지위, 학문계파에 상관없이 우리가 봉사하는 모든 어린이와 사람들이 성공할 수 있는 기회를 갖게 한다.

- 개방성(Openness): 우리의 의사결정과정은 내적 외적 구성원들 모두에게 투명해야 한다. 이것은 우리가 봉사하는 교직원과 지역사회가 모두 우리가 어떻게 의사결정을 하고 있는지 이해할 수 있는 기회를 갖고 또 어떤 결정을 했는지 알 수 있게 한다는 의미다. 교육에 대한 지식 기반을 확대하기 위하여 우리는 내외 구성원들과 주요 지식과 학습에 대하여 정기적으로 의사소통을 한다.

이러한 운영 원칙을 밝히는 동시에 리더십 팀은 원칙이 잘 작동하도록 하기 위하여 팀 구성원들 사이의 의견일치를 공식적인 것으로 공식화해야 한다. 이러한 의견일치로 인하여 팀 구성원이 아닌 교직원들도 매일매일의 상호작용을 통해서 볼 수 있는 행동에 대하여 서로 말로 표현하고 보여 줄 수 있게 되어야 한다. 이러한 의견일치 중의 하나는 의견일치를 존중하는 데 서로 책임을 갖는 팀 구성원의 중요성을 말해 준다.

2. 2단계: 리더십 팀 전체에 책임 분배

리더십 팀의 구성에 이어 다음 단계는 리더십 팀 전체에 12 책임
(1. 모니터링/평가, 2. 교육과정과 수업, 평가에 관한 지식, 3. 교육과정과
수업, 평가에의 참여, 4. 초점, 5. 지적 자극, 6. 융통성, 7. 자원, 8. 보상,
9. 대외대변, 10. 기강, 11. 변화 촉진, 12. 질서)을 분배하는 것이다. 이
말은 교장이 이 12 책임의 집행에서 자신을 제외시켜야 한다는 뜻
이 아니다. 그게 아니라 오히려 교장이 리더십 팀의 키 멤버로 기능
을 하면서 이 12 책임은 리더십 팀의 협동적인 일로 간주될 수 있
다. 여기서 우리는 리더십 팀이 이 12개의 분배된 책임 중 몇 개에
대하여 어떻게 다루게 되는지에 대하여 기술하고자 한다.

먼저 교육과정과 수업, 평가에 관한 지식에는 교육과정과 수업,
평가를 최선으로 잘 실천하기 위한 지식의 획득과 배양이 포함된
다. 어떤 한 개인이 이 책임을 맡는 것보다 책임을 맡은 사람들이
하나의 팀이 되어 이 책임을 더 효과적으로 수행할 수 있다는 것은
일리 있다. 예를 들면, 리더십 팀의 여러 다른 사람들이 각각 다른
주제에 관한 최신의 연구와 이론에 관하여 읽는 책임을 나누어 맡
을 수 있을 것이다. 그리고 또 어떤 팀 멤버는 교육과정에 초점을
맞추고, 어떤 다른 사람은 수업 또 다른 멤버는 평가에 초점을 맞추
어 협동할 수 있을 것이다. 팀의 한 멤버로 역할을 하는 교장은 한
주제를 선택할 수 있으나 종합적인 입장에서 이 책임을 하는 팀의
집단적 노력을 끌어내게 될 것이다.

제4장에서 말한 것처럼 교육과정과 수업, 평가에 관한 지식은 지

식의 획득에 초점을 두는 반면 교육과정과 수업, 평가에의 참여는 교사들과 현장에서의 실질적 상호작용을 포함한다. 이 책임은 매일매일의 수업 실제에의 직접 참여로 나타나게 된다. 다시 말하면 리더십 팀의 어떤 사람은 교육과정 이슈에 도움을 필요로 하는 수업 교사를 지원하고 안내하는 데 초점을 두고, 어떤 다른 멤버는 수업에 또 다른 사람은 평가에 초점을 두는 식으로 이 책임 수행에 포함된 일을 분담하게 될 것이다.

융통성은 리더십 스타일을 현재 상황의 요구와 필요에 맞추기 위한 능력과 자발성을 말한다. 이 책임을 정의하는 특징의 하나는 조직의 '발코니 관점(balcony view)'(Heifetz & Laurie, 2001; Heifetz & Linsky, 2002a)의 비유[역자주: 발코니 관점은 무대 위의 연주자나 경기장의 선수의 자리를 떠나 2층에 있는 기자석(press box)이나 제3자의 입장에서 보는 발코니석에서 보면 전체적, 개관적으로 보아 알맞은 훌륭한 리더십을 발휘할 수 있다는 데서 나온 아이디어다. 농구 선수 Earvin 'Magic' Johnson과 하키 선수 Bobby Orr도 이런 관점에서 보고 경기를 하여 좋은 성적을 올렸다는 것이다. 참고문헌 참조]로 불리는 관점을 유지하는 능력이다. Heifetz와 Linsky(2002b)는 다음과 같이 발코니의 역동성에 대하여 설명하고 있다.

> 무대(경기장)를 벗어나 관중석으로(Get off the dance floor and onto the balcony). 리더십은 즉흥 연주다. 대본으로 미리 만들어 놓을 수 없다. 한편으로는 효과적인 리더십을 발휘하기 위하여 일이 일어나는 그 순간에 즉각 반응을 해야 한다. 다른 한편으로는 그 순간에서 한 발짝 물러서고 광범하고 장기적 전망에서 평가할 수 있어야 한다. 우리

는 이것을 '무대(경기장)를 벗어나 관중석으로'라고 한 것이다. 이것은 최초의 비유같이 보이지만, 최초의 아이디어는 아니다. 지난 수세기에 걸쳐 종교적인 전통에서 제자들에게 행동에 대하여 반성할 수 있도록 가르쳐 왔다. 예수회에서는 이것을 행동 관조(contemplation)라고 불렀다. 힌두교에서는 카르마 요가라고 한다. 사람들이 쉽게 떠올릴 수 있는 비유이기 때문에 우리는 발코니로 가기(getting onto the balcony)라고 부른다. 그러나 이것은 아주 중요하고, 종교적 전통에서 왜 그렇게 오랫동안 이에 대하여 이야기해 왔는지 그 이유를 알기는 어렵다. 행동하고 있는 중에 한 발짝 뒤로 물러서서 자신에게 이런 질문을 던지기는 어렵다. 지금 여기서 어떻게 되고 있지? 이 문제 주요 책임자가 누구지? 이 이슈가 가져오는 주요 이익이 뭐지? 우리 모두가 우리의 이익을 재평가하고 우리의 방법을 바꾸게 되면 어떻게 진행될 것이지?(pp. 4-5)

Heifetz와 Linsky는 개인들이 종교적 전통을 많이 참고하여 적용하기에는 발코니 관점에 많은 어려움이 있다는 점을 더 강조한다. 그러나 봉사하는 하나의 집단으로서 리더십 팀이 이러한 관점을 갖기는 쉽다. 특히 리더십 팀은 정기적으로 다음과 같은 질문을 해봐야 할 것이다. 현재 우리가 당면한 가장 중요한 이슈는 무엇인가? 우리가 가지고 있는 가장 큰 약점은 무엇인가? 우리의 가장 큰 강점은 무엇인가? 하나의 리더십 팀으로서 취해야 할 다음의 최선의 행동은 무엇인가? 어떤 경우에는 리더십 팀은 교직원의 관심에 비추어 보아 좀 더 개방적 입장을 취해야 한다는 결론에 이르게 될 수도 있다. 어떤 다른 경우에는 학교의 노력을 지지하는 공유이상과 신념을 재확인하는 결론을 맺어야 할 것이다. 또 다른 어떤 상황에서는 시간의 흐름에 따라 일정 양의 발생하는 불안을 허용하지 않으면 안 된다는 결론을 내리게 된다.

　요약하자면 21 책임 중 12개의 책임을 리더십 팀 전체에 효과적으로 분담시켜야 한다. 〈표 7-1〉에서 12 분담 책임의 각각에 리더십 팀이 취해야 할 행동의 목록을 제시하였다.

〈표 7-1〉 분담 책임과 리더십 팀이 취할 행동	
책 임	**리더십 팀의 행동**
1. 모니터링/ 평가	• 다중 전략을 통해서 학급활동과 학생 학습에 대한 피드백 제공하기(예, 학습 계획, 학생 작업, 관찰, 팀 계획) • 배열하고 의도한 교육과정을 가르치도록 보장하기(예, 관찰, 팀 계획, 학생 작업을 통하여)
2. 교육 과정과 수 업, 평가에 관한 지식	• 교원의 전문적 능력개발 프로그램을 의도한 교육과정 내의 수업 실제와 평가 실제에 초점을 맞추도록 보장하기 • 필요한 지식과 비공식적 방법을 사용하여 획득한 지식 평가하기(예, 관찰, 조사, 학생 작업, 요구 사정)
3. 교육 과정과 수업, 평가 에의 참여	• ① 학습목표를 효과적으로 알리는 방법, ② 학생들로 하여금 자기들의 지식을 획득하고 통합하도록 돕는 방법, ③ 학생들로 하여금 지식을 연습하고 검토하도록 돕는 방법, ④ 학생들이 지식을 학습했는지 결정하는 방법을 포함하는 효과적인 학습 설계를 위한 기법을 개발하고 모델 만들기
4. 초점	• 설정된 목표를 달성하는 데 요구되는 학생 기대와 노력에 관한 공통 의견일치 채택하기 • 학생성취에 관하여 대화하기 전에 공식적, 비공식적으로 직원들에게 목표를 전달하고 유지하기
5. 지적 자극	• 초점이 되는 목표에 관련한 연구를 탐구하고 반영하도록 자극하기 위하여 리더십 팀을 통해서 보여 주는 '공개토론장(fishbowl)'으로 연구집단들(study groups)을 활용하기 • 학생학습에 관한 연구 지식을 보여 주고 또 연구를 존중하는 언어를 동료들과 함께 사용하기

6. 융통성	• 직접적이고 공개적이며 투명한 방식으로 직원들이 제기하는 이슈와 관심에 대하여 반응하기 • 변화 과정을 통하여 교사를 지원하는 체계를 개발하기 • 리더십 팀의 실제 활동을 검토하고 필요한 변화를 시키기 • 보다 지시적 리더십 스타일이 필요한 상황일 때 교장을 지원하기
7. 자원	• 수업 우선순위에 근거하여 자원 배분하기. 자원 배분에 투명하기 • 교직원 학습을 위하여 연중 우선순위 정하기 • 학교의 초점과 미션에 맞춰 조정하여 직원 능력개발 기회 제공하기
8. 보상	• 연공제에 반대되는 성과주의 방침과 실행의 적용을 지원하기 • 진술해 놓은 학교의 목적과 목표와 일치하는 일을 해낸 사람을 공식적, 비공식적 양면으로 인정해 주기
9. 대외대변	• 학교에 대하여 지역사회와 적극적으로 의사소통하기 • 학부모에게 의미 있고 적합한 활동에 참여하게 하기 • 학부에 관한 데이터와 학교에 대한 지역사회의 태도에 관한 데이터를 수집하기 • 여러 매체와 교육청을 통해서 학교의 성취를 진작시키기
10. 기강	• 수업시간을 방해하지 않는 스케줄을 세우는 의견일치된 방침과 절차 수립 • 수업시간의 방해와 손실을 최소화하거나 배제하는 일을 일상화하기
11. 변화 촉진	• '할 수 있다' 태도 만들기, '변화에 험담 않기'와 같은 지지 주도 의견일치 공식화하기 • 서로 다른 이해당사자들에게 시사점을 주는 변화 주도성을 분석하기 • 사람들이 강조하는 가정, 가치, 신념을 주장하도록 구조적인 대화를 리드하기 • 현존하고 또 있을 수 있는 긴장을 일으키는 자료 제공하기 • 변화의 정도를 평가하고 불안과 편안의 수준을 밝히기
12. 질서	• 교장으로 하여금 일상적인 일과 절차를 수행하도록 돕기 • 정해진 일상적인 일과 절차의 효과성과 실용성을 개선하기 위한 방법 확인하기

3. 3단계: 옳은 일 선정

제6장에서 우리는 학교가 옳은 일을 선정하는 것이 중요하다는 점에 대하여 살펴보았다. 교육리더는 강력한 리더십 팀이 나올 수 있는 유목적 공동체를 형성하는 훌륭한 직무를 수행하게 될 것이다. 그러나 리더십 팀의 리드하에 있는 학교가 학생성취 향상 가능성이 높은 일을 선정하지 못한다면, 교장과 리더십 팀 그리고 학교전체가 아무리 어렵게 일을 해도 적어도 학생성취란 측면에서는 아무 소용없게 된다. 이 단계의 중요성은 배에 타고 있는 관광객에게 흥미 있고 도움이 되는 항구를 방문하고자 하는 목적을 갖고 항해하는 배에 비유된다. 이 배의 선장은 훌륭한 선원을 불러 모아 선원단을 잘 구성하고 배를 움직이는 데 필요한 많은 일을 잘 분배해야 할 것이다. 만일 선장과 선원이 주어진 책임의 목적지를 잘못 선정한다면 원하는 결과를 가져오지 못하게 될 것이다.

학교에서 '원하는 결과'란 대개 학생성취와 관련된 것이다. 제6장에서 우리는 한 학교에서 옳은 일이라고 생각되는 (11개 요인에 따른) 39개 행동 단계를 밝혀냈다. 〈표 7-2〉에서 39개 행동 단계를 제시한다.

학교에서 해야 할 옳은 일을 확인하기 위하여 〈표 7-2〉에 있는 39개 행동에 관한 질문(역자주: 여기서는 질문 형식으로 고치지 않고 제6장에서와 같이 서술문으로 일치시킴)을 전 교직원에게 제시해야 할 것이다. 이렇게 하기 위하여 교사들이 39개 행동 단계 각각의 질문 항목에 응답할 수 있도록 허용하는 온라인 조사 질문지가

〈표 7-2〉 '옳은 일' 선정 모델		
요 인		행동 단계
학 교 수 준	1. 보장되고 실행 가능한 교육과정	1. 모든 학생에게 필수적인 것으로 고려되는 내용과 보조적인 것으로 고려되는 내용을 확인하고 전달하기 2. 필수적 내용을 수업 가능한 시간 양 내에서 소화할 수 있다고 보장하기 3. 교사들이 필수 내용을 다룰 수 있다고 보장하기 4. 수업시간이 교사들에게 가능하도록 보호해 주기
	2. 도전적인 목표와 효과적인 피드백	5. 특정 학생의 구체적인 지식과 기능 영역에 대한 피드백을 적시에 제공하는 평가와 기록 유지 체계를 적용하기 6. 학교 전체의 구체적이고 도전적인 성취 목표를 설정하고 모니터링하기 7. 각 개인 학생의 구체적이고 도전적인 성취 목표를 설정하고 모니터링하기
	3. 학부모와 지역사회 참여	8. 학교와 학부모와 지역사회와의 의사소통 수단 설치하기 9. 매일매일의 학교 운영에 다양한 여러 학부모와 지역사회 참여 방법 설치하기 10. 학부모와 지역사회 구성원의 참여를 허용하는 거버넌스 수단 설치하기
	4. 안전하고 질서정연한 환경	11. 학교의 물리적 성격이나 일상생활 때문에 생기는 행동문제를 다루는 규칙과 절차의 제정 12. 학교의 일반적인 행동에 관한 전교적 규칙과 절차의 제정 13. 규칙과 절차의 위반에 따른 해당 조치의 제정과 강제 이행 14. 학생의 자율(self-discipline)과 책임을 가르치는 프로그램의 제정 15. 잠재적 고위험 위반과 극단 행동 가능 학생에 대한 조기 수색을 허용하는 체제 제정
	5. 동료의식과 전문직주의	16. 동료의식과 협동성을 일으키는 행동과 행위 규범의 제정 17. 학교의 의사결정과 방침 결정에 교사들의 참여를 허용하는 거버넌스 구조의 설치 18. 교사에게 의미 있는 능력개발 활동 기회 제공

교사 수준	6. 수업전략	19. 연구에 근거한 전략을 적용하는 단원 계획을 위한 프레임을 교사에게 제공
	7. 수업학급 관리	20. 교사가 수업학급 규칙과 절차의 종합세트를 마련하고 실행하기
		21. 교사가 올바른 행동을 강화해 주고 부적절한 행동에 대하여는 결과 조치를 하며 이를 인정하게 하는 구체적인 전략을 사용하기
		22. 기강을 세우기 위하여 전교적 접근을 제도화하기
		23. 교사로 하여금 학생을 다루는 데 알맞은 정도의 우위(지배)와 알맞은 정도의 협동 사이의 균형점을 찾도록 돕기
		24. 교사들이 학생들이 가지고 있는 각각 다른 형태의 욕구를 의식하고 또 이들 욕구를 완화시킬 수 있는 방법을 찾도록 돕기
		25. 수업학급 내 학생들의 행동에 관하여 교사들의 의식을 계속 유지하거나 집중시키는 구체적인 전략을 세우도록 돕기
		26. 교사들이 학생들에게 건전하고 정서적인 객관성을 갖도록 하는 구체적 전략을 세우도록 돕기
	8. 교실 교육과정 설계	27. 교사들이 반드시 다루어야 하는 주제에서 중요한 정보와 기능을 교사들이 확인하기
		28. 다양한 활동을 통하여 여러 번 새로운 내용을 제시하기
		29. 교사들이 숙달 수준까지 가르쳐야 할 기능과 처리와 단지 소개할 기능과 처리 수준까지 가르쳐야 할 기능과 처리를 구별하기
		30. 교사들이 내용의 중요한 측면을 나타내는 집단이나 범주로 내용을 제시하기
		31. 교사들이 여러 방법으로 내용을 다루도록 요구하는 복잡한 과제에 학생들이 수행하도록 하게 하기

학생수준	9. 가정환경	32. 학부모로 하여금 학교에 대하여 자녀들과의 의사소통을 증대시키고, 자녀들의 감독을 증가시키며, 효과적인 부모 스타일의 맥락에서 자녀들에 대한 기대에 대하여 자녀와의 의사소통 능력을 향상시킬 수 있도록 훈련하고 지원해 주기
	10. 학습된 지능과 배경지식	33. 학생들이 가진 인생 경험의 양과 질을 직접적으로 증가시키는 프로그램에 학생들을 참여시키기 34. 어휘 개발을 강조하는 광범한 독서 프로그램에 학생들을 참여시키기 35. 특정 교과목 내용에 중요한 어휘 용어와 구절에 관한 직접 수업 제공하기
	11. 동기	36. 학생들의 지식 획득에 대한 피드백을 학생들에게 제공하기 37. 학생들이 전적으로 노력을 투입하게 되는 과제와 활동을 학생들에게 제공하기 38. 학생들 자신이 설계하는 장기 프로젝트를 구성하고 작업할 수 있는 기회를 학생들에게 제공하기 39. 학생들에게 동기의 역동성을 가르치고 이 역동성이 어떻게 자신들에게 영향을 주는지에 대하여 가르치기

출처: Robert J. Marzano의 What Works in Schools. Copyright ⓒ 2003 ASCD.

『*What Works in Schools*』(Marzano, 2003) 책에 있는 모델에 포함되어 있다. 2004년에 미국 2,000개 이상의 학교가 직원들에게 이 질문지를 적용하였다. 각 항목에 대하여 교사와 행정가들은 다음과 같은 질문에 응답하도록 하였다.

- 이 행동이나 이슈에 우리는 어느 정도 노력하고 있는가?
- 우리 학생의 학업성취 향상을 위하여 이 항목의 실천에 얼마나 변화시키고 있는가?

• 이 이슈에 관하여 우리의 실천의 중요한 변화를 위하여 얼마나
노력하고 있는가?

여기서 첫 번째 질문은 학교가 행동 단계를 어느 정도 비중 있게
잘 다루느냐다. 두 번째 질문은 만일 학교가 각 항목에서 말한 이슈
를 개선하면 학생성취가 어느 정도 향상되느냐를 다룬다. 다음 절
에서 우리는 세 번째 질문(이 이슈에 관하여 우리의 실천의 중요한 변
화를 위하여 얼마나 노력하고 있는가?)에 대하여 생각해 보려고 한다.
그래서 여기서는 학교에서 해야 할 옳은 일을 밝혀내기 위해 첫 두
질문을 어떻게 활용할 것인가에 대해서만 설명하기로 한다.

먼저 〈표 7-2〉의 행동 단계에 대하여 생각해 보기로 한다. 이 행
동 단계들은 교사들이 가르쳐 주기를 기대하는 내용을 교사들이
사용 가능한 수업시간에 실제 적절하게 가르쳤는지에 대하여 다룬
다. 2,000개의 학교에 대한 최근 조사연구 분석에 따르면, 이들 항
목에 대한 학교의 수행을 교사들은 공통적으로 '매우 낮게' 평정
하였다. 즉, 교사들은 가르치기로 기대했던 내용을 모두 적절하게
다룰 충분한 시간을 가지지 못했다고 지각한 것이다. 뿐만 아니라
이 항목들이 학교에서 학생성취를 어느 정도 향상시킬 것이냐 하
는 측면에서는 교사들이 공통적으로 '높게(high)' 평정하였다는 점
(역자주: 학생성취 향상에 중요한 항목)에 주목해야 한다. 앞으로 학교
가 잘해야 할 일을 선정하는 데 증거가 되는 이 두 반응 경향에서
합일점에 이르게 된다. 〈표 7-2〉의 행동 단계를 공식적인 조사지
로 교직원에게 제시하든 아니면 단순히 교직원회의 토의 항목으로
제시하든 학교가 잘 수행하지 못하는 항목(역자주: 낮게 평정한 항

목)과 학교의 수행을 개선하면 학생 학업성취를 향상시킬 것이다. 또한 평정된 항목들을 확인함으로써 학교가 옳은 일을 선정하는 데 관한 분명한 관점을 갖게 하는 데도 도움이 될 것이다.

4. 4단계: 선정된 옳은 일이 내포한 변화 등급 정하기

3단계에서는 학교에서 초점을 맞추어야 하는 일의 구체적 영역을 확인하는 결과를 낳았다. 이상적으로는 여기서 확인된 일은 학교가 학생의 학업성취 향상을 위해서 취할 수 있는 가장 강력한 다음 단계인 행동이 되는 셈이다. 이제 확인된 다음 단계의 일을 가지고 리더십 팀은 함축하고 있는 변화의 등급 수준을 고려해야 한다. 주어진 변화 시도의 등급을 정하는 데 곤란한 점의 하나는 어떤 한 사람에게서의 1단 변화가 다른 사람에게는 2단 변화가 될 수도 있다는 점이다.

1단 변화 대 2단 변화의 현상은 하나의 내적인 문제다. 이 문제는 어떤 제안된 혁신에 사람들이 반응을 보이는 방법이라고 정의한다. 어떤 변화가 1단으로 지각하느냐 아니면 2단으로 지각하느냐는 변화를 지각하는 개인이나 집단의 지식, 경험, 가치, 융통성에 달려 있다. 〈표 7-3〉은 1단 변화 또는 2단 변화로 지각하게 되는 전형적인 특징의 목록을 제시한 것이다.

〈표 7-3〉에 들어 있는 특징을 전통적인 성적표 형식에서 표준기반에 의한 성적표 형식으로 바꾸려는 시도를 예로 들어 설명해보기로 한다. 특히 〈표 7-2〉에서 5 행동 단계는 특정 학생을 위하

| 〈표 7-3〉 1단 변화와 2단 변화의 특징 ||
1단 변화	2단 변화
• 과거의 연장으로 지각한다.	• 과거를 타파하는 것으로 지각한다.
• 기존 패러다임에 맞다.	• 기존 패러다임 밖에 존재한다.
• 주류 가치와 규범과 일치한다.	• 주류 가치와 규범과 갈등한다.
• 기존 지식과 기능을 가지고 시행될 수 있다.	• 새로운 지식과 기능의 습득이 요구된다.
• 혁신 시행에 책임이 있는 사람들에게 현재 사용할 수 있는 자원이 요구된다.	• 혁신 시행에 책임이 있는 사람들에게 현재 사용 가능하지 못한 어려운 자원이 요구된다.
• 혁신이 필요하다는 공통 의견일치 때문에 아마 수용될 것이다.	• 학교에 대한 넓은 관점을 가진 사람만이 혁신의 필요성을 인정하기 때문에 아마 저항할 것이다.

여 구체적인 형태의 지식과 기능에 대하여 적기에 피드백을 제공
해 주는 평가와 기록보존체제의 시행에 대하여 말한다. 이 행동 단
계의 분명한 하나의 예는 〈표 6-3〉(제6장을 보라)에 제시된 표준기
반 성적표와 같다. 이 변화 시도를 어떻게 보느냐에 따라 어떤 교
직원은 이 시도에서 1단 변화를 경험할 것이고 다른 어떤 교직원
은 2단 변화를 경험할 것이다.

　〈표 7-3〉에 목록으로 제시된 첫 번째 특징은 제안된 변화가 과
거의 연장으로 지각하느냐 아니면 과거의 타파로 지각하느냐의 정
도를 말한다. 학교의 어떤 교사는 아마 자기 학생에게 성적표를 통
지하는 표준기반 성적표 방식을 몇 학기 동안 때로는 몇 년 동안 실
험하는 과정을 거칠 것이다. 그래서 결과적으로 이 교사에게 〈표
6-3〉에 제시된 것과 같은 학교의 성적표에 대한 변화는 자기 경험
의 연장-즉, 다음 논리적 단계(1단 변화)가 된다. 그러나 새로운 성

적표 체제를 실험하지 않은 똑같은 학교의 다른 어떤 교사에게는 새로운 성적표 제도가 과거의 연장으로 비쳐지지 않는 것이다. 이 교사는 새로운 성적표를 2단 변화로 보게 되는 것이다.

〈표 7-3〉에 제시된 두 번째 특징은 혁신이 기존 패러다임에 맞는 것으로 지각하는 정도다. 이 특징에 대하여 설명하기 위하여 학교의 두 사람인 두 교감에 대하여 생각해 보기로 한다. 두 교감 중 한 사람은 학교의 교직원이 학교의 성적표 체제뿐만 아니라 주어진 교육과정 설계와 시험 형태에 대해서까지 뒷받침을 해 주는 안내 세력이라고 생각하여 표준 사용에 대하여 강한 호감을 보인다고 지각한다. 그래서 이 교감은 정말로 이러한 관점을 가진 교사들과 정기적으로 상호작용을 가지게 된다. 이 교감에게 새로운 성적표 방식은 학교 교육에 관한 기존 패러다임에 잘 맞는다고 생각하여 1단 변화가 된다. 그러나 앞의 교감과 다른 입장의 제2의 교감은 표준기반 방식을 학교의 기능을 방해하고 교사의 지적 자유를 침해하는 침해 세력이라고 지각하는 교사들의 집단과 체계적으로 상호작용을 한다. 이 제2의 교감은 새로운 표준기반 성적표를 기존 패러다임과 다른 극적 출발, 즉 2단 변화로 지각하는 것이다.

〈표 7-3〉에 열거된 나머지 네 특징에 대해서는 앞의 두 특징의 예에 따르기로 하고 여기서는 생략한다. 각 개인이 혁신을 생각하는 특징에 따라 1단으로 지각하거나 2단으로 지각하게 될 것이다. 한 학교 내에서 각각 다른 개인이나 집단이 하나의 혁신에 대하여 특징을 다르게 생각하게 되고 그래서 혁신에 따른 변화의 등급이나 강도도 학교 내 여러 구성원에게 다르게 비쳐지는 것이다. 그렇다면 교육리더와 리더십 팀은 제안하고 있는 변화의 등급 정도를

어떻게 알아내야 할 것인가? 우리는 다음 두 가지 기법을 제안하고자 한다.

첫째, 혁신 실행이 얼마나 어렵다고 지각하는지 사람들의 지각을 알아내는 것이다. 성질상 2단으로 지각하는 변화 시도가 1단의 변화 시도보다 더 어려울 것이라는 것을 직감으로 알 수 있다. 여기서 『*What Works in Schools*』 책의 조사지에서 세 번째 질문을 활용할 수 있다. "이 이슈와 관련하여 우리의 실천 변화에 얼마나 많이 노력해야 할 것인가?" 하는 질문이다. 학교 실천의 중요한 변화에 아주 많은 노력이 요구된다고 표시한 교직원들에게는 혁신이 대부분 2단이 될 것이다. 별 노력이 요구되지 않을 것이라고 표시한 직원에게는 혁신이 대체로 1단이 된다.

둘째, 보다 직접적인 방법이다. 〈표 7-3〉에 열거된 특징들을 단순히 확대시킨 것이다. 특히 선정된 일에 관하여 교장과 리더십 팀은 다음 질문을 해 보는 것이다.

- 새로운 일이 우리가 과거에 해온 일을 연장한 논리적 연장과 점증적 연장인가?
- 새로운 일이 교사와 행정가의 기존 패러다임과 맞는가?
- 새로운 일이 주류 가치와 규범과 일치하는가?
- 교직원과 행정가들이 이미 가지고 있는 지식과 기능으로 혁신을 실행할 수 있는가?
- 쉽게 동원할 수 있는 자원을 가지고 혁신을 실행할 수 있는가?
- 혁신이 필요하다는 공통의 의견일치가 있는가?

만일 대부분의 교직원이 이러한 질문의 대부분에 '아니요'라고 답한다고 교장과 리더십 팀이 결론을 내리게 된다면, 선정된 새로운 일이 2단에 해당된다는 좋은 증거를 갖게 된다.

5. 5단계: 변화 등급 순서에 맞게 관리 스타일 정하기

앞의 4단계의 결과 리더십 팀과 교장은 새로운 일이 1단 변화에 해당되는지 아니면 2단 변화에 해당되는지 알 수 있는 비교적 좋은 지표를 갖게 된 것이다. 우리가 앞에서 알게 된 것처럼 리더들도 1단 변화냐 아니면 2단 변화 시도냐에 대하여 아주 다른 견해를 보인다.

1) 1단 변화 관리

1단 변화를 하려면 21 책임 모두에 주의를 기울여야 한다. 앞의 1단계에서 기술한 것처럼 유목적 공동체를 형성하기 위해서 교장은 이들 책임 중에서 적어도 9 책임을 다루어야 한다고 하였다. 여러분의 기억을 새롭게 하기 위하여 9 책임을 다시 제시하면 다음과 같다.

- 낙관자
- 긍정
- 이상/신념

- 상황인식
- 가시성
- 관계성
- 의사소통
- 문화
- 투입

교육리더는 유목적 공동체를 북돋우기 위해서뿐만 아니라 1단 변화 시도를 지원하기 위해서 이 9 책임을 고집스럽다고 할 정도로 효과적으로 수행해야 한다. 그렇다고 이것이 리더십 팀은 교장을 도와주는 방법에서 9 책임의 효과적인 집행에 참여할 수 없다는 의미는 아니다.

리더십 팀이 어떻게 교장을 도와줘야 하는지 설명하기 위하여 이들 책임의 몇 가지에 대하여 간단히 살펴보기로 한다. 단결된 집단으로 움직이는 교직원이 강력한 결과를 만들어 낸다는 최고의 신념을 가지고 교장이 낙관자의 책임을 수행하는 1단계에서의 논의를 상기해 보기 바란다. 교직원 구성원의 강점을 강조하여 활용하는 과제를 밝혀냄으로써 리더십 팀은 교장의 이 책임을 도와주고 지원해 줄 수 있다. 긍정의 책임을 수행하기 위하여 학교 내 개인의 성취뿐만 아니라 학교 전체의 전교적 성취에 대하여 인정하고 감사를 표시하기 위하여 교장은 직원회의 일정 시간을 바칠 수도 있을 것이다. 이 책임을 지원하는 데 리더십 팀은 학교 전체의 집단적 성취와 개인적 성취의 사례를 체계적으로 수집하여 교장으로 하여금 쉽게 성공사례에 접할 수 있게 할 수 있다. 간단히 말하

〈표 7-4〉 교장의 9 책임을 지원하는 리더십 팀의 행동

책 임	리더십 팀의 행동
1. 낙관자	• 교직원의 강점에 초점을 맞추고, 강점을 과제에 맞춰 배치하기 • 성공 축하의식 가지기 • 목표달성 진전 사항을 설명하는 자료 활용하기
2. 긍정	• 목표달성을 정기적으로 인정하고 축하하는 제도 구조 개발하기 • 개인의 학습과 학교 전체의 학습(성공과 실패)을 공유하고 축하하기 위하여 직원회의 시 시간 갖기 • 학생의 성공 사항을 학부모와 지역사회에 알리기
3. 이상/ 신념	• 학교의 미션, 비전, 목적에 관한 공유의견 도출하기. 채택된 신념을 구체적인 관찰가능한 행위로 바꿔 제시하기 • 내용 영역별로 수업 철학을 진술하도록 리드하기 • 행위가 의견일치를 본 목적, 목표, 의견일치 사항을 반영하지 못할 때 전략적 질문을 하기
4. 상황 인식	• 학교 내 조사와 지역사회 조사에서 나온 지각에 대하여 교장이 정보를 가질 수 있도록 하기
5. 가시성	• 교장으로 하여금 많이 눈에 띌 수 있도록 돕기, 교장을 교실에 초대하기, 교장이 교실에서 편안감을 갖도록 하는 아이디어 만들기, 교장으로 하여금 학생 집단과 정기적으로 작업하도록 요청하기 • 교장으로 하여금 학교 주변에서 많이 눈에 띄게 하고, 교실 내외에서 학생과 자주 접촉하게 하기
6. 관계성	• 직원의 전문적 성취에 인정하고 감사하기 위하여 교장과 손잡고 함께 일하기, 상급 학위 수여나 전문적 수상 등에 대하여 축하의식 베풀기 • 생일, 결혼, 출산과 같은 직원들의 생활의 특별 이벤트에 축하 표시하기 • 가족과 자녀들과 관련하여 개인적인 도전을 맞고 있거나 학교 밖 어려움을 당한 직원을 지원하는 돌봄의 문화와 절차를 진작하기

7. 의사 소통	• 일일 게시물, 공동 웹페이지, 직원회의 시 광고, 합동 계획 시간과 같은 기회를 이용하여 교직원과의 자유로운 정보 교환을 활발하게 하는 제도 구조를 개발하도록 돕기 • 건설적인 의견 불일치 기능과 문제해결 기능의 모델 만들기 • 긍정적 의사소통 모델 만들기, 학습에 관한 대화 센터 만들기
8. 문화	• 협동과 단결 모델 만들기, 바람직한 학교문화 진작 • 학교풍토 조사하기 • 학교의 목적과 비전에 관한 구조적인 대화 리드하기
9. 투입	• 긍정적으로 투입하는 모델 만들기 • 결정과 행동이 학교의 목표와 일치하는지 알아보기 위한 전략적 질문하기 • 적극적으로 교직원의 투입을 구하기 • 모든 관점을 다 제시해도 좋도록 보장하기

면 특별히 교장에게 속하는 이 9 책임의 각각을 위하여 리더십 팀은 구체적인 지원을 할 수 있다. 〈표 7-4〉는 리더십 팀이 교장의 9 책임 수행을 도와줄 수 있는 구체적인 다른 방법의 목록을 제시한 것이다.

교장의 책임을 지원하는 데 추가하여 리더십 팀은 12개의 분담된 책임(1. 모니터링/평가, 2. 교육과정과 수업, 평가에 관한 지식, 3. 교육과정과 수업, 평가에의 참여, 4. 초점, 5. 지적 자극, 6. 융통성, 7. 자원, 8. 보상, 9. 대외대변, 10. 기강, 11.변화 촉진, 12. 질서)도 계속적으로 주의를 집중해야 한다(〈표 7-1〉을 보라). 요약하자면 1단 변화 시도를 위해서는 21 책임 모두에 대한 주의집중이 요구된다. 제5장에서 말한 것처럼 이 21 책임은 학교의 일상적 운영에 필수 요소다.

2) 2단 변화 관리

2단 변화를 위해서는 다른 접근의 리더십이 요구된다. 2단 변화를 위한 효과적인 리더십에는 7 책임이 중요한 것같이 보인다고 했던 제5장의 논의를 상기하여 주기 바란다. 제5장에서 다룬 7 책임은 다음과 같다.

- 교육과정과 수업, 평가에 관한 지식
- 낙관자
- 지적 자극
- 변화 촉진
- 모니터링/평가
- 융통성
- 이상/신념

이들 책임은 1단 변화 상황에서보다 2단 변화 상황에서는 약간 다르게 정의되어야 한다.

1단 변화 상황에서 교육과정과 수업, 평가에 관한 지식은 교육과정과 수업, 평가에 관한 최선의 실천에 대하여 이해하는 것이라고 하였다. 그런데 2단 변화 상황에서 이 책임은 선정된 변화 시도가 교육과정과 수업, 평가에 관한 현재의 실천에 어떻게 영향을 줄 것인가에 대한 이해를 포함하게 된다. 예를 들면, 한 학교가 표준기반 성적표를 제도화시키려고 결정했다고 가정해 보자. 그리고 교직원들이 이러한 변화 시도를 그 변화 강도에서 2단 변화로 지각한다고 리더십 팀이 판단하였다고 생각해 보자. 그러면 이 책임을 효과적으로 수행하기 위하여 교육리더는 이 새로운 성적표 제도가 현재의 교육과정 운영에 어떻게 영향을 줄 것인지에 대하여 조심스럽게 연구해야 한다. 여기서 리더가 알게 되는 하나의 사실은 현재 코스 개요로 구성되어 있는 현행 교육과정에서는 교사들이 코스 내용에 포함시키거나 제외시키는 아주 광범한 재량권을 가질 수 있다는 사실이다. 그런데 새로운 표준기반 성적표의 시행에서는 이러한 교사의 재량권을 심각하게 축소시키게 될 것이다. 어떤 영역의 지식과 기능에서 학생들이 어느 정도 진보하고 있는지 교사들은 보고해야 하기 때문에 교사들은 자기 학급에서 다루는 지식과 기능의 영역에 대하여 확실하게 말하지 않으면 안 된다. 그래서 결과적으로 새로운 성적표 제도는 교육과정을 표준화시키게 될 것이고 또 모든 수업 교사들이 어떻게 수업을 하고 평가할 것인지의 방법에 대하여 영향을 주게 될 것이다. 새로운 성적표가 교육과정과 수업, 평가에 미칠 영향에 대하여 이해하는 일이 이 혁신의 성공을 담보할 수 있는 전략 개발에 아주 중요하다.

1단 변화 상황에서 낙관자의 책임은 학교에서 일반적으로 긍정적인 영향을 주는 일이 포함된다. 2단 변화 상황에서 낙관자의 역할은 더 초점이 되고 더 강력하게 된다. 교육리더는 기꺼이 변화 시도를 뒷받침하고 성공을 보장하는 추동체가 되어야 할 것이다. 표준기반 성적표를 예로 들면 교육리더는 새로운 성적표가 갖게 되는 이점에 대하여 체계적으로 고조시켜야 할 것이다. 뿐만 아니라 교장은 새로운 성적표의 성공적인 시행을 보장하기 위하여 자기가 가지고 있는 모든 힘을 다 쏟을 것이라고 분명히 밝혀야 한다.

1단 변화 상황에서 지적 자극은 독서와 토론을 통해서 교직원들에게 최선의 실천에 관한 연구와 이론의 지식을 풍부하게 확산시키는 일이 포함된다. 다시 말하면 1단 변화에서 이에 대하여 강조할 점은 대단히 광범한 반면 2단 변화 상황에서는 시행해야 할 혁신에 좁게 초점을 맞춰야 한다. 성적표의 예에서 독서와 토론도 표준기반 성적표에 초점을 맞추게 된다. 2단 변화에서 이 책임을 위하여 일반적으로 추진할 점은 혁신에 관하여 교직원의 지적 호기심에 자극을 주는 것이다. 2단 변화에서 변화 촉진의 중요성은 용어 자체에서 거의 자명해졌다. 1단 변화에서 이 책임은 멀리 있어 보이는 아직 검토해 보지 않은 실천에 도전하는 데 중심이 주어졌었다. 여기서의 목적은 미래에 고려해야 할 새로운 아이디어를 창출하는 것이었다. 그러나 2단 변화 상황에서 변화 촉진의 책임은 1단 변화에서와 달리 교직원들로 하여금 그들이 가지고 있는 최선의 역량을 발휘하여 일하도록 영감을 불어넣는 데 강조점을 두는 것으로 전환하게 된다. 자명한 일이지만 교사와 행정가들이 최선을 다하여 수행해야 하는 변화 시도를 하도록 학교가 지금까지 노력해 왔기 때문에 초점의 전환이 필요하다.

1단 변화 상황에서 모니터링/평가의 책임은 학생들이 일반적 수준의 궤도를 유지하도록 하는 일이 포함된다. 만일 학생들이 성취에서 학습하지 않는 경향이 있다는 지표가 나오게 되면 교육과정과 수업, 평가에 수정이 따른다. 2단 변화 상황에서 이 책임은 혁신의 영향과 효과에 세심하게 주의하여 모니터하는 일이 포함된다. 표준기반 성적표의 예에서 학급에서의 수업 실천의 영향과 함께 학생 학습에 대한 새 성적표의 영향을 검토하는 일이 이 책임에 포함된다.

　변화 촉진의 책임에서와 마찬가지로 2단 변화 상황에서 융통성 책임의 중요성도 비교적 분명하다. 2단 변화 시도에 해당하는 불확실성 상황이라면 교육리더는 현 상황의 요구에 맞춰 자신의 리더십 스타일을 수정하는 일이 절대적이다. 어떤 때는 정보 제공적 리더십 행위가 알맞은 리더십 행위이지만, 어떤 다른 때는 영감 제공적 리더십 행위가 알맞은 리더십 행위가 된다. 또 다른 상황에서는 교직원들이 역동적으로 활동하게 하기 위한 알맞은 리더십 행위로 리더가 어떤 투입이나 지침도 제공하지 않는 것이 될 수도 있다.

　2단 변화에 중요한 마지막 책임은 이상/신념이다. 앞의 1단계 행동에서 본 것처럼 학교 교육의 본질과 목적에 관한 공유이상과 신념을 확인하는 것은 유목적 공동체 형성에 아주 중요하다. 2단 변화 상황에서 이렇게 하여 확인된 혁신이 공유이상과 신념에 일치하는 범위에 대하여 리더가 말하는 데 초점이 좁혀진다. 2단 변화 시도에 고질적인 문제가 있는데, 교직원이 선정한 시도가 자기들의 이상과 신념과 함께 유지해야 하기 때문에 주어진 변화 시도를 자기들이 선정한 것이라는 사실을 쉽게 잊어먹는다는 것이다. 학교가 각 학생의 구체적인 강점과 약점을 알아낼 수 있어야 한다는 것이 공유신념의 논리적 결과였기 때문에 아마도 표준기반 성적표 제도를 선정했을 것이다. 이상/신념의 책임을 수행하는 동안 교육리더는 변화 시도에 관한 논의의 전면에 이러한 논리적 사고의 과정을 지키려고 노력하게 될 것이다.

　교육리더의 측면에서 2단 변화에 중요한 7개의 책임에 관하여 예를 들어 설명하였다. 그러나 리더십 팀은 이 7개의 책임 수행에

〈표 7-5〉 2단 변화에 중요한 리더십 팀의 책임과 행동

책 임	리더십 팀의 행동
1. 교육과정과 수업, 평가에 관한 지식	• 혁신 시행에 관하여 교직원과 개인적으로 일하기 • 혁신에 관한 교직원 능력개발 연수 기회에 참석하기
2. 낙관자	• 혁신에 관하여 긍정적으로 말하기 • 혁신을 성공적으로 실행한 다른 학교의 사례 제시하기 • 혁신으로 학생성취를 향상시킬 것이라는 신념을 계속해서 표현하기 • 혁신에 대한 장애와 도전을 확인하기
3. 지적 자극	• 대화에 혁신에 관한 연구 이야기를 포함하기 • 혁신과 관련된 교사들의 실천을 반성하도록 하는 질문하기 • 혁신과 관련하여 현재의 실천에 대하여 논의하도록 리드하기
4. 변화 촉진	• 혁신에서 성취와 관련하여 이슈 제기하기 • 혁신을 실행한 다른 학교의 관련 데이터 공유하기 • 혁신 실행의 측면에서 현재 학교의 위치와 앞으로 가야 할 곳을 비교하기 • 혁신에 관하여 '모호성 감내' 정도를 보여 주기
5. 모니터링/평가	• 혁신에 관한 형성평가와 총괄평가 두 결과를 살펴보기 • 혁신에 관하여 교실 순회하기
6. 융통성	• 진척과 긴장 정도에 따라 계획을 계속하여 조정하기 • 혁신과 관련하여 상황적 리더십 활용하기 • 중단 없이 혁신에 관하여 끝없는 논의 계속하도록 하는 계획서 활용하기
7. 이상/신념	• 공식적, 비공식적 대화에서 그리고 행위를 통한 모범을 보여 혁신에 관한 이상과 신념을 교환하기 • 혁신에 관한 실천이 공유 이상과 신념과 일치한다는 것을 보장하기 • 행동이 의견일치를 본 목적과 목표, 이해를 반영하지 않을 때 혁신에 관하여 전략적 질문하기

교육리더와 공유할 수 있다. 〈표 7-5〉에서 2단 변화 책임에서 리더십 팀이 취할 수 있는 구체적 단계의 목록을 열거하였다.

제5장에서 말한 것처럼 2단 변화는 앞에서 다룬 7개의 책임을 강조할 뿐만 아니라 또한 문화, 의사소통, 질서, 투입이란 4개의 책임을 어느 정도 해친다고 지각할 가능성이 있다(그래서 여기서는 이 네 책임을 중심으로 살펴보기로 한다).

1단 변화 상황에서 문화는 학교 운영에서 팀 정신과 협동적 분위기 형성에 관련된다. 문화는 교수와 학습, 학교 교육에 관하여 공통의 언어를 만들어 내고 사용하는 일이 수반된다. 2단 변화 환경에서 이러한 요소가 손상되기 쉽다고 교직원들이 지각하게 될지도 모른다. 예를 들면, 만일 학교가 표준기반 성적표 제도를 채택한다면 이 변화 시도가 팀 정신을 감소시킨다고 어떤 교직원들은 믿게 될지도 모른다. 뿐만 아니라 전에는 학교의 특징이라고 하였던 지금까지 사용한 공통 언어가 표준기반 성적표라는 새로운 전문용어의 등장으로 인하여 사라지게 된다.

의사소통의 책임은 교직원들로부터, 교직들에게 그리고 교직원들 사이에 의사소통하는 분명한 통로를 개발하는 일이 포함된다. 비록 이 의사소통 통로가 개방되어 있다 할지라도 2단 변화에서는 어떤 교직원들이 혁신 때문에 정보의 흐름을 방해받고 있다고 믿게 될지 모른다. 표준기반 성적표가 자기들의 현행 실천과는 너무 차이가 큰 변화라고 느끼는 교직원들은 당연히 자기들의 우려와 관심을 표현할 길이 없다고 지각하게 될 것이다.

질서는 교직원과 학생에게 예측 가능성을 갖게 할 수 있는 절차와 일과를 설정하는 일이 포함된다. 2단 변화 상황에서 이 책임에 관한 지각이 저하될 수 있다는 것은 일리가 있다. 지금까지 하던 옛날 방식이 방해를 받게 된다. 비록 옛날 성적표 방식이 새 성적표 방식처럼 유용하지 못할지라도 교직원들은 옛날 방식에 익숙한 것이다. 익숙하지 않은 방식은 대개 불확실감을 수반하게 된다.

끝으로 2단 변화를 결과로 투입의 책임은 아마 가장 곤란을 받게 될 것이다. 교직원들이 자기들의 목소리를 들어 주고 또 주의를 기울여 준다고 느끼게 되면 혁신의 실행은 더 이상 문제가 되지 않는다는 증거가 된다.

이 4개의 책임에 대한 지각이 바로 하나의 지각이라는 사실을 강조하는 것이 중요하다. 그러나 이러한 지각을 하는 사람에게는 이것이 현실이고 사실인 것이다.

교육리더가 취할 수 있는 하나의 접근은 단지 폭풍과 파도를 타고 넘는 것이다. 즉, 어떤 교직원은 폐쇄적일 수 있다는 사실을 감내해 내야 한다. 이러한 제안이라고 전연 장점이 없는 것은 아니다. 학교 내의 어떤 교식원은 주어진 2단 변화에 행복해 하지 못할 것이라는 사실을 알게 되면 교육리더는 일종의 해방감을 느끼게 할 수 있다. 교직원 전원 100%에게 행복을 보장해 주려고 노력하기보다는 차라리 어느 정도의 불화는 피할 수 없다는 것을 인정하고 변화 시도가 성공할 수 있는 확률을 증대시키는 일에 교육리더는 초점을 맞추는 것이 나을지 모른다.

2단 변화 시도에 대한 불의의 사고를 막기 위한 책임에의 초점을 리더십 팀의 구성원에게 맡기는 것이 교육리더에게 보다 가능한 접근이 될 것이다. 즉, 교육리더가 학교문화가 악화되었다고 지각하는 교직원을 찾아내기에 가장 적절한 사람이 되지 못하는 그런 상황에서는 리더십 팀이 강력한 대리인으로 봉사하게 할 수 있다. 리더십 팀 구성원들이 폐쇄적인 교직원을 개별적으로 만나 볼 수도 있다. 이러한 개별적 만남에서 리더십 팀 구성원들은 그런 교직원들의 우려와 걱정을 충분히 이해하고 존중하려는 의도를 가지고 단지 경청하려고 해야 할 것이다. 리더십 팀 구성원은 이런 만남에서 나온 우려를 교장에게 충분히 전달할 수 있어야 한다. 한마디로 말하여 리더십 팀은 2단 변화 시도에서 훌륭한 대사관으로 행동할 수 있고 또 교직원과 행정가 사이에서 연락장교로 훌륭하게 행동할 수 있다.

〈표 7-6〉에는 2단 변화에서 자주 사고를 일으키기 쉬운 이들 4개의 책임에 관하여 리더십 팀이 취하게 될 다른 행동들을 열거하였다.

\<표 7-6\> 2단 변화에 장애가 되기 쉬운 책임과 이에 도움이 되는 행동	
책 임	리더십 팀의 행동
1. 문화	• 변화 시도의 비전과 중요성에 대하여 계속해서 동료들 상기시키기 • '우리는 하나'라는 태도를 모델로 만들기 • 혁신 실행의 공통의 장이 될 수 있는 일치점 발견하기 • 학교의 공유비전을 향하여 혁신이 나아가고, 공유목적에 맞게 하는 표면적 아이디어와 연결다리를 창출하는 소집단 활동을 교직원회의 시 운영하기 • 혁신 시도에 대한 교사들의 반응 정도에 따라 교사들을 다르게 지원하기 • 교직원들이 변화와 변화의 의미에 대하여 토론할 수 있는 시간 확보하기

2. 의사소통	• 직원회와 팀 회의 시 의견 불일치와 논쟁점에 대하여 토론 하기 • 동료로부터 질문과 우려를 조사하여 이를 해결하기 위하여 리더십 팀에 가져오기 • 모든 이해당사자에게 진행되는 계획을 전달하기 • 종합안 작성하기, 일관되고 통일된 메시지에 대하여 합의 하기 • 혁신을 좀 더 잘 정의하고 제도화하여 감에 따라 모든 일이 안정되어 가고 있다는 사실을 강조하기
3. 질서	• 효과적인 의사결정 절차와 문제해결 도구, 갈등해소 도구 등을 설계하기 • 효과적인 중개 조정 전략 모델 만들기 • 혁신이 어느 정도 기존의 일상적인 일에 방해가 될 것이라 는 사실을 알려 주기 • 안정감을 진작시키는 현행 절차와 일치시키기 • 운영 절차를 수립하고 실행하는 데 적극적 역할하기
4. 투입	• 우려와 반응을 듣기 위하여 소집단과 자주 모임 갖기 • 교직원들로부터 적극적으로 투입을 구하기 • 혁신에 대하여 '피동적'이기보다는 '주인의식' 형성을 위 하여 일하기 • 혁신에 대하여 공개적으로 정직하게 토론할 수 있는 다양한 기회를 제공하기 위하여 교장과 함께 일하기 • 교직원으로 하여금 변화의 단계와 함축하고 있는 의미를 이 해할 수 있도록 돕기 • 투입으로 결정에 관한 정보를 제공하는 방법에 대하여 개방 적으로 의사소통하기 • 결정과 투입으로 어떤 차이가 생겼는지에 대하여 투명하게 밝혀 주기

6. 요약 및 결론

이 장에서는 효과적인 교육리더십을 발휘하기 위한 5단계 계획을 제시하였다. 앞의 여러 장에서 논의한 연구와 이론을 바탕으로 하여 세운 5단계 계획이다. 1단계는 유목적 공동체에 기초한 리더십 팀의 개발이다. 2단계는 21개 리더십 책임 중에서 9개의 책임은 교장에게 남겨 두고 리더십 팀의 구성원에게 12개의 책임을 분배하는 것이다. 3단계는 학교에서 '옳은 일'을 선정하기 위하여 책 『*What Works in Schools*』(Marzano, 2003) 프레임으로부터 나온 39개 행동 단계를 고려한다. 4단계는 교직원을 위하여 1단 변화나 2단 변화가 필요한지 결정하기 위한 관련 변화 등급 일을 분석하는 일이 포함된다. 5단계에는 선정된 일이 내포하고 있는 변화의 등급에 알맞은 리더십 행위 스타일을 맞추는 일이다.

저자 에필로그

 이 책에서 우리 세 저자들은 우리의 연구결과를 제시하려고 하였다. 더 나아가 이 연구결과를 경험이 많은 기성 교육리더와 새로 등장하게 될 신임 리더들이 학생의 학업성취 향상에 활용할 수 있는 구체적인 계획을 세워 실천에 응용할 수 있게 하려는 시도(역자 주: 이 책의 결론 부분에 해당하는 제7장)를 하였다. 이 계획이 35년간의 연구에 기반하여 나온 유용한 도구가 되었으면 하고 기대한다.

 우리가 제안한 계획보다 더 중요한 것은 아마도 학교 수준과 교육청 수준의 교육리더로 하여금 강력하고 세심한 리더십을 통하여 확실한 학생성취 향상의 기회를 포착하는 것이다. 효과적이고 영감을 주는 리더십이 오늘날보다 더 절실하게 요구된 적은 없다. 점점 더 증가되는 고도의 지식과 기능, 책임 있는 시민이 요구되는 우리 사회와 직업 세계의 도래와 함께 학교에 대한 압력은 더 강력해지고 있다. 모든 사람이 최고가 되어야 한다는 세계와 경제 사회에서 한 아이도 뒤처져서는 안 된다(NCLB)는 높은 기대는 좀처럼 가라앉을 것 같지 않다.

"책임이 있다면 그건 내 책임이다." 또는 "왜 그 일이 그 사람의 책임이 아닌가?"라고 나는 자주 묻곤 했는데, "그 사람이 바로 나라는 것을 알게 됐다."라는 훈계의 말을 우리는 잘 알고 있다. 이런 말은 모두 진부한 말로 들릴지 모르지만, 이런 말이야말로 바로 오늘날의 세계에 아주 적절한 말이다. 진정 효과적인 교육리더십의 필요성이 절실한데, 학교를 개선하는 데 필요한 시간은 많이 남아 있지 않다. 리드해 나가야 할 사람은 바로 우리들이다. 이 책의 논의를 통해서 증명된 것처럼 학교의 효과성을 높이기 위한 본질적이고 긍정적인 변화를 일으키는 데 필요한 지식을 우리는 많이 가지고 있다고 믿는다. 단지 문제가 있다면 행동이다. 이 책에 제시된 정보가 교장 리더와 그 외 다른 리더들이 비전과 열망을 우리의 학교뿐만 아니라 나아가 우리의 세계를 변화시키게 되는 계획으로 바꾸고, 계획을 다시 행동으로 바꾸어 구체화시키는 데 도움이 되기를 기대한다.

기술노트

다음의 노트(주)는 좀 더 기술적인 측면에서 이 책에 소개된 결과들에 대해 설명한다. 이 노트 내용은 전문적이고 기술적인 순서대로 읽히도록 제시되지 않았다. 다만 제1장부터 제7장까지 이루어진 논의들의 이해를 돕도록 제시되었다. 이 노트 내용들은 본문에서 언급된 주제에 대하여 간결하게 설명하였다. 더 자세한 분석을 위해서는 다음의 통계 전문서적이나 방법론 교과서를 참조해야 한다. Cohen(1988), Cohen과 Cohen(1975), Glass와 McGaw, Smith (1981), Glass와 Willson, Gottman(1975), Hunter와 Schmidt (1990a, 1990b), Lipsey와 Wilson(2001) 그리고 Loehlin(1992) 등이다.

1. 기술노트 1: BESD 점수와 예측 Z점수 관점에서의 상관계수 해석

이 책 전체를 통하여 수많은 관계성을 가지고 논의했다. 제1장의 〈표 1-1〉은 학교 효과성과 학생성취도 간의 관계성에 초점을 맞췄다. 또한 책에서 수차례 교육리더십과 학생성취도와의 관계성에 초점을 맞춘다. 기술노트 1에서는 변인들 간의 관계를 표현하고 해석하는 방법에 대해 기술한다. 이해를 돕기 위해 예측변인에 의해 설명되는 변동 비율(Percentage of Variance: PV)이라는 개념부터 살펴보기로 한다.

피예측(종속)변인(예, 학생성취도)과 관련 예측(독립)변인(예, 학교 효과성)에 의해 설명되는 변량(동) 비율은 이들 두 변인 간의 관계의 강도를 잘 표현하는 것으로 여겨진다. 보통 예측변인들의 '집합'이 이용된다. 예를 들어, 학생성취도를 예측하기 위한 연구에서 ① 학생 일인당 지출, ② 교직원의 자질 그리고 ③ 교장 리더십의 질을 예측변인으로 사용할 수 있다. 예측변인들(①, ②, ③)의 집합이 피예측변인(학생성취도)의 총변량 중 일부분을 설명할 것이다. 예측변인의 영향력을 판단하기 위한 지수(PV)로 예측변인으로 설명되는 변량을 피예측변인의 총변량 분의 예측변인에 의해 설명되는 변량으로 나눈 것에 100을 곱하여 사용된다.

$$PV = \frac{\text{예측 또는 독립변수에 의해 설명되는 변량}}{\text{피예측 또는 종속변수의 총 변량}} \times 100$$

PV와 밀접하게 연관된 지수가 상관계수다. 상관계수에 대한 자세한 설명은 기술노트 4에서 다룬다. 여기서는 단지 하나의 피예측변인에 하나의 예측변인이 이용될 경우, 두 변인의 관계는 피어슨(Pearson)의 상관계수 r로 표현될 수 있다는 점에 주목한다. 반면 하나의 피예측변인을 설명하기 위해 복수의 예측변인이 사용되는 경우, 피예측변인과 예측변인들의 집합 사이의 관계는 다중상관계수 R로 표현될 수 있다. 두 경우 모두 피예측변인의 변동 중 예측변인에 의해 설명되는 부분은 상관계수를 제곱하고(즉, r^2 또는 R^2) 100을 곱함으로써 계산된다. 즉, PV 일변인 혹은 다변인 상관계수 사이에는 강한 개념적, 수학적 관계가 있다.

예측(독립)변인과 피예측(종속)변인의 관계를 나타내는 데 있어 r^2 또는 R^2 그리고 PV를 사용하는 것에 대해 비판이 있다. Hunter와 Schmidt(1990b)는 다음과 같이 설명한다.

> 설명되는 변동 비율은 통계적으로 정확하나 실질적으로 착오가 있을 수 있다. 이는 변인들 사이의 실질적, 이론적 관계의 함의를 과소평가하게 된다. 영향의 크기를 측정하기 위해 변동 비율을 사용하는 경우 접하는 문제는 작은 비율의 변동을 설명하는 변인이 종종 종속변인에 지대한 영향을 미칠 수 있다는 것이다(pp. 199–200).

Hunter와 Schmidt는 이러한 상황을 설명하기 위해 Jensen(1980)이 보고한 적성과 유전 간의 상관관계를 인용했다. 상관관계는 .895로 적성의 변동의 약 80%($.895^2$)가 유전의 함수이고, 나머지 20%의 변동이 환경의 영향이라는 것이다($r = .447$). 변동 비율의 관점에서 유전과 환경의 적성에 대한 상대적 영향이 약 4 대 1이라는 것이다. 그러나 회귀이론(Cohen & Cohen, 1975)에 따르면, 유전과 적성의 상관관계(H)와 (유전의 영향이 소거된 이후) 환경과 적성의 상관관계(E)는 유전과 환경으로 적성을 설명하고자 하는 선형회귀 식에서의 회귀 가중치와 유사하다(설명을 위해 유전과 환경을 상호 독립으로 가정한다). 이상의 숫자를 이용하면 방정식은 다음과 같다.

$$피예측\ 적성 = .895(H) + .447(E)$$

이 방정식은 유전의 1 표준편차 증가는 적성의 .895 표준편차 증가를 수반함을 말하고 있다. 마찬가지로, 환경의 1 표준편차 증가는 적성의 .447 표준편차 증가를 수반한다(이 개념에 대해서는 이후에 자세히 설명한다). 이는 환경과 교육의 적성에 대한 상대적 영향을 아주 다르게 그린다. 변동 비율 관점에서는 4 대 1 비율인데 반해 여기서는 2 대 1 비율이다.

변동 비율의 사용이 야기할 수 있는 오해로 인해 이항효과크기 표기(Binomial Effect Size Display: BESD)를 많이 사용한다. BESD는 이 책에서 상관계수를 해석하는 두 가지 주요 방법 중의 하나다. Rosenthal과 Rubin(1982)이 지적한 대로 BESD를 사용하기 위해서는 예측변인이 두 개의 다른 집단으로 양분될 수 있어야 한다. 하나가 실험집단이라면 다른 하나는 통제집단이 되어야 한다. 이와 유사하게, 한 집단은 어떤 변인에 대해 우월한 집단이고 다른 집단은 동일 변인에 대해 열등한 집단일 수 있다. 〈표 1-1〉의 예에서 사용된 양분된 독립변인은 학교효과성이다. 만약 학교를 효과성의 관점에서 순서 매긴다면 이는 정규분포를 따를 가능성이 높다. 상위

절반은 효과적인 학교, 하위 절반은 비효과적인 학교로 가정할 수
있다. 또한 BESD 개념을 사용할 때, 피예측변인은 어떤 특정 기준
에 의해 성공 또는 실패로 양분될 수 있다. 〈표 1-1〉에서 피예측변
인은 특정 성과 측정에서의 성공과 실패로 개념화되었다.

BESD 이용 시 일반적인 관행은 피예측변인의 기대치가 성공확
률 .50이라고 가정하는 것이다. BESD를 계산하기 위해, 상관계수
를 2로 나누고, 기대 성공률 또는 .50에 더하고 뺀다. 예를 들어, 예
측변인과 피예측변인 사이의 r이 .20이면, .20÷2 = .10이다. 피예
측변인에서 '성공'할 것으로 기대되는 실험집단(또는 고성과 집단)
의 비율은 .50+.10 = .60으로 계산된다. 피예측변인 기준 측정에
서 '실패'할 것으로 기대되는 실험집단(또는 고성과 집단)의 비율은
.50-.10 = .40으로 계산된다. 이 계산의 역은 통제집단(또는 저성과
집단)의 계산에 이용된다. Rosenthal과 Rubin(1982)은 집단들이 동
일 크기이고 동일 변동인 경우에도 결과변인이 연속적일 경우
BESD를 이용하는 것이 처리효과의 크기를 나타내는 현실적이고
유용한 케이스를 만들었다.

Cohen(1988)은 의학의 예제로 BESD의 이용법을 설명한다. 이는
〈표 TN-1〉에 나타나 있다. 〈표 TN-1〉은 독립변인(즉, 실험 또는

〈표 TN-1〉 가상적 치료에 의해 설명되는 1% 변동(r= .10)에 대한 이항효과크기표기			
	생 존	사 망	합 계
처치집단	55%	45%	100%
통제집단	45%	55%	100%

주: Cohen(1988)의 Statistical Power for the Behavioral Sciences(Hillsdale, NJ: Elbaum, p. 534)
의 데이터로 구성. 제목의 r은 피어슨 상관계수를 나타냄.

통제집단의 소속 여부)이 종속변인의 변동의 1%를 설명하는 상황을 묘사한다(즉, $r = .10$). 여기서 독립변인이 생존과 죽음이라는 결과 변인의 변동의 1%를 설명하는 어떤 종류의 치료행위라고 가정한다. 그러나 이 1%의 설명된 변동이 어느 집단에 속하느냐에 따라 환자가 사느냐 죽느냐에 관해 10%p의 차이를 준다. Cohen(1988)은 다음과 같이 설명한다.

이 말은 대부분의 사람들이 중요하다고 생각하는 생존확률 .45와 .55의 차이가 겨우 1%의 설명된 변동을 낸다는 것이다. '죽음'은 사고를 집중시키는 경향이 있다. 그러나 실질적인 문제가 개입되어야 효과의 크기가 제대로 평가받는다는 사실을 재확인시켜 준다. .01의 r^2은 절대적인 관점에서는 아주 작지만, 이것이 생존확률 10%p를 나타낼 경우 이것은 아마도 큰 것으로 생각될 것이다(p. 534).

Abelson(1985)은 이 점을 더 극적으로 표현했다. 야구선수의 타율에 대한 여러 가지 물리적 기술의 효과를 분석한 후, 이러한 기술에 의해 설명되는 변동은 .00317%로 1%($r = .056$)의 1/3도 되지 않음을 발견했다. 교육 연구에 대한 함의를 설명하면서 Abelson은 다음과 같이 말한다.

설명되는 변동 비율이 극도로 미미하더라도, 이 값이 0보다 크다는 통계적 확신이 있고 잠재적 누적 정도가 상당하다면, 이를 무시해서는 안 된다(p. 133).

마지막으로 Cohen(1988)은 "다음에 '단지 X%의 변동이 설명된다.'라는 구절을 만나면 Abelson의 패러독스를 명심하라."(p. 535)라고 충고한다.

이 책에서 인용되는 상관계수에 대한 두 번째 해석은, 예측의 측면에서 한 변인에 대한 성과가 다른 변인에 대한 성과를 예측하는 정도다. 이상의 예에서는 하나의 예측변인 이상이 관련되었다. 단수의 예측변인이 관련된 경우 예측방정식의 일반적 형식은 다음과 같다.

$$\text{피예측 } Z\text{점수} = \text{예측 } Z\text{점수} * \text{상관계수}$$

이 방정식을 해석하기 위해서는 Z점수의 개념에 대한 이해가 필요하다. Z점수는 원래 값을 표준편차 단위로 전환한 값이다. Z점수 1.00의 의미는 주어진 원래 값이 분포의 평균에서 1 표준편차만큼 크고, Z점수 2.00의 의미는 주어진 원래 값이 분포의 평균에서 2 표준편차만큼 크다는 것이다. Z점수의 유용성은 표준정규분포상에서 백분위수로 쉽게 전환된다는 것이다. Z점수가 .00이면 이 개체가 50번째 백분위수에, Z점수가 1.00이면 이 개체가 84번째 백분위수에, Z점수가 −1.00이면 이 개체가 16번째 백분위수에 있음을 나타낸다. 이러한 전환은 표준정규분포표에서 구할 수 있다.

앞의 방정식에서 피예측변인의 Z점수는 예측변인의 Z점수에 상관계수를 곱함으로써 계산될 수 있음을 알 수 있다. 예를 들어, 학교장의 리더십과 학생들의 평균 학업성취도 간의 상관계수가 .25라고 가정해 보자. 앞의 방정식을 이용하면, 만약 교장의 리더십에 관한 학교의 Z점수를 알면 Z점수로 표현된 학교의 평균 학업성취도를 예측할 수 있다. 어떤 학교가 예측변인, 학교장의 리더십에 Z점수 1.00을 가진다고 가정해 보자. 학교장의 리더십과 학생의 학업성취도 간의 상관관계는 .25이기 때문에 교장 리더십 Z점수 1.00에 .25를 곱하게 된다. 그래서 공식에 의해 학교장의 리더십에 Z점수 1.00을 가진 학교 학생들의 평균 학업성취도 Z점수는 .25를 가질 것으로 예측할 수 있다.

  예측방정식은 또한 예측변인의 Z점수 .00이 피예측변인의 Z점수 .00으로 전환됨을 증명한다. 달리 표현하자면, 예측변인에 평균값을 가진 학교는 피예측변인에서도 평균값을 가질 것으로 예측될 것이다. 이로써 예측변인의 변화와 관련된 피예측변인의 변화에 관해 추론할 수 있게 된다. 어떤 학교가 예측변인과 피예측변인 모두 50번째 백분위수(즉, Z점수가 .00)에 위치한다고 가정하고 설명하는 것은 쉽다. 리더십과 학업성취도 간의 상관계수가 .25임을 이용하여 더 응용해 보면, 예측방정식은 예측변인의 Z점수 1.00은 피예측변인의 Z점수 .25로 전환됨을 쉽게 보여 준다. 결과적으로 다음을 추론할 수 있다. 교장 리더십의 Z점수가 .00에서 1.00으로의 증가와 학생의 평균 학업성취도 Z점수가 .00에서 .25로 증가되는 것이 연관되어 있다. 이를 백분위수로 표현하면, Z점수 .25는 표준정규분포에서 60번째 백분위수를 나타내기 때문에, 예측변인의 1 표준편차 증가는 피예측변인이 50번째 백분위수에서 60번째 백분위수로 증가되는 것과 연관된다. 우리가 책에서 리더십과 학생성취도의 관계를 설명할 때, 일관되게 '해당된다' 또는 '연관된다(associated with)'라고 표현한 것에 주의해야 한다. 두 변인 간의 상관관계는 비록 배제하지는 않지만, 이들 변인 간의 관계가 인과관계를 의미하지는 않는다.

2. 기술노트 2: 99번째 백분위수에서 학교의 성과 추정하기

99번째 백분위수에서 학교의 추정 효과에 관한 설명은 Marzano (2003)에 들어 있다. 분포의 99번째 백분위수에서 학교 학생들에 대한 영향을 추정하기 위해 학교가 효과성의 측면에서 정규분포를 이룬다고 가정한다. 또한 평균적으로 학교가 학생성취도 변동의 20%를 설명한다고, 즉 r = .447로 가정한다. 이는 학교의 질과 학생성취도 간 평균 상관계수가 .447이라는 것이다. Scheerens와 Bosker(1997)의 연구에 기초하여 상관계수의 분포에서 표준편차가 .1068(Marzano, 2000a, pp. 57-58)이라고 가정한다. 99번째 백분위수에 위치한 학교들은 평균보다 2.33 표준편차 위에 있다. 즉, 99번째 백분위수에 위치한 학교의 질과 학생성취도의 상관계수는 .694(.447 + 2.33 * .1068)다. BESD를 이용하면, 이들 학교에서 84.7%의 학생들이 50%가 통과될 것으로 기대되는 시험에 통과될 것임을 의미한다. 추가적으로 단지 15.3%의 학생들이 시험에 실패할 것이다.

3. 기술노트 3: 메타분석의 일반적 특성

일반적 의미에서 교육과 관련된 많은 연구는 다음의 질문에 답하도록 의도되었다. 이 상황에서 관측된 관계가 진관계성(true relation-ship)을 나타내는가? 아니면 우연한(by chance) 관계성을 나타내는가? 이 질문에서 두 가지 명시적 요소는 ① 관측된 관계성과 ② 우연 발생이다. 교육 연구자는 많은 종류의 관계들에 대해 조사한다. 특정 독서 프로그램의 시행과 학생들의 독서 성취도와의 관계, 각각의 강의 스타일과 학생성취도와의 관계 등이다. 교육리더십의 관점에서의 교육 연구는 특히 학교장의 특정 행위와 학생들의 성취도와의 관계에 관심을 가진다. 관계를 표현하는 데는 많은 수학적 방법이 있다. 우리의 메타분석에서는 상관계수를 이용했다(상관계수에 관해서는 기술노트 4를 참조하라). 우리가 행한 특정 연구는 교장의 리더십과 표본(집) 학교 학생들의 평균 성취도 간의 상관계수를 계산했다.

이해를 돕기 위해 연구에는 20개의 학교가 대상이고 이들 학교에서 교장의 리더십과 학생들의 평균 성취도 간의 상관계수는 .20이라고 가정하자. 상관계수 .20은 앞에서 언급한 '관측된 관계성'의 양적 지표다. 앞에서 언급된 두 번째 중요한 개념은 이 관측된 관계성이 우연에 의해서만 발생할 수 있느냐와 관련된다. 이 두 번째 개념을 설명하기 위해 관측된 상관관계의 유의성을 검증할 것이다. 이하의 유의성 검증에 관한 논의는 기본적 내용임을 명심하라. 보다 자세하고 발전된 논의를 원한다면 Harlow와 Mulaik, Steiger(1997)를 참조하라.

관측된 상관관계의 통계적 유의성을 검증하기 위해 연구자들은 먼저 두 변인들 사이에 실제 관계가 없을 가능성을 고려해야 한다. 이를 귀무가설(null hypothesis)이라 부른다. 상관관계로 표현하면,

참 상관계수가 .00이라고 가정하는 것과 동일하다. 그리고 연구자
는 (은유적으로) 다음 질문을 한다. 만약 교장 리더십과 학생성취도
사이에 진정한 관계가 없다면 얼마나 자주 .20의 상관계수를 관찰
할 수 있겠는가? 관측된 상관계수 .20은 참 상관계수가 .00일 때도
발생할 수 있으므로 이 질문은 아주 중요하다. 연구자들은 통계적
분석을 통해 교장 리더십과 학생성취도 사이의 상관계수 .20이 우
연에 의해 관측될 확률을 얻을 수 있다. 만약 이 상관계수가 100번
중 5번 이하로 나타날 수 있다면, 두 변인 간 관계가 없다는 귀무가
설을 기각하고 교장 리더십과 학생성취도 사이에 실제 관계가 있다
고 결론짓는다. 달리 표현하면, 관측된 상관계수 .20은 유의수준
.05에서 '유의'하다. 만약 귀무가설이 참일 때 상관계수 .20이 100번
중 1번 이하로 나타난다면, 상관관계는 유의수준 .01에서 유의하다
고 한다.

　단일 연구를 통해 앞에 설명한 것처럼 (상관계수 .20이 나타내는)
관측된 관계가 우연에 의해 발생할 확률을 일 수 있다. 그러나 연구
가 단일 연구로 제한적일 경우 관측된 상관관계의 유의성에 대해
실수하기가 싶다. 구체적으로, 실제 관측된 상관관계가 '유의'할
때 '유의하지 않은' 것으로 결론짓는 것은 특이한 실수가 아니다.
즉, 두 변인 간에 실제 관계가 존재함에도 불구하고 관계가 없는 것
으로 잘못 결론짓는 경우가 흔하다는 것이다. 이는 상관관계의 통
계적 유의성이 상관관계의 크기(여기서는 .20)와 상관계수 계산에
사용된 표본의 크기(여기서는 20개의 학교)에 의해 결정되기 때문이
다. 실제 상관관계가 작을수록 유의하다는 결론을 내기 위해서는
표본의 크기는 커야만 한다.

설명을 위해 〈표 TN-2〉를 참조하기로 한다. 〈표 TN-2〉는 20개의 표본 학교에서 계산된 상관계수 .20에 대한 흥미로운 관점을 제시한다. 다음에서 보듯이 .20의 상관계수는 유의수준 .05에서 유의하기 위해 표본크기가 72개 필요하다. 다른 말로 하면 우리의 관측된 상관계수 .20은 비록 두 변인 간 실제 관계를 나타내지만, 유의

〈표 TN-2〉 유의수준 .05에서 유의성을 위해 필요한 표본의 크기(단측검증)	
상관계수	필요 표본 크기
.16	102
.17	92
.18	82
.20	72
.21	62
.23	52
.24	47
.26	42
.27	37
.30	32
.32	27
.36	22
.37	21
.38	19
.40	18
.41	17
.43	16
.44	15
.46	14
.48	13
.50	12

주: 숫자는 반올림되었다. 정확한 숫자는 Dawnie & Heath(1965), p. 306을 참조하라.

수준 .05에서 자동적으로 유의하지 않는 것으로 여겨질 것이다. 그리고 연구자는 교장 리더십과 학생성취도 사이에 관계가 없다고 결론 내릴 것이다(즉, 진상관계수가 .00이라고 결론지을 것이다). 그러나 이것은 표본이 20 학교로 구성되었다는 사실에 기인한 오류다. 만약 72개 학교가 이용되고 관측된 상관계수가 .20으로 계산되었다면 통계적으로 유의하다고 여겨졌을 것이다.

이런 종류의 잘못된 결론('타입 2 에러'라고 불림)은 교육리더십 연구에 너무 흔하다. 이는 교장 리더십과 학생성취도 간의 상관관계가 상대적으로 낮고 관련 연구들이 작은 표본을 사용하기 때문이다.

메타분석은 그 특성에 의해 이와 같은 상황의 문제를 다소나마 해결한다. 메타분석은 다른 연구에서 얻어진 상관계수들을 결합하고, 결합된 표본크기에 입각해 결합상관계수의 유의성을 검사할 수 있게 한다. 예를 들어, 한 연구자가 교장의 리더십과 학생성취도의 관계를 연구한 세 연구를 발견했다고 하자. 그리고 이들 연구에서 〈표 TN-3〉과 같은 표본크기와 관측된 상관계수를 계산했다고 하자.

〈표 TN-2〉와 대조해 보면 필요 표본크기를 충족하지 못하여 어느 상관계수도 유의수준 .05에서 유의하지 않다. 구체적으로 상관

〈표 TN-3〉 3개의 가상적 연구에서 얻어진 상관계수와 표본크기		
연 구	관측된 상관계수	표본크기
1	.24	23
2	.32	20
3	.18	36

계수 .24의 값은 유의하다고 여겨지기 위해 47개의 표본이, 상관계수 .32는 27개의 표본이, 상관계수 .18은 82개의 표본이 요구된다. 그러나 우리가 메타분석기법을 통해 앞의 상관계수들과 각각의 표본크기를 결합하면 가중평균 상관계수는 .23이고, 유의수준 .05에서 유의함을 알 수 있다.

　여기에 메타분석의 파워가 있다. 그것은 한 번에 행해진 단일연구가 아니라 제각각 행해진 다른 연구들이 표본에 기초하여 관계들에 대해 통계적 결론을 이끌 수 있다는 것이다. 또 실질적 측면에서 독립된 연구에서는 발견되지 못했을 의미 있는 결과들을 발견할 수 있게 한다. 이 기술노트에 있는 메타분석에 대한 논의는 아주 간결하게 되어 있으므로, 보다 자세하고 정확한 논의를 위해서 Lipsey와 Wilson(2001), Hedges와 Olkin(1985), Glass와 McGaw, Smith(1981)를 참조하라.

4. 기술노트 4: 메타분석에서 상관계수를 구하기 위해 사용된 방법들

　우리의 메타분석의 기본 목적은 리더십(일반 수준의 리더십과 구체적 수준의 리더십 두 측면의 리더십)과 학생의 학업성취도 간의 관계성을 검사하는 것이었는데, 상관계수를 관계성의 지표로 사용하였다. 좀 더 구체적으로 말하면 (피어슨의) 곱모멘트 상관계수(product-moment correlation)가 리더십과 학업성취도와의 선형관계를 계량화하기 위해 사용되었다. 이 상관계수의 식은 다음과 같다.

$$r_{xy} = \frac{\sum Z_x Z_y}{N-1}$$

여기서

r_{xy}는 변인 x와 변인 y의 상관계수,

Z_x는 변인 x의 원래 값에 대응하는 Z점수 또는 정규화 값,

Z_y는 변인 y의 원래 값에 대응하는 Z점수 또는 정규화 값,

N은 집합에서 값들의 쌍의 개수다(앞의 식은 모집단 상관계수를 추정한다. 상관계수가 하나의 데이터 집합의 기술통계치로 사용할 때는 분모 대신 N−1이 사용된다).

이를 말로 표현하자면, 곱모멘트 상관계수는 원래 값들에 대응하는 Z점수의 곱의 가중평균이다[상세한 설명이 필요하면 Magnusson (1966)을 참조하라].

기술노트 1에서 설명된 것처럼 상관계수의 용도 중 하나는 어떤 변인의 값에 기초해서 다른 변인의 값을 예측하는 것이다. 이런 예측을 위한 방정식은 다음과 같다.

$$Z_y = r_{xy} Z_x$$

이 방정식은 y변인에 대한 예측 Z점수(또는 정규화 y값)는 x에 대한 Z점수(또는 정규화 x값)에 두 변인 간 상관관계를 곱한 것과 일치한다고 말한다. Magnusson(1966)은 다음과 같이 설명한다.

x에 대한 관측된 정규화 값(Z_x)과 각각 분포에서 x와 y값의 관계에

대한 상관계수를 알 때, y에 대한 최선의 가능한 예측은 Z_x에 상관계수를 곱함으로써 얻을 수 있다(p. 39).

우리의 메타분석을 위해 연구된 많은 리포트에서는 곱모멘트 상관계수가 보고되어 있었다. 그렇지 않은 경우 가능한 데이터들로부터 이들을 계산했어야만 했다. 4개의 상황에 대해 상관계수가 계산되었다.

1) 경로분석 연구

경로분석 연구는 변인들의 집합에서 관계의 패턴을 수량화하려 한다. [그림 TN-1]은 경로 도표를 그림으로 나타낸 것이다. 도표에서 대문자들은 상호 연관된 변인들을 나타낸다. A는 학생들의 학업성취도, L은 교장의 리더십, Z는 교장의 교수법에 대한 지식, Y는 교장의 활력(에너지) 수준, X는 교장의 변화 창조 열망, W는 변화를 창조했던 과거의 경험이라고 하자. 소문자 a, b, c, d, e, f, g, h는 -1.00에서 +1.00의 값을 지닌 경로계수를 나타낸다(Loehlin, 1992). 예를 들어, 앞의 경로계수들이 다음의 값을 지닌다고 가정하자.

- a = .25
- b = .31
- c = .41
- d = .21

- e = .13
- f = .41
- g = .31
- h = .12

　여기서 경로계수들은 표준화된 편회귀계수와 유사하다(Loehlin, 1992, p. 13). 이 값들은 화살 꼬리에 있는 변인의 변화가 어느 정도 화살 머리에 있는 변인의 변화에 영향을 미치는지 알려 준다. 이 값들은 '표준화' 회귀계수들이기 때문에 변인들의 변화가 Z점수 형

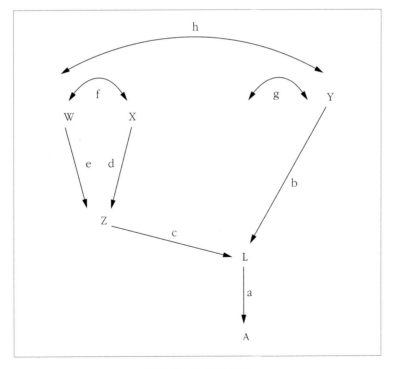

[그림 TN-1] 경로 도표

식으로 표현된다.

좀 더 설명하면 .25의 경로계수 a는 L의 1 표준편차 변화가 A의 .25 표준편차 변화를 가져온다는 것을 나타낸다. 이것들은 '편(또는 부분)' 회귀계수이기 때문에 다른 변인들은 고정되어 있다고 가정한 상태에서 한 변인이 다른 변인에 미치는 영향을 나타낸다.

경로계수들이 상관관계에서 유도되기 때문에 상관계수를 재구성할 수 있다. 간단히 말하면, 두 변인 간의 상관관계는 두 변인 간의 직접 경로와 간접 경로의 합이다. 직접경로는 단 하나의 화살만 수반하며, 간접경로는 다수의 화살을 가진다. 상관계수를 재구성할 때는 세 개의 규칙을 따라야 한다(Loehlin, 1992; Wright, 1960).

- 혼합 경로에서 같은 변인을 두 번 지나서는 안 된다.
- 경로는 전진했다가 후퇴할 수 없다.
- 주어진 경로에서 한 방향 화살을 최대한 사용할 수 있다.

예를 들어, 변인 W와 Z 간의 상관계수는 W와 Z의 직접 경로와 W에서 X를 거쳐 Z에 이르는 간접 경로의 조합이다. 혼합 경로의 강도를 계산하기 위해서는 관계된 경로계수를 곱하면 된다. 직접 경로의 강도는 경로계수 그 자체다. 따라서 W와 Z 간의 상관계수는 다음의 식을 이용하여 구할 수 있다.

$$r_{WZ} = e + fd$$

앞에 주어진 값들을 이용하면, 계산은 다음과 같다.

$$r_{WZ} = .13 + (.41)(.21)$$
$$= .22$$

2) 요인분석 연구

요인분석 연구의 목적은 변인들 집합에 내재한 또는 잠재된 특성을 밝히는 것이다. 경로분석 연구와 마찬가지로, 요인분석 연구도 상관관계를 이용한다(Fruchter, 1954; Mulaik, 1972를 보라). 요인분석에 사용되는 기본 수식은 다음과 같다.

$$r_{jk} = a_{j1}a_{k1} + a_{j2}a_{k2} + a_{j3}a_{k3} + \cdots + a_{jm}a_{km}$$

여기서

r_{jk}는 변인 j와 변인 k 사의의 상관계수,

a_{j1}은 변인 j의 요인 1에 대한 하중,

a_{k1}은 변인 k의 요인 1에 대한 하중,

a_{j2}은 변인 j의 요인 2에 대한 하중,

a_{k2}은 변인 k의 요인 2에 대한 하중,

a_{j3}은 변인 j의 요인 3에 대한 하중,

a_{k3}은 변인 k의 요인 3에 대한 하중,

a_{jm}은 변인 j의 요인 m에 대한 하중,

a_{km}은 변인 k의 요인 m에 대한 하중이다.

요인분석의 주요 결과는 집합 내 변인들의 요인 하중을 나타내는 행렬이다. 이것이 〈표 TN-4〉에 나타나 있다.

<표 TN-4> 요인 하중 행렬

변 인	요인 1	요인 2	요인 3
J	.42	.23	.02
K	.61	.27	.04
L	.32	.02	.42
M	.41	.01	.36

기본 수식이 주어지면 어떤 두 변인 간의 상관관계도 요인 하중 행렬을 이용하여 재구성할 수 있다. 예를 들어 설명하면 변인 J와 변인 K의 상관계수는 다음과 같이 계산될 수 있다.

$$r_{jk} = a_{j1}a_{k1} + a_{j2}a_{k2} + a_{j3}a_{k3}$$
$$= (.42)(.61)+(.23)(.27)+(.02)(.04)$$
$$= .32$$

3) 고성취도 학교와 저성취도 학교 연구

어떤 연구들은 두 개의 연속인 측정단위—리더십 측정단위와 학업성취 측정단위—를 사용하지 않았다. 단지 고성취도 학교와 저성취도 학교만으로 구분하는 설계를 하였다. 그리고 교장의 리더십도 고성취도 학교와 저성취도 학교로만 구분하여 측정하였다. 이러한 연구설계에서의 자료를 곱모멘트 상관계수 추정치로 전환하기 위해 수많은 기교들이 동원되었다. 모든 상황에서 첫 단계는 <표 TN-5>처럼 자료를 2행 2열 컨틴전시 도표로 전환하는 것이다.

〈표 TN-5〉 컨틴전시 도표				
		성취도		
		높음	낮음	
리더십	높음	A	B	(a + b)
	낮음	C	D	(c + d)
		(a + c)	(b + d)	

컨틴전시 도표를 만들기 위해 다음의 과정이 이용되었다.

- 성취도 변인에 따른 고성취도 집단과 저성취도 집단의 학교 수를 확인한다.
- 성취도 변인에 따른 고성취도 집단과 저성취도 집단 사이의 리더십 변인의 평균값의 차이와 집단별 표준편차를 계산한다.
- 리더십 변인의 총평균을 구한 후, 이를 리더십 변인의 높고 낮음을 구분하는 임계점으로 정한다.
- 성취도 변인의 고성취도 집단과 저성취도 집단별로 리더십 변인의 임계점의 위와 아래에 있는 교장의 비율을 계산한다.
- 계산된 비율을 빈도로 전환한다.

이해를 위해 다음의 상황을 고려해 보자. 한 연구에서 성취도 검사에서 평균 이상의 학교를 고성취도 학교라 정의하고 평균 이하를 저성취도 학교라고 정의하여 20개 학교를 고성취도, 20개 학교를 저성취도 학교로 분류했다고 하자. 고성취도 학교와 저성취도 학교의 학교장에 대해 리더십 행위의 관점에서 평교사들이 점수를 매긴다. 고성취도 학교에 속한 교장 20명에 대한 리더십 요인 평균은 65, 저성취도 학교의 교장 20명에 대한 리더십 요인 평균은 55다. 교장 전체 총평균은 60이다. 논의를 위해 두 분포의 결합 분산은 100이고 표준편차는 10이라고 가정하자.

요약하면 리더십 변인에 대한 총평균은 60, 고성취도 집단 교장은 평균 65, 저성취도 집단 교장은 평균 55를 가진다. 총평균 60을 임계치로 하고 표준편차 10을 이용하여 고성취도 집단 중에 리더십 분야에서도 높게 평가된 교장의 비율과 낮게 평가된 교장의 비율을 계산할 수 있다. 똑같은 논리로 저성취도 집단의 교장 리더십에 대해서도 계산할 수 있다.

리더십이 낮게 평가된 교장들을 이용해 보면 임계치 또는 리더십 변인 총평균 60은 이들 집단의 평균 55보다 .50 표준편차 높다. 표준정규분포표를 찾아보면, 표준정규분포표의 .3085는 Z점수 .5이상이고, .6915는 Z점수 .5 이하다. 이 비율을 20명의 교장에 적용하면, 6.17명은 리더십 변인에서 높은 집단에 속하고(즉, .3085*20), 13.83은(즉, .6915*20) 낮은 집단에 속한다. 같은 논리를 리더십이 높게 평가된 집단에 적용하여, 〈표 TN-6〉과 같은 2행 2열 컨틴전시 도표의 빈도를 구하였다.

적당한 때에 리더십 변인에 대한 평균의 차이에 조정 또는 수정

〈표 TN-6〉 추정된 빈도를 바탕으로 한 컨틴전시 도표			
		성취도	
		높음	낮음	
리더십	높음	14(a)	6(b)	(a + b)20
	낮음	6(c)	14(d)	(c + d)20
		(a + c)20	(b + d)20	

을 하였다. 이러한 경우는 성취도 변인에서 고성취도 집단과 저성
취도 집단이 극단적으로 나뉠 경우에 발생했다. 특히 성취도 변인
에서 총평균을 기준으로 이분되는 앞의 분포에서, 성취도 변인에
서 고성취도에 속하면서 동시에 리더십이 높게 나타난 높은 교장
의 비율과 리더십 변인에서 낮게 나타난 교장의 비율을 계산하는
데 이러한 기교가 이용되었다. 저성취도 집단도 마찬가지다.

　그러나 어떤 연구에서는 고성취도 학교와 저성취도 학교를 성취
도 분포의 상위 절반, 하위 절반으로 정의하지 않았다. 다만 성취도
점수가 총평균보다 1 표준편차 이상이면 고성취도 집단으로, 그 이
하를 저성취도 집단으로 정의했다. 이런 경우 리더십 변인에 관한
두 집단 간의 차이가 그렇게 크진 않을 것이다. 컨틴전시 도표를 구
성하는 이상의 프로세스를 거치면, 성취도 변인에서 높은 집단에
속하면서 동시에 리더십 변인에서도 높은 집단에 속하는 교장의 비
율이 과대 측정되고, 성취도 변인에서는 높은 집단에 속하면서 리
더십 변인에서도 낮은 집단에 속하는 교장의 비율이 과소 측정될
것이다. 같은 논리가 성취도 변인에서 낮은 집단에 속한 교장들에
게도 적용될 것이다. 이는 리더십과 성취도 간의 관계성의 강도를
과대 측정하는 결과로 이어진다(다음에 설명되는 phi의 논의를 보라).

　이런 상황을 시정하기 위해 성취도 변인이 총평균에서 이분된
분포에서 추출됐다는 가정 아래 리더십 변인에서 높은 집단과 낮
은 집단 간 성과의 차이를 계산해 보라. 이는 리더십 변인의 집단
간 관측된 차이를 조정함으로써 가능하다.

　〈표 TN 4-6〉의 빈도가 극단을 대표하는 학교집단에서 추출되
었다고 가정하자. 특히 고성취도 집단은 평균 성취도 점수가 총평

균보다 적어도 1 표준편차 이상 높은 집단을 대표하고, 저성취도 집단은 평균 성취도 점수가 총평균보다 적어도 1 표준편차 이상 낮은 집단을 대표한다고 가정하자. 또 고성취도 집단의 평균 성취도 점수가 성취도 변인의 총평균보다 1.25 표준편차 높고, 저성취도 집단의 평균 성취도 점수가 성취도 변인의 총평균보다 1.25 표준편차 낮다고 가정하자(평균보다 1 표준편차 높고 낮은 것은 그 집단들의 평균이 아니고 끝점임을 명심해야 한다). 다음으로 총평균에서 이분된 분포에서 상위 절반과 하위 절반에 속한 학교들의 평균 성취도를 Z점수로 측정하라. 총평균에서 이분된 분포에서 상위 절반에 속한 학교들의 평균 Z 추정치는 상위 절반 분포의 중심이 되는 점일 것이다. 표준정규분포표에서 이 점은 대략 Z = +.675다. 마찬가지로 하위 절반 분포의 중심은 Z = −.675다. 따라서 고성취도, 저성취도 집단은 분포의 상위, 하위 절반에서 추출되었다는 가정 하에서 리더십 변인의 평균의 차이를 추정할 조정인자는 (총평균보다 1 표준편차 위, 아래가 아니라) 1.35/2.50 = .54가 될 것이다.

이 조정인자는 단순히 성취도 변인의 총평균에서 이분된 리더십 변인에서 높은 집단과 낮은 집단의 평균 간의 표준화 차이와 (성취도 변인의 총평균에서 1 표준편차 위, 아래에서 이분화된) 고성취도 집단과 저성취도 집단에서 관찰된 평균의 표준화된 차이의 비율이다. 달리 말하면, 총평균에서 이분된 고성취 집단과 저성취 집단의 이론적 평균은 1.35 표준편차 떨어져 있다(즉, 저성취 집단의 이론적 평균은 총평균에서 −.675, 고성취 집단의 이론적 평균은 총평균에서 +.675 떨어져 있어 표준화된 차이는 1.35). 반면 고성취도와 저성취도로 관찰된 집단들은 2.50 표준편차 떨어져 있다(즉, 저성취도 집단의 평균은 총평균 −1.25 표준편차, 고성취도 집단의 평균은 총평균 +1.25 표준편차).

실제로 조정계수 .54와 고성취도, 저성취도 집단과 리더십 변인의 총평균의 차이의 곱은 집단들이 성취도 인자의 총평균에서 이분된 분포에서 추출되었을 경우의 표준화 차이에 대한 추정치를 나타낸다. 〈표 TN-6〉에 나타난 숫자들을 이용하여, 저성취도 집단에서 리더십 변인의 총평균과 집단의 평균 간 표준화된 차이는 .50이었음을 상기하자. 여기에 .54로 조정하면 .27이다. 그러면 우리는 이제 컨틴전시 도표의 추정된 빈도를 다시 계산할 수 있다. 표준정규분포표를 이용하여(원래 계산의 .3095와 .6915와 달리) Z점수 .27 이상은 분포의 .3894를, Z점수 .27 이하는 분포의 .6064를 차지함을 알 수 있다. 이 조정된 값들로 조정된 컨틴전시 도표를 구성할 수 있다(〈표 TN-7〉을 보라).

컨틴전시 도표의 (조정되거나 되지 않거나) 빈도를 통해 수많은 종류의 곱모멘트 상관계수가 계산될 수 있다. 우리의 메타분석에서는 네 종류의 상관계수가 계산되었다.

Phi(파이). Phi는 두 변인이 모두 이분될 때 사용된다. phi를 계산하는 공식(Lipsey & Wilson, 2001, p. 194)은 다음과 같다.

〈표 TN-7〉 조성된 컨틴전시 도표				
		성취도		
		높음	낮음	
리더십	높음	12(a)	8(b)	(a + b)20
	낮음	8(c)	12(d)	(c + d)20
		(a + c)20	(b + d)20	

$$phi = \frac{ad - bc}{((a+c)(b+d)(a+b)(c+d))^{\wedge}.5}$$

여기서 $^{\wedge}.5$는 루트를 그리고 a, b, c, d는 컨틴전시 도표의 셀을 나타낸다. 이 식과 함께 〈표 TN-6〉의 컨틴전시 도표를 사용하면 다음과 같다.

$$phi = \frac{(14 \cdot 14) - (6 \cdot 6)}{(20 \cdot 20 \cdot 20 \cdot 20)^{\wedge}.5} = .40$$

phi의 공식으로부터 성취도 변인에서 고성취도 집단의 교장들이 모두 리더십 변인에서 높은 집단에 들어가고 저성취도 집단의 교장들이 모두 리더십 변인에서 낮은 집단에 들어가면 이 값이 +1.00임을 알 수 있다. 만약 〈표 TN-7〉의 컨틴전시 도표를 이용해 phi를 계산하면 다음과 같다.

$$phi = \frac{(12 \cdot 12) - (8 \cdot 8)}{(20 \cdot 20 \cdot 20 \cdot 20)^{\wedge}.5} = .27$$

앞서 논의된 것처럼 성취도 변인이 높은 집단과 낮은 집단이 극단을 대표할 때는 조정인자가 중요하다. 그렇지 않으면 phi는 리더십과 성취도 간의 관계를 과대평가할 것이다.

Point Biserial(점이계열). 점이계열 상관계수는 한 변인이 자연 이분이고 다른 변인이 연속일 때 사용된다. 현재 문맥에서 이분 변인은 리더십 변인의 값이 높은 교장과 낮은 교장들이고, 연속변인은 학생성취도다. 점이계열 상관계수의 공식(Magnusson, 1966, p. 200)

은 다음과 같다.

$$point\ biserial\ corrlation = (\frac{M_p - M_q}{sd})(pq^\wedge.5)$$

여기서

M_p는 높은 리더십 집단의 평균 성취도 값,

M_q는 낮은 리더십 집단의 평균 성취도 값,

sd는 성취도 검사의 표준편차,

p는 높은 리더십 집단에 속한 교장의 비율,

q는 낮은 리더십 집단에 속한 교장의 비율이다.

　설명하자면 고성취도 집단과 저성취도 집단이 전체 성취도 분포의 상위, 하위 절반에서 각각 추출되었다고 가정하자(즉, 성취도의 분포가 총평균에서 이분되었다). 고성취도 집단은 평균 성취도 점수가 평균으로부터 .675 표준편차 높고, 지성취도 집단은 평균 성취도 점수가 평균으로부터 .675 표준편차 낮다고 가정하자. 컨틴전시 도표가 〈표 TN-8〉처럼 계산되었다고 하자.

　〈표 TN-8〉에서 p, q는 각각 .5다. 컨틴전시 도표의 리더십 변인

〈표 TN-8〉 접이계열로 계산된 컨틴전시 도표

		성취도		
		높음	낮음	
리더십	높음	14(a)	6(b)	(a + b)20
	낮음	6(c)	14(d)	(c + d)20
		(a + c)20	(b + d)20	

에서 높은 집단과 낮은 집단의 비율이 나누어진 것처럼, 고성취도 집단과 저성취도 집단에 속하는 교장의 숫자가 동일하고 표준편차가 동일하면 p, q는 항상 .5다. 즉, 절반의 교장은 고성취도 집단에, 절반의 교장은 저성취도 집단으로 분류될 것이다. M_p, M_q도 컨틴전시 도표에서 구할 수 있다. 〈표 TN-8〉을 보면, 고성취도 집단의 14명은 리더십 변인에서 높게 나타나고, 저성취도 집단에서는 6명이 리더십 변인에서 높게 나타난다. 바꿔 말하면 리더십이 높은 집단에 속하는 20명 중 14명은 성취도 Z점수가 +.675이고, 6명은 -.675로 평균 Z점수는 .27이다(14*.675+6*(-.675) = .27). 그래서 M_p는 Z점수 형식으로 .27이다. 동일한 논리로 M_q는 -.27이다. Z점수 형식으로 계산하면 표준편차가 1이므로 $(M_p-M_q)/sd$ = .54다. p, q가 각각 .5이므로, pq의 제곱근은 .5다. 결과적으로 점이계열 상관계수는 (.54*.5) = .27이다.

Biserial Correlation(이계열 상관계수). 이계열 상관계수는 두 변인이 모두 연속이지만 하나가 이분일 때 사용된다. 이계열 상관계수는 다음의 공식을 이용하여 점이계열 상관계수에서 바로 계산된다(Magnusson, 1966, p. 205).

$$biserial correlation = r_{pb}(\frac{pq^{\wedge}.5}{h})$$

여기서

r_{pb}는 점이계열 상관계수,

p, q는 앞의 정의와 같고,

h는 p와 q를 정의하는 표준정규분포상의 점의 높이이다.

〈표 TN-8〉의 데이터를 이용하고, p, q는 .5라는 가정을 유지하자. 표준정규분포에서 p, q를 구분하는 점은 Z=.00이다. 이 점에서의 높이는 .3989이므로 $(pq \cdot .5)/h$ = 1.25. 따라서 이계열 상관계수는 1.25*.27 = .34다.

Tetrachoric Correlation(4단 상관계수). 4단 상관계수는 두 변인이 연속이고 이분되어 있을 때 사용된다. 4단 상관계수를 계산하는 방법은 무한급수를 포함하여 상당히 복잡하다(Cohen & Cohen, 1975; Downie & Heath, 1965). 그래서 근사값들이 보편적으로 사용된다. 그중 하나는 다음과 같이 계산된다.

$$\frac{ad}{bc}$$

여기서

a, b, c, d는 컨틴전시 도표의 칸들을 나타낸다.

4단 상관계수를 계산하기 위해 컨틴전시 도표를 보자. 〈표 TN-7〉을 보면 ad/bc = (12*12)/(8*8) = 2.25. Downie와 Heath(1965)의 도표에 따르면 이 숫자는 4단 상관계수 .31에 해당된다.

다양한 상관계수를 조화시키기. 이상의 다양한 예에서 알 수 있듯이 상관계수를 구하는 다양한 접근법들이 서로 다른 곱모멘트 상관계수를 산출한다. 따라서 모든 경우의 연구에 사용된 데이터를 가장 잘 반영하는 것이 어떤 접근법인지에 대해 판단을 했다.

4) 고, 중, 저성취도 학교를 이용한 연구

어떤 연구들에서는 고, 중, 저 세 집단의 학교들로 구분한다. 세 집단이 관계된 상황에서 상관계수를 구하는 방법은 선형추세를 계산하는 것이다. 전통적인 ANOVA(analysis of variance, 분산분석) 접근법에서 선형추세의 F비율은 다음과 같다.

$$F = SS선형추세 / MS오차$$

여기서

SS선형추세는 평균들 간 선형추세 제곱합이고, MS오차는 평균제곱오차(mean square error)다.

제곱합에 단지 1도의 자유도가 관계되므로 선형추세 제곱의 합은 선형추세의 평균제곱(mean square)과 동일하다. SS선형추세를 계산하기 위해서는 분석에 사용된 집단의 평균에 적용되는 계수의 집합을 사용해야 한다. 세 집단인 경우 계수들은 –1, 0, +1이다. SS선형추세 공식은 다음과 같다.

$$SS선형추세 = C^2선형 / summation(c^2/n)$$

여기서

C^2선형은 계수에 각 집단의 평균을 곱하여 합한 것의 제곱이고, summation(c^2/n)은 계수의 제곱을 집단의 개체수로 나누어 합한 값이다.

예를 들어, 10명으로 이루어진 세 개의 집단이 각각 55, 50, 65의 평균을 갖는다고 하자. 그러면 C^2선형의 값은

$$C^2선형 = [55(-1) + 60(0) + 65(+1)]^2$$
$$= (-55 + 65)^2 = 100이 된다.$$

그리고 summation(c^2/n)의 계산은

$$summation(c^2/n) = [(-1)^2/10) + (0^2/10) + (1^2/10)]$$
$$= (.1 + 0 + .1) = .2가 된다.$$

그래서,

SS선형추세 = $C^2선형/summation(c^2/n)$ = 100/.2 = 500이 된다.

계산된 SS선형추세를 이용하여 선형추세에 의해 설명되는 변동 비율을 구할 수 있다. 이 비율은 다음과 같이 된다.

SS선형추세/SS총합

여기서 SS총합은 전통적인 ANOVA 의미에서 정의된 모든 대상의 제곱의 합이다. 원시 데이터가 있으면, ANOVA공식을 이용하여 SS총합을 구할 수 있다(Winer, Brown, & Michels, 1991, p. 81).

SS선형추세/SS총합 비율은 제곱상관비율(correlation ratio squared) 또는 제곱eta로 불리며, 평균의 선형추세에 기인한 총변동 비율을 나타낸다. 평균 간의 선형추세를 검증할 때 상관계수의 제곱근 또

는 eta는 곱모멘트 상관계수와 유사하다. 앞의 예를 이용해 설명하기 위해 제곱의 총합은 2000이라고 가정하자.

$$eta^2 = 500/2000 = .25$$

따라서,

eta = .50이다.

이 경우 eta는 독립변인 1.00 Z점수 증가에 따른 종속변인 Z점수의 증가로 해석할 수 있다.

선형추세를 계산하는 다른 방법은 다음과 같은 공식의 삼계열 상관계수(triserial correlation)를 계산하는 것이다(Downie & Heath, 1965).

$$삼계열\ 상관계수 = \frac{Y_h M_h + (Y_c - Y_h)M_c - Y_c M_l}{sd[(Y_h^2/P_h) + ((Y_c - Y_h)^2/P_h) + (Y_c^2/P_l)]}$$

여기서,

　　M_h는 고(high) 집단 대상들의 평균 성취도 점수,

　　M_c는 중앙(center) 집단 대상들의 평균 성취도 점수,

　　M_l는 저(low) 집단 대상들의 평균 성취도 점수,

　　sd는 통합표준편차,

　　P_h는 고(high) 집단에 속하는 대상의 비율,

　　P_c는 중앙(center) 집단에 속하는 대상의 비율,

　　P_l는 저(low) 집단에 속하는 대상의 비율,

　　Y_h는 분포에서 P_h를 정의하는 점의 표준정규분포상의 높이,

　　Y_c는 분포에서 P_c를 정의하는 점의 표준정규분포상의 높이,

Y_l는 분포에서 P_l를 정의하는 점의 표준정규분포상의 높이다.

예를 들어, 어떤 연구가 고(high)성취집단, 저(low)성취집단, 그리고 중앙(center)성취집단의 세 집단의 학교로 나눈다고 하자. 평균 M_h, M_c, M_l는 각각 55, 60, 65다. 통합표준편차는 10. 각 집단에 10개의 학교가 있다. 따라서 P_h, P_c, P_l는 모두 .33이다. 분포의 작은 쪽 끝 .33에 해당하는 표준정규분포상 높이는 .36이다. 따라서 Y_h, Y_c, Y_l은 모두 .3621이다. 이들 수치들을 가지고 삼계열 상관계수를 계산하면 다음과 같다.

삼계열 상관계수

$$= \frac{(.3621)(65)+(.3621-.3621)(60)-(.3621)(55)}{10[(.3621^2/.33)+((.3621-.361)^2/.33)+(.3621^2/.33)]}$$

$$= .46$$

5. 기술노트 5: 학생과 학교에 BESD 응용

제1장의 〈표 1-1〉의 BESD는 Marzano(2000b, 2003)에서 보고된 학교효과성과 학생 학업성취도의 상관관계에 기초한다. 〈표 1-1〉은 효과적인 학교와 비효과적인 학교의 개별 학생들의 합격률을 나타내고 있는데, 효과적인 학교는 효과성 분포에서 상위 절반, 비효과적인 학교는 하위 절반의 학교로 정의된다. 분석의 단위는 개별 학생이다. 반면 〈표 3-2〉는 학교장의 리더십과 학생들의 평균 성취도 간의 상관관계에 기초한다. 분석의 단위는 학교다. 그

래서 보고된 숫자들은 학생들의 평균 성취도가 일정 점수 이상인 학교의 비율이다.

6. 기술노트 6: 메타분석의 독창성

우리의 메타분석은 다른 유사 연구와 다른 독특한 기교를 동원했다. 독자들은 이 기술노트에서 사용한 효과크기라는 용어와 상관관계가 상호 교환가능하게 사용되었음을 명심하라. 기술노트 7에서 설명한 것과 같이, 동질적인 항목들의 집합을 이용해 연구 내(within) 또는 연구 간(between) 평균 효과크기를 계산했다. Lipsey와 Wilson (2001)은 동질적인 데이터 집합 이용의 중요성을 다음과 같이 설명한다.

> 중요한 질문은 평균값으로 평균되는 다양한 효과크기가 똑같은 모집단 효과크기를 측정하는가다. 이것은 효과크기 분포의 동질성에 관한 질문이다. 동질 분포에서 평균 주변으로의 산포는 표본오차만으로 예상되는 것보다 크지 않다. 바꿔 말하면 동질적 분포에서 개별 효과크기는 모평균으로부터 표준오차만큼 다르다(p. 115).

달리 말하면 Lipsey와 Wilson은 동질적이지 않은 상관계수의 집합은 아마 집합의 다른 멤버와 상이한 구성요인을 측정하는 효과크기를 훨씬 더 많이 포함할 것이라는 점에 주의를 요구했다. 기술노트 7에서처럼 우리의 메타분석은 다음 네 가지 상황의 동질적 집합을 이용해 평균 효과크기를 계산했다. 네 가지의 상황은 ① 연구 내의 21개 책임(the 21 responsibilities)에 대한 효과크기를 계산할 때, ② 여러 연구에 걸쳐 21개 책임에 대해 평균 효과크기를 계산할 때, ③ 연구 내의 일반적 리더십 행위의 효과크기를 계산할 때, ④ 여러 연구에 걸쳐 일반적인 리더십 행위들의 평균 효과크기를 계산할 때다. 간단히 복습하자면, 연구 내의 21개 책임에 대한 효과크기를 측정할 때(상황 1) 우리는 동질적인 집합을 만들기 위해 집합에서 개념적인 극단치(outlier)를 먼저 배제하고, 그 다음 Q 통계량과 그리기 기법을 이용해 통계적인 극단치를 배제했다. 그리고 여러 연구를 통해 21개 책임에 대한 평균 효과크기를 계산할 때(상황 2) 동질적인 집합을 만들기 위해 Q 통계량과 그리기 기법을 이용해 통계적인 극단치를 제거했다. 상황 3과 상황 4도 이와 같은 두 가지 과정을 거치게 했다.

단일 연구 내에서 어떻게 일반적인 리더십의 평균 효과크기를 계산하는지를 고려해 보면, 세 시점에서 특이점들을 배제했음이 명확해진다. ① 개념적인 특이점들은 전체 집합에서 배제되었고, ② 통계적인 특이점들은 21개의 책임들에 대한 평균 효과크기를 계산할 때 배제되었으며, ③ 통계적인 특이점들은 일반적인 리더십 행위의 효과크기를 계산하기 위해 특정 연구의 효과크기들을 결합할 때 배제되었다. 이러한 과정들이 다른 연구 노력들과는 다른 일반적인 리더십 행위에 관한 결과물들의 생산을 가능하게 했다. 설명하자면 일반적인 리더십 행위와 학생성취도 간의 전체 상관계수가 .02라고 보고한 Witziers와 Bosker, Kruger(2003)의 연구를 보자. 물론 이 값은 우리가 계산한 상관계수 .25보다 아주 낮다.

제3장에서 설명한 것처럼 Witziers 등의 연구는 미국 밖에서 행해진 연구의 영향을 많이 받았다. 미국의 경우 Witziers와 동료들은 일반적인 리더십 행위와 학생성취도 간에 .11의 상관관계를 보고했다. 이 역시 우리의 평균 .25보다 상당히 작은 값이다.

Witziers의 연구에 포함된 한 연구에 대해 어떻게 접근했는지 비교해 보는 것이 이들 차이를 설명하는 데 유용할 것이다. Witziers의 메타분석과 우리의 연구에 동시에 사용된 연구 중 하나가 Krug (1992)의 연구다. 이 연구는 12개의 리더십 행위와 3, 6, 8학년 학생들의 독서와 수학 성취도 간의 상관관계를 담고 있다. 우리의 메타분석에서는 세 개 학년은 초등(3학년), 중/고등(6학년과 8학년)으로 구분되었다. 초등학교 수준에서 일반적 리더십 행위의 전반적인 효과크기는 .23, 중/고등학교 수준에서는 .17이었다. 이들 값들을 학년 간 가중 평균으로 결합하면 효과크기는 .19다. 그러나 통합과정에서 어떤 지점에서도 특이점들을 배제하지 않으면, 초등학교 수준의 효과크기는 .19, 중/고등학교 수준의 효과크기는 .013이다. 이들 값들을 학년 간 가중 평균으로 결합하면 효과크기는 .07이다. 그래서 우리의 접근법이 .12 단위 높게 나왔다. 이 연구(Krug, 1992)가 우리의 메타분석과 Witziers 등의 연구와의 차이를 예증한다고 가정하면, 왜 그들이 미국 내 학교들에 대해 일반적인 리더십 행위의 평균 효과크기를 .11로 보고하고 우리는 .25로 보고했는지 이해할 수 있을 것이다.

우리의 연구와 다른 연구들 간의 또 다른 차이는 우리는 희석(attenuation)을 위해 상관관계를 조정한 것이다. 이는 기술노트 8에서 설명한다.

7. 기술노트 7: 연구 내 그리고 연구 간 평균 상관계수 구하기

우리는 다양한 상황에서 일반적인 리더십과 21개 리더십 책임들에 대해 평균 상관계수를 계산했다.

1) 개별적 연구 속에서 일반적 리더십 행위들에 대한 상관관계 계산하기

개별 연구에서 일반적 리더십 행위와 학생들의 학문적 성취도 간의 상관관계는 직접 기록되거나 계산되었다. 이 말은 교장의 일반적 리더십 행위와 학생들의 학업성취도 간의 상관관계가 어느 정도 명시적이었다는 것이다. 일반적 리더십과 학생들의 성취도 간의 상관관계가 보고되지 않은 연구들에 대해서 우리는 다음과 같은 프로토콜을 이용하여 상관관계를 계산하였다.

- 피셔(Fisher)의 Z 변환을 이용하여 연구에서 제시된 21개 책임들에 대해 계산된 상관관계를 변환한다.
- Z 변환된 상관관계의 집합에 대해 가중 평균을 계산하고, 그 집합의 동질성을 검증하기 위한 Q 통계량을 계산한다(Hedges & Olkin, 1985). Lipsey와 Wilson(2001, p. 115)에 기술된 대로 Q 통계량의 일반적 공식은 다음과 같다.

$$Q = \text{Summation } w_i(ES_i - MES)^2$$

여기서

w_i는 효과크기 i에 적용되는 개별 가중치[여기서 가중치는 역
분산(inverse variance)]는 특정 효과크기 (여기서는 피셔의 Z 변
환에 의해 변환된 리더십과 학생성취도 간의 상관계수)는 한 집
합에서 효과크기의 평균이다.

• Q 통계량이 유의하다면—집합이 이질적임을 나타내는 것—
Hedges와 Olkin(1985, pp. 251-253)이 설명하는 그래픽 과정을
이용하여 특이점들을 발견한다. 구체적으로 우리는 95% 신뢰
구간을 가진 효과크기의 그래픽 표현을 위해 종합메타분석
(Comprehensive Meta-analysis, Borenstein & Rothstein, 1999)이라
는 소프트웨어 프로그램을 사용했다. Q 통계량이 유의하지 않
을 때까지 식별된 특이점들을 시각적으로 제거했다. 그런 다
음 동질적 집합을 대상으로 가중 평균 상관계수를 다시 계산
한다.

• Z 변환된 상관계수를 원래 형태대로 환원한다.

2) 연구 간 일반적 리더십 행위들에 대한 평균 상관관계
계산하기

개별 연구들로부터 보고되거나 계산된 일반적 리더십 행위에 대
한 상관관계들을 가지고, Hunter와 Schmidt(1990a)에 설명된 과정
을 적용하여 일반적 리더십 행위에 대한 전반적 효과크기를 계산
했다. 이 접근법은 피셔의 Z 변환을 통해 상관관계를 변환하지 않

는 것을 제외하고는 앞에 설명된 방법과 유사하나, 상관관계에 적
용되는 가중치는 다르다. 앞의 예에서는 역분산이 가중치로 사용
되었다. 연구들 간의 평균 상관관계를 계산할 때 사용되는 또는 가중치
는 다음과 같다.

$$w_i = (N_i - 1)A_i^2$$

여기서

N_i는 상관관계 i를 계산하는 데 사용된 학교의 수이고,

N_i는 상관관계 i의 가공승수 제곱이다.

가공승수(artifact multiplier)는 개별 가공승수들의 곱이다. 여기서
는 독립과 종속변인들의 희석(attenuation)에 대한 상관관계를 나타
내는 두 개의 가공승수가 있다[기술노트 8과 Hunter와 Schmidt(1990a)
를 참조하라].

3) 연구들 내에서 21개 책임에 관한 상관관계 계산하기

각 연구 내에서 어떤 주어진 책임의 효과크기를 계산하기 위해
책임의 구성요소로 여겨지는 특정 리더십 행위에 대한 상관관계들
이 다음의 과정을 거쳐 합쳐졌다.

• 책임의 구성요소로 여겨지는 효과크기의 집합에서 개념적 특
  이점들을 버린다. 개념적 특이점은 연구자들이 하나의 이유
  또는 다른 이유를 특이점으로 인식한 데이터 집합 또는 하나

의 데이터로 정의된다. 예를 들어, 11개의 교장 리더십 행위들과 수학, 국어, 독서 부문의 학생성취도와의 상관관계를 보고한 Krug(1986)의 연구를 고려해 보자. 6학년과 관계된 33개의 상관관계 중 25개가 음(−)이었다. 이 음의 상관관계 집합의 평균은 −.25이고, 가장 극단적인 값은 −.67이었다. 연구자들은 이러한 결과를 특정한 사회경제적 속성을 가진 학생들을 다수 보유한 두 개의 학교에서 발생한 표본추출의 문제에서 비롯된 가공으로 여겼다(Krug, 1986, p. 135).

- 나머지 모든 상관관계를 피셔의 Z 변환을 이용해 변환한다.
- Z 변환된 상관변인들 집합의 평균을 계산하고, 집합의 동질성을 검증하기 위해 Hedges와 Olkin(1985)의 과정을 이용해 Q 통계량을 계산한다.
- Q 통계량이 유의하면―집합 내의 이질성을 나타내는―Hedges와 Olkin(1985, pp. 251-253)에서 설명된 그래픽 과정을 이용해 특이점을 식별한다.
- Z 변환된 상관관계를 원래의 형태로 환원한다.

4) 연구들 간 21개 책임에 관한 평균 상관관계 계산하기

21개 책임의 각각에 대해 Hunter와 Schmidt(1990a)의 방법론을 이용해 연구들 간 평균 효과크기를 계산했다. 이 접근법은 피셔의 Z 변환을 통해 상관관계를 변환하지 않는 것을 제외하고는 앞에 설명된 방법과 유사하나, 상관관계에 적용되는 가중치는 다르다. 앞의 예에서는 역분산이 가중치로 사용되었다. 연구들 간의 평균 상관관계를 계산할 때 사용되는 가중치는 다음과 같다.

$$w_i = (N_i - 1)A_i^2$$

여기서

N_i는 상관관계 i를 계산하는 데 사용된 학교의 수이고.

N_i는 상관관계 i의 가공승수 제곱이다.

마지막으로 연구 내에서 책임들에 대한 상관관계를 계산할 때 제거했기 때문에 개념적 특이점들은 문제가 되지 않는다.

8. 기술노트 8: 희석(attenuation)에 대한 보정

우리의 메타분석이 다른 연구들과 차이 나는 점은 우리의 연구는 독립척도(여기서는 일반적인 또는 특정 리더십 행위)와 종속척도(여기서는 학생성취도)를 신뢰할 수 없는 것에서 발생하는 희석(attenuation) 문제에 대해 상관관계 보정을 한다는 것이다. Hunter와 Schmidt가 이런 가공의 문제에 대한 보정의 논리와 중요성을 자세히 제시했다(1990a, 1990b, 1994). Hunter와 Schmidt(1994)는 10개의 희석(attenuation) 문제를 나열했다—그중 두 개는 독립변인 및 종속변인 측정과 관련된 확률오류다(1994, pp. 325-326). 예를 들어, 일반적 리더십 행위와 학생성취도 간의 모상관계수가 .50이라 가정하자. 어떤 연구가 신뢰도 .81을 가진 일반적 리더십 척도를 가지고 상관관계를 추정하려 한다. 희석이론(attenuation theory)에 따르면, 관찰된 상관관계는 .90의 인자만큼 감소할 것이다. 즉, Hunter와 Schmidt에 열거된 다른 9개의 희석 인자가 없다 하더라도 관측된 상관관계는 .45(= .50*.90)가 될 것이다. 측정 오차에 의한 상관관계의 희석을 바로잡기 위해서 관측된 상관관계를 신뢰도의 제곱근으로 나눈다. 이 경우 관측된 상관계수 .45를 .90으로 나누는 것이다(.45/.90=.50).

만약 이 연구가 측정 오차가 있는 종속변인(이 경우, 학생성취도) 척도를 사용하게 되면 관측된 상관계수는 참인 모상관계수에서 훨씬 더 멀어질 것이다. 다시 종속척도의 신뢰도가 .81이라고 가정해 보자. 관측된 상관계수는 두 개의 희석요인의 함수가 되어 .90 * .90 * .50 = .405가 될 것이다. 다시 독립변인과 종속변인 측면에서 측정 오차를 바로잡기 위해 관측된 상관계수를 신뢰도의 제곱근의 곱, .81(=.90*.90)로 나누자. 그러면 .405/.81 = .50이 된다.

희석에 대해 보정하지 않으면 결과는 다음의 예가 보여 주는 것처럼 심각해질 수 있다. Fan(2003)은 다음과 같이 설명한다.

　　측정 오차에 의해 발생한 표본상관계수의 희석은 연구자들이 인식하는 것 이상으로 심각해질 수 있다. 많은 상황에서 척도 신뢰도가 .60~.80인 것이 특이하지 않다. 이러한 상황하에서는 신뢰구간의 상한조차 진상관관계를 포함하기 어려울 수 있다(p. 923).

사회과학에서 신뢰도(reliability)는 일반적으로 다소 낮다. Osborne(2003)은 심리학 저널에 보고된 평균 신뢰도가 .83임을 발견했다.

Lou 등(1996)은 표준화된 성취도 검사에서는 신뢰도가 .85, 비표준화된 학업 성취도 검사에서는 신뢰도가 .75라고 보고한다. 우리의 메타분석에서는 우리가 메타분석에 사용한 연구들에서 보고된 리더십과 학생성취도 척도에 대한 신뢰도가 상관계수를 보정하는 데 사용되었다. 신뢰도가 보고되지 않은 경우에는 우리가 관측된 신뢰도 표본에 근거한 추정치를 사용했다[Hunter와 Schmidt(1990b) 참조]. 마지막으로 Baugh(2002)는 보정 기교의 과다사용에 대해 경계했다. 그는 다음과 같이 말했다.

신뢰도가 낮은 점수들에 대해 효과크기를 보정하는 것은 명백한 이득이 있지만 상당한 주의가 요구된다. 보정 그 자체로 인해 조정된 효과크기 상관계수가 1.00보다 크게 될 수 있다. 효과크기에 대한 희석(attenuation)조정은 당위가 아니다. 오히려 조정된 추정치와 조정되지 않은 추정치를 동시에 제공함으로써 연구들 간 효과크기의 비교가 가능해진다(p. 260).

9. 기술노트 9: 신뢰구간

제4장 〈표 4-1〉에 보고된 상관관계들은 수많은 연구들에서 나온 상관관계들로부터 계산된 평균이다(기술노트 7을 참고하라). 각 평균은 성취도와 다양한 리더십 책임 간의 진상관관계에 대한 추정치로 간주될 수 있다. 평균 상관계수가 정확하게 진상관관계를 나타내는 정확성의 수준이 각 평균 상관계수에 대한 95% 신뢰구간

으로 제시되었다. 이 구간은 진상관관계를 포함한다고 95% 확신할
수 있는 상관관계의 범위를 나타낸다. 예를 들어, 평균 상관관계가
.19, 95% 신뢰구간이 .08~.29로 보고되었다 하자. 이는 진상관관
계가 .08~.29에 있다고 95% 확신함을 의미한다. 만약 95% 신뢰구
간이 .00을 포함하지 않는다면, 이는 상관관계가 유의수준 .05 수
준에서 유의함을 의미하고, 이는 사회과학에서 통상적으로 받아들
여지는 수준이다.

10. 기술노트 10: 조정변인(Moderator Variables)

우리는 메타분석에서 Hedges와 Olkin(1985)의 고정효과 분산분
석기법을 이용하여 계산한 효과크기(즉, 상관관계의 크기)에 대한
관계들을 위한 8개의 조정변인들에 대해 점검했다. 모든 경우에
(기술노트 7에서 설명한) 특이점들은 분석에서 배제되었다. 조정변
인들은 ① 연구의 질, ② 학교 수준, ③ 교과 영역, ④ 효과크기에
대한 추론 수준, ⑤ 성취도 지표, ⑥ 민족, ⑦ 지역사회 형태 그리
고 ⑧ 사회경제적 지위(SES)다.

첫째, **연구의 질**은 관련 연구들의 방법론적 질을 의미한다. 모든
연구가 본질적으로 서술적이기 때문에(즉, 대상을 실험 또는 통제집
단으로 지정하지 않으므로), 임의지정(random assignment)이나 방법
론적 특질을 판단할 변량의 사용과 같은 방법들은 사용할 수 없었
다. 그러나 연구의 질을 분석하기 위해 다음의 방법들을 사용했다.

- 표본이 정해진 방법
- 독립변인으로 사용된 척도의 적절성
- 종속변인으로 사용된 척도의 적절성
- 설문의 응답률
- 데이터 분석에 사용된 방식의 적절성

　우리는 각각의 연구를 이러한 요인별로 높음(H), 중간(M), 낮음(L)으로 평가했다. 만약 다수 항목이 높게 평가되고 낮게 평가된 항목이 없으면 연구의 전체적 질은 높다고 간주한다. 다수 항목이 낮게 평가되고 어떤 항목도 높게 평가되지 않으면 연구의 전체적 질은 낮다고 간주한다. 만약 어떤 연구가 높음 또는 낮음의 카테고리에 속하지 않으면 그 연구의 전체적 질은 중간으로 간주한다. 이 조정변인들에 대한 결과들은 〈표 TN-9〉, 〈표 TN-10〉에 나타나 있다.

　〈표 TN-9〉에 나타난 것처럼, 급간(between classes) 귀무가설에 대한 검증은 유의하지 않았다(p≤.05). 그러나 유의한 수준에 근접했다는 점은 연구의 질이 우리의 연구 내에서 효과크기와 연관되었을 수 있음을 암시한다. 〈표 TN-9〉는 가장 높은 방법론적 질을 가진 연구에서 가장 높은 상관관계가 발견됨을 보이고 있다.

〈표 TN-9〉 질(quality)에 대한 점 추정

집 단	점 추정	95% 신뢰구간	연구의 수	학교의 수
H	.31	.25~.37	22	820
L	.17	.09~.25	14	567
M	.23	.18~.28	28	1,212

〈표 TN-10〉 질(quality)에 대한 분산분석

구 분	Q값	자유도	P값
급간(between classes)	5.06	2	.08
급내(within classes)	2.33	61	1.00
H	5.94	21	.99
L	1.83	13	.99
M	12.57	27	.99

둘째, **학교 수준**은 연구에 관련된 학교들의 수준, 즉 유치원, 초등학교, 중학교, 고등학교를 의미한다. 우리의 메타분석에서는 연구늘을 다섯 가지 카테고리로 분류했다. 초등학교(ELEM), 고등학교(HS), 유치원에서 12학년(K12), 유치원에서 8학년(K8), 중학교와 고등학교(MSJH). 〈표 TN-11〉과 〈표 TN-12〉는 이 조정변인에 대한 결과를 제시한다. 〈표 TN-12〉에서 보듯 어떤 대조도 유의하지 않다(p≤.05).

〈표 TN-11〉 학교 수준에 대한 점 추정

집 단	점 추정	95% 신뢰구간	연구의 수	학교의 수
ELEM	.29	.24~.34	36	1,175
HS	.26	.16~.36	9	325
K12	.16	.07~.24	6	499
K8	.15	.03~.26	7	277
MSJH	.24	.13~.34	6	323

〈표 TN-12〉 학교 수준에 대한 분산분석

구 분	Q값	자유도	P값
급간(between classes)	5.31	4	.26
급내(within classes)	2.08	59	1.00

ELEM	11.68	35	.99
HS	.87	8	.99
K12	2.06	5	.84
K8	2.09	6	.91
MSJH	3.37	5	.64

셋째, **교과 영역**은 연구에서 종속척도로 쓰인 학문적 교과 영역을 의미한다. 교과 영역을 일곱 가지의 카테고리로 나눈다. 일반(G), 어문(LA), 수학(M), 수학과 어문의 결합(MLA), 수학과 독서의 결합(MR), 독서(R) 그리고 과학(S)이다. 〈표 TN-13〉과 〈표 TN-14〉는 이 조정변인에 대한 결과를 제시한다. 〈표 TN-14〉에서 보듯 어떤 대조도 유의하지 않다(p≤.05).

〈표 TN-13〉 교과 영역에 대한 점 추정

집 단	점 추정	95% 신뢰구간	연구의 수	학교의 수
G	.21	.15~.27	23	1,125
LA	.31	−.08~.61	1	27
M	.34	−.12~.68	1	20
MLA	.28	.05~.48	5	70
MR	.25	.19~.31	18	833
R	.25	.17~.33	15	512
S	.26	−.37~.73	1	12

〈표 TN-14〉 교과 영역에 대한 분산분석

구 분	Q값	자유도	P값
급간(between classes)	.89	6	.99
급내(within classes)	24.49	57	1.00
G	1.12	22	.98

LA	.00	0	1.00
M	.00	0	1.00
MLA	.07	4	.99
MR	8.44	17	.96
R	5.87	14	.97
S	.00	0	1.00

넷째, **추론 수준**은 어떤 효과크기에 의존하는지를 말한다. 우리
는 이 조정변인에 의해 연구를 세 개의 카테고리로 분류한다. 연구
에서 상관관계가 보고되거나 단순히 기록될 수 있는 경우 낮은 수
준의 추론(L)으로 분류되고, 상관관계가 기술노트 4에서 설명된 것
처럼 요인분석 또는 경로분석에 의해 계산된 경우 중간 수준의 추
론(M), 상관관계가 기술노트 4에서 설명된 것처럼 phi, 점이계열,
이계열, 4단, eta 상관계수가 계산된 경우 높은 수준의 추론(H)으
로 분류한다. 〈표 TN-15〉와 〈표 TN-16〉은 이 조정변인에 대한
결과를 제시한다. 〈표 TN-16〉에서 보듯 어떤 대조도 유의하지 않
다(p≤.05).

〈표 TN-15〉 추론 수준에 대한 점 추정

집 단	점 추정	95% 신뢰구간	연구의 수	학교의 수
H	.23	.17~.29	21	951
L	.23	.18~.28	34	1,369
M	.34	.23~.44	9	279

〈표 TN-16〉 추론수준에 대한 분산분석

구 분	Q값	자유도	P값
급간(between classes)	2.52	2	.28
급내(within classes)	22.83	61	1.00
H	6.28	20	.99
L	13.17	33	.99
M	3.37	8	.91

　다섯째, **성취도 지표**는 개별 연구에서 학교에 대한 성취도 점수를 계산하는 방식을 말한다. 이 조정변인에 의해 연구들을 5개의 카테고리로 나눈다. 백분위수, NCEs 등과 유사한 개념을 이용하면 PTILES로, 표준화된 시험 또는 주(state) 단위 시험 점수와 다른 요인들을 결합한 지수를 사용하면 COMPOSITE, 특정 시험관리 주체로부터의 득점을 사용하는 경우 GAIN, 어느 수준의 성취도를 만족하는 학생의 비율을 사용하면 PASSING, 회귀방정식으로부터의 파생점수를 사용하는 연구는 RESID로 분류한다. 〈표 TN-17〉과 〈표 TN-18〉은 이 조정변인에 대한 결과를 제시한다. 〈표 TN-18〉에서 보듯이 어떤 대조도 유의하지 않다(p≤.05).

〈표 TN-17〉 성취도 지표에 대한 점 추정

집 단	점 추정	95% 신뢰구간	연구의 수	학교의 수
PTILES	.25	.20~.29	44	1,656
COMPOSITE	.24	.10~.37	3	184
GAIN	.16	.02~.29	6	199
PASSING	.22	.12~.31	4	370
RESID	.16	.02~.30	7	190

〈표 TN-18〉 성취도 지표에 대한 분산분석

구 분	Q값	자유도	P값
급간(between classes)	1.86	4	.76
급내(within classes)	23.53	59	1.00
PTILES	16.78	43	.99
COMPOSITE	.54	2	.76
GAIN	2.66	5	.75
PASSING	1.66	3	.64
RESID	1.89	6	.93

여섯째, **민족**은 연구에 관련된 학교의 민족구성을 의미한다. 우리는 연구를 분류하기 위해 5개의 카테고리를 이용했다. 앵글로-아메리칸(ANGLO), 히스패닉(HISP), 아프리칸-아메리칸(AFAM), 아시안(ASIA), 기타(OTHER). 〈표 TN-19〉와 〈표 TN-20〉은 이 조정변인에 대한 결과를 제시한다. 〈표 TN-19〉에서 보듯 우리는 AFAM과 HISP의 두 카테고리에 대한 데이터만 발견했다. 또한 이들 각각의 카테고리에 대해 데이터를 제시하는 연구를 하나밖에 발견하지 못했다. 비록 〈표 TN-20〉이 어떤 대조도 유의하지 않다($p \leq .05$)는 결과를 제시하지만, 데이터 수의 부족으로 어떤 결론도 이끌어 낼 수 없다.

〈표 TN-19〉 민족에 대한 점 추정

집 단	점 추정	95% 신뢰구간	연구의 수	학교의 수
OTHER	.24	.20~.28	62	2,583
AFAM	.36	−.46~.85	1	8
HISP	.22	−.57~.80	1	8

〈표 TN-20〉 민족에 대한 분산분석			
구 분	Q값	자유도	P값
급간(between classes)	.05	2	.97
급내(within classes)	25.34	61	1.00
OTHER	25.34	61	1.00
AFAM	.00	0	1.00
HISP	.00	0	1.00

일곱째, **지역사회 형태**는 학교가 위치한 지역사회의 크기를 의미한다. 이 변인에 대해 4개의 카테고리를 사용한다. 도시지역은 URBAN, 교외지역은 SUBURB, 시골은 RURAL, 기타지역은 OTHER으로 분류한다. 〈표 TN-21〉과 〈표 TN-22〉가 이 조정변인에 대한 결과를 제시한다. 〈표 TN-22〉에서 보듯 RURAL에 대한 데이터는 발견되지 않았다. 또한 SUBURB에 대한 연구는 하나, URBAN에 대해서는 5개의 연구를 발견했다. 비록 〈표 TN-22〉가 어떤 대조도 유의하지 않다(p≤.05)는 결과를 제시하지만, 데이터 수의 부족으로 어떤 결론도 이끌어 낼 수 없다.

〈표 TN-21〉 지역사회 형태에 대한 점 추정				
집 단	점 추정	95% 신뢰구간	연구의 수	학교의 수
OTHER	.25	.21~.29	56	2,174
SUBURB	.23	-.01~.44	2	72
URBAN	.22	.12~.32	6	353

〈표 TN-22〉 지역사회 형태에 대한 분산분석			
구 분	Q값	자유도	P값
급간(between classes)	.15	2	.93

급내(within classes)	25.24	61	1.00
OTHER	23.76	55	.99
SUBURB	.06	1	.81
URBAN	1.42	5	.92

여덟째, **사회경제적 지위(SES)**는 연구 내 학교들 간의 경제적 그리고 사회적 지위를 말한다. 이 변인에 대해 4개의 카테고리를 사용한다. 학교를 높은 사회경제적 지위(SES)로 묘사하면 H, 중간 지위로 묘사하면 M, 낮은 지위로 묘사하면 L, 그 외 분류되지 못한 것을 OTHER으로 한다. 〈표 TN-23〉과 〈표 TN-24〉가 이 조정변인에 대한 결과를 제시한다. H, M에 대해서는 데이터가 발견되지 않았다. 또한 L에 대해서도 3개밖에 발견하지 못했다. 비록 〈표 TN-24〉가 어떤 대조도 유의하지 않다(p≤.05)는 결과를 제시하지만, 데이터 수의 부족으로 어떤 결론도 이끌어 낼 수 없다.

〈표 TN-23〉 사회경제적 지위(SES)에 대한 점 추정				
집 단	점 추정	95% 신뢰구간	연구의 수	학교의 수
OTHER	.24	.20~.28	61	2,517
L	.27	.05~.46	3	82

〈표 TN-24〉 사회경제적 지위(SES)에 대한 분산분석			
구 분	Q값	자유도	P값
급간(between classes)	.06	1	.81
급내(within classes)	25.33	62	1.00
OTHER	23.75	60	1.00
L	1.59	2	.45

11. 기술노트 11: 요인분석(Factor Analysis)

21개 책임들이 어떻게 서로 연계되어 있는지를 확정 짓기 위해 각 책임들에 대해 여러 개의 질문을 만들어 총 92항목의(교장을 대상으로 한) 질문지를 만들었다. 질문지는 각 항목당 4점 응답 형식으로 했다. 다음은 소통이라는 책임과 관련된 행위 측정을 목적으로 한 하나의 예다.

> 우리 학교에서 교사들은 나에게 쉽고 편안하게 접근한다.
> 4 이것은 나의 학교 또는 우리학교를 상당히 잘 특징짓는다.
> 3
> 2
> 1 이것은 나의 학교 또는 우리학교를 특징짓지 못한다.

21개 책임들에 대한 항목에 더하여, 질문지에는 학교가 어느 정도 1단 변화 또는 2단 변화에 관여되어 있는지를 측정하는 항목도 있다. 〈표 TN-25〉는 이 92개 항목을 보여 준다. 이 질문지는 콜로라도 주 오로라에 있는 McREL(Mid-continent Research for Education and Learning)에서 관리하는 웹에 2003년 9월부터 2004월 2월까지 게시되어 있었다. 수많은 비공식적 경로를 통해 전국의 학교장들은 질문지에 답하도록 요청받았다.

〈표 TN-25〉 요인분석에 사용된 질문지

1. The changes I am trying to make in my school will represent a significant challenge to the status quo when they are implemented.

2. Teachers in my school regularly share ideas.

3. In my school, the instructional time of teachers is well protected.

4. There are well-established procedures in my school regarding how to bring up problems and concerns.

5. I have been successful in protecting teachers from undue distractions and interruptions to their teaching.

6. In my school, I have been successful at ensuring that teachers have the necessary resources and professional opportunities to maintain a high standard of teaching.

7. I am directly involved in helping teachers design curricular activities for their classes.

8. Concrete goals for achievement have been established for each student in my school.

9. I am very knowledgeable about effective instructional practices.

10. I make systematic and frequent visits to classrooms.

11. Individuals who excel in my school are recognized and rewarded.

12. Teachers in my school have ready and easy access to me.

13. I make sure that my school complies with all district and state mandates.

14. In my school, teachers have direct input into all important decisions.

15. The accomplishments of individual teachers in my school are recognized and celebrated.

16. I am aware of the personal needs of the teachers in my school.

17. I consciously try to challenge the status quo to get people thinking.

18. I try to inspire my teachers to accomplish things that might seem beyond their grasp.

19. The teachers in my school are aware of my beliefs regarding schools, teaching, and learning.

20. I continually monitor the effectiveness of our curriculum.

21. I am comfortable making major changes in how things are done.

22. I am aware of the informal groups and relationships among the teachers in my school.

23. I stay informed about the current research and theory regarding effective schooling.

24. In my school, we systematically consider new and better ways of doing things.

25. I am directly involved in helping teachers address instructional issues in their classrooms.

26. I have successfully developed a sense of cooperation in my school.

27. I have successfully created a strong sense of order among teachers about the efficient running of the school.

28. One of the biggest priorities in my school is to keep the staff's energy level up and maintain the progress we have already made.

29. The changes we are trying to make in our school require the people making the changes to learn new concepts and skills.

30. We have made good progress, but we need another "shot in the arm" to keep us moving forward on our improvement efforts.

31. In my school, we have designed concrete goals for our curriculum.

32. I am very knowledgeable about classroom curricular issues.

33. I have frequent contact with the students in my school.

34. In my school, seniority is not the primary method of reward and advancement.

35. Effective ways for teachers to communicate with one another have been established in my school.

36. I am a strong advocate for my school to the community at large.

37. Teachers are directly involved in establishing policy in my school.

38. The accomplishments of the students and the school in general are recognized and celebrated.

39. I have a personal relationship with the teachers in my school.

40. I am comfortable initiating change without being sure where it might lead us.

41. I always portray a positive attitude about our ability to accomplish

substantive things.

42. I continually monitor the effectiveness of the instructional practices used in our school.

43. I encourage people to express opinions that are contrary to my own.

44. I am aware of the issues in my school that have not formally come to the surface but might cause discord.

45. I continually expose teachers in my school to cutting−edge ideas about how to be effective.

46. There are deeply ingrained practices in my school that must be ended or changed if we are to make any significant progress.

47. I can be highly directive or nondirective as the situation warrants.

48. There is a strong team spirit in my school.

49. There are well−established routines regarding the running of the school that staff understand and follow.

50. I am directly involved in helping teachers address assessment issues in their classrooms.

51. Teachers in my school are regularly involved in professional development activities that directly enhance their teaching.

52. The changes I am trying to make in my school will challenge the existing norms.

53. We have specific goals for specific instructional practices in my school.

54. I am very knowledgeable about effective classroom assessment practices.

55. I am highly visible to the teachers and students in my school.

56. In my school, we have a common language that is used by administrators and teachers.

57. Lines of communication are strong between teachers and myself.

58. I am a strong advocate for my school to the parents of our students.

59. In my school, decisions are made using a team approach.

60. In my school, we systematically acknowledge our failures and celebrate our accomplishments.

61. I stay informed about significant personal issues in the lives of the teachers.

62. Unless we make significant changes in my school, student achievement is not going to improve much.

63. I try to be the driving force behind major initiatives.

64. I have well-defined beliefs about schools, teaching, and learning.

65. I continually monitor the effectiveness of the assessment practices used in my school.

66. I adapt my leadership style to the specific needs of a given situation.

67. In my school, we have a shared understanding of our purpose.

68. In my school, we systematically have discussions about current research and theory.

69. The most important changes we need to make in my school are the ones the staff most strongly resists.

70. In my school, teachers are not brought into issues external to the school that would detract from their emphasis on teaching.

71. In my school, controversies or disagreements involving only one or a few staff members do not escalate into schoolwide issues.

72. We have established specific goals for the assessment practices in my school.

73. I provide conceptual guidance for the teachers in my school regarding effective classroom practice.

74. In my school, advancement and reward are not automatically given for simply "putting in your time."

75. I make sure that the central office is aware of the accomplishments of my school.

76. I make sure that significant events in the lives of the teachers in my school are acknowledged.

77. In my school, we consistently ask ourselves, "Are we operating at the edge versus the center of our competence?"

78. I believe that we can accomplish just about anything if we are willing to work hard enough and if we believe in ourselves.

79. I have explicitly communicated my strong beliefs and ideals to teachers.

80. At any given time, I can accurately determine how effective our school is

in terms of enhancing student learning.

81. In my school, we are currently experiencing a period during which things are going fairly well.

82. I can accurately predict things that may go wrong in my school on a day-to-day basis.

83. In my school, we systematically read articles and books about effective practices.

84. Our schoolwide goals are understood by all teachers.

85. I am aware of what is running smoothly and what is not running smoothly in my school.

86. Our schoolwide goals are a prominent part of our day-to-day lives.

87. My behavior is consistent with my ideals and beliefs regarding schools, teachers, and learning.

88. In my school, it would be useful to have a period of time during which we do not undertake any new, big initiatives.

89. In my school, the materials and resources teachers request are procured and delivered in a timely fashion.

90. Individuals who work hard and produce results are identified and rewarded in my school.

91. I am aware of the details regarding the day-to-day running of the school.

92. In my school, we share a vision of what we could be like.

(역자주: 이 92개 질문에 답하도록 하여 교장의 21개 책임 요인을 추출해 낸 것인데 여기서 번역은 생략하기로 하고 원문만 소개한다)

질문지 작성 직후에 응답자들은 21개 책임과 이 책임의 1단 변화, 2단 변화와의 연관성에 관한 리포트 형식의 분석 결과를 받는다.

총 652명의 학교장이 질문지에 답을 완성했다. 질문에 대한 응답은 신뢰도 .92(Cronbach의 계수 알파)였다.

이들 652개 응답을 대상으로 주구성요소 요인분석을 실시했다.

고유값(eigenvalue) 기준으로 1위와 2위를 차지한 두 개의 명확한 요인이 나타났다. 둘이 합쳐 응답의 변동의 50%를 설명했다. 〈표 TN-26〉은 90개 항목의 이들 두 요인에 대한 하중을 나타낸다.

〈표 TN-26〉은 절대값이 .1보다 큰 양과 음의 요인하중을 나타낸

〈표 TN-26〉 처음 두 요인에 대한 요인하중							
	항목	요인 1	요인 2		항목	요인 1	요인 2
1단 변화	28	.495		교육과정과 수업, 평가 에의 참여	7	.496	.144
	*30	.090	.269		25	.620	
	81	.479			50	.596	.134
	88	.228			8	.511	
2단 변화	1	.183	.555	초점	31	.570	
	62	-.218	.569		53	.509	
	46	-.242	.598		72	.573	
	69	-.255	.550		84	.604	-.206
	52	.187	.641		86	.639	-.124
	29	.343	.422	교육과정과 수업, 평가에 관한 지식	9	.574	.284
문화	26	.597	-.407		32	.585	.306
	2	.535	-.172		54	.571	.262
	48	.582	-.431		73	.597	.237
	56	.597	-.241	가시성	10	.442	
	67	.681	-.220		33	.372	
	92	.651	-.254		55	.414	-.126
질서	4	.537	-.236	보상	11	.450	
	27	.587	-.201		34	.413	
	49	.549	-.254		90	.493	
기강	5	.405	-.130	대외대변	74	.403	
	3	.428	-.172		13	.368	
	70	.200	.170		36	.440	
	71	.416			58	.532	
자원	6	.432	-.133	투입	75	.324	
	89	.385			14	.497	-.159
	51	.552			37	.431	-.201
					59	.561	-.202

	15	.516			22	.415	
긍정	38	.513		상황 인식	44	.477	.260
	60	.619			91	.443	
관계성	16	.529			82	.302	
	39	.419	−.144		85	.556	
	61	.481		지적 자극	23	.511	.341
	76	.520			45	.589	.315
변화 촉진	17	.471	.424		68	.592	.222
	40	.178	.237		83	.502	.031
	24	.658	.100	의사소통	12	.369	−.113
	77	.519	.150		35	.569	−.283
낙관자	18	.600	.360		57	.552	−.342
	41	.572	.061				
	63	.332	.368				
	78	.367	.251				
이상/ 신념	19	.601	.201				
	64	.553	.232				
	79	.629	.119				
	87	.596	.016				
모니 터링/ 평가	20	.633	.237				
	42	.642	.201				
	65	.624	.240				
	80	.616	.072				
융통성	21	.485	.267				
	43	.444	.130				
	66	.434	.104				
	47	.463	.202				

* 주어진 항목의 내용과 항목별 하중의 패턴하에서 2단 변화를 가장 잘 설명하는 항목으로 분류될 수 있다.

다(83번 항목의 경우 요인하중은 .031). 이는 절대값 .30을 가진 요인 하중만을 보고하는 전통적 관습으로부터의 이탈이다. Bryant와 Yarnold(1995)는 이러한 관습에 대해 다음과 같이 설명했다.

전통적으로 연구자들은 요인하중계수가 적어도 절대값 .30을 가진 변인들을 '고유벡터 상의 하중'으로 간주하고 고유벡터의 해석에 고려할 가치가 있다고 여겼다. 음의 요인하중계수를 가진 변인들은 고유벡터와 음의 상관관계가 있고, 양의 요인하중을 가진 변인들과 음의 요인하중을 가진 변인들로 이루어진 고유벡터를 양극 고유벡터(bipolar eigenvector)라고 부른다. 요인하중계수 .30은 변인과 고유벡터가 $.30^2 \times 100\%$ 또는 9%의 변동을 공유함을 나타낸다는 것을 명심하라.

그러나 Stevens(1986)는 이러한 관행이 표본에서 관측 횟수, 이 경우에는 질문지를 완성한 교장의 수를 무시했다는 점에 주목했다. 구체적으로 요인하중과 고유벡터(즉, 요인) 사이의 통계적 유의성은 표본의 크기에 의존하기 때문에, 변인을 요인의 원소로 분류하는 기준은 수긍할 만한 오차를 달성하는 데 필요한 요인하중(즉, 상관관계)의 값에 근거해야 한다는 것이 Stevens의 설명이다.

이 요인분석에서는 절대값 .15 이상이면 어느 하중이라도 관계를 암시한다고 간주되었다(〈표 TN-26〉은 책임의 항목들이 책임이 하나 또는 두 요인과 연관되어 있을 수 있음을 암시하는 패턴을 보일 경우 절대값 .15 이하인 경우도 보고한다). 652명의 학교장이 질문지를 작성했으므로, 귀무가설하에서 상관계수가 .15일 단측(one-tailed)확률은 다음과 같다.

$$\frac{r_z}{r_z\text{의 표준편차}} = \frac{.15}{.039} = 3.846\text{의 } Z\text{값} < (\text{약})\,.0005$$

여기서

r_z는 상관계수의 피셔 Z 변환

r_z의 표준편차는 Z 변환된 상관계수의 표준편차 또는

$$\frac{1}{(N-3)^{.5}}$$

이 경우 N은 652다.

바꿔 말하면 표본의 수가 652개로 주어진 상황에서 .15의 상관계수는 $p < .0005$에서 유의하다. 그러나 질문지에는 92항목이 있다. Winer와 Brown, Michels(1991, pp. 154-155)에 따르면, .0005의 개별 오차가 주어진 상황에서, 전 92항목에 대한 결합레벨의 유의성혹은 알파(결합) 신뢰는 다음과 같다.

알파(결합) $= 1-(1-$알파(개별)$)^m$,

단, m은 집합에서 변인의 개수-여기서는 92.

그래서 알파(결합)$=1-(1-.0005)^{92}=.045$다. 달리 표현하면, 요인하중이 절대값 .15 이상인 것을 요인의 유효한 구성요소로 간주하면 사회과학에서 일반적으로 용인되는 수준의 결합레벨의 유의성 $p < .05$가 산출된다.

12. 기술노트 12: 어떻게 책임들에 대한 순위를 계산하는가

우리는 〈표 TN-26〉에 제시된 두 주요 요인 각각에 대해 책임의 순위를 계산했다. 각 책임과 연관된 항목들의 요인하중을 평균함으로써 가능했다. 요인하중이 항목과 요인 간의 상관관계와 유사한 상황에서 우리는 먼저 하중을 피서 Z 변환하고, 평균을 계산하며, 그런 다음 본래의 척도로 변환했다.

13. 기술노트 13: 표준화 평균의 차

독립변인(예, 교장의 리더십)의 종속변인(예, 학생의 학업성취도)에 대한 영향을 나타내는 가장 통용되는 지수가 표준화 평균차의 효과크기 또는 *ES*다. 실제 일반적 용어인 효과크기가 r, R 그리고 PV 등 다양한 지수에 적용된다. 그러나 이 책에서 사용된 것처럼, *ES*는 표준화 평균차의 효과크기다. Glass(1976)가 처음으로 이 지수를 유명하게 했는데, 이 지수는 실험집단과 통제집단 간 평균의 차를 모표준편차에 대한 추정치로 나눈 것이다. 그래서 표준화 평균의 차라고 한다.

$$\text{표준화된 평균차이 효과크기} = \frac{\text{실험군의 평균} - \text{통제군의 평균}}{\text{모표준편차추정치}}$$

*ES*의 이용에 대해 설명하기 위해 어떤 주어진 특성을 가진 학교

의 성취도 평균은 90, 그렇지 않은 학교의 평균은 80이라고 가정하고, 모표준편차는 10이라 가정하자. 효과크기는 다음과 같다.

$$ES = \frac{90-80}{10} = 1.0$$

이 효과크기는 다음과 같은 방식으로 해석될 수 있다. 실험집단의 평균이 통제집단의 평균보다 1 표준편차 크다. 그렇다면 실험집단 학교가 가진 그 특성이 성취도 평가 점수를 1 표준편차 올렸다고 추론할 수 있다. 따라서 효과크기(*ES*)는 표준화점수 또는 Z점수 형식으로 평균들의 차를 표현한 것이다. 학교 효과성에 대한 연구에서 많이 사용되는 또 다른 지수가 생긴 것도 이러한 특성 때문이다(백분위 이득, percentile gain).

백분위 이득 또는 *Pgain*은 통제집단의 평균 학생 대비 실험집단 평균 학생의 백분위 점수에서의 예상 이득(또는 손실)이다. 똑같은 예를 생각해 보자. 주어진 효과크기(*ES*) 1.0에서, 우리는 실험집단의 평균점수가 통제집단의 평균점수보다 약 34백분위수 높다고 결론지을 수 있다. 이것은 *ES*가 실험집단과 통제집단 사이의 평균의 차이를 Z점수 형식으로 변환시켰기 때문에 반드시 그러하다. 분포이론에 따르면 1이라는 Z점수는 표준정규분포에서 84.134백분위에 위치하고 있다. *Pgain*을 계산하면 *ES*는 표준정규분포에서 50번째 백분위수 위나 아래의 백분위수로 전환된다.

14. 기술노트 14: 교직원 능력개발이 CSR 프로그램의 효과크기에 미치는 영향

Borman과 그의 동료들(2003)의 연구는 효과크기를 종속변인으로 하고 연구와 프로그램의 다양한 특징을 독립변인으로 하여 회귀분석을 수행했다. 분석에 포함된 프로그램의 특징 중 하나는 프로그램들이 어느 정도로 그 프로그램을 지원하고 있는 교직원들에게 능력개발 프로그램을 제공하는가였다. 이 요인에 대한 가중치(즉, 표준화되지 않은 편 회귀 가중치)는 이 카테고리 내에 있는 독립변인들 중에서 가장 큰 $-.09$였다. 종속변인이 표준화 평균차의 효과크기(기술노트 13 참조)이므로, 이는 다른 독립변인들을 통제하면 주어진 CSR 모형에서 직원 능력개발의 1 표준편차 증가는 효과크기의 .09감소와 연관됨을 의미한다. 이 독립변인에 대한 p값은 .088이었다. Borman 등은 이 값이 전통적으로 용인되는 유의성 수준인 .05보다 크기 때문에 이에 대해 논의하지 않았다. 그러나 현대 통계이론은 변인의 유의성 판단에서 확률 수준의 절대적인 임계값을 유일한 기준으로 인정하지 않는 점(Cohen, 1988; Harlow, Mulaik, & Steiger, 1997)과 제6장에서 논의한 이 요인의 중요성을 감안한다면 고려할 가치가 있다. 구체적으로 .088의 확률은 양측검증 귀무가설이 이용되었을 경우에는 .05 수준에서는 유의하지 않지만, 만약 방향성이 있는 단측검증 귀무가설이 설정되었을 경우에는 .05수준에서 유의하다. 또한 Borman 모델에서 보고된 관계가 CSR 프로그램 특성과 주어진 CSR 프로그램의 효과크기 간의 진관

계를 나타낸다면 그 함의는 중요하다. 이 함의들에 대해 제6장에서
논의된다.

부록 1

메타분석에 사용된 연구보고서

　제3장에서 명시한 기준에 맞는 우리가 찾아낸 연구보고서는 모두 70편이었다. 그런데 그중 두 가지의 보고서는 기본적으로 같은 연구였다. 그래서 제1장에서 제7장까지 메타분석에서 다룬 보고서는 69편이다. 70개의 연구보고서 목록을 여기에 제시한다.

Andrews, R. L., & Soder, R. (1987, March). Principal leadership and student achievement. *Educational Leadership, 44*(6), 9-1.

Ayres, R. E. (1984). *The relationship between principal effectiveness and student achievement.* Unpublished doctoral dissertation, University of Missouri, Columbia.

Balcerek, E. B. (2000, May). *Principals' effective leadership practice in high performing and inadequately performing schools.* Unpublished doctoral dissertation, University of Tennessee, Knoxville.

Bamburg, J. D., & Andrews, R. (1991). School goals, principals and achievement. *School Effectiveness and School Improvement, 2*(3), 175–191.

Bedford, W. P., Jr. (1987). *Components of school climate and student achievement in Georgia middle schools.* Unpublished doctoral dissertation, University of Georgia.

Benoit, J. D. (1990). *Relationships between principal and teacher perceptions of principal instructional management and student achievement in selected Texas school districts with an emphasis on an index of effectiveness (school effectiveness).* Unpublished doctoral dissertation, New Mexico State University.

Berry, F. A. (1983). *Perceived leadership behavior of school principals in selected California public elementary schools with a high Hispanic student population and high or low sixth grade reading achievement scores.* Unpublished doctoral dissertation, University of the Pacific, Stockton, CA.

Blank, R. K. (1987). The role of principal as leader: Analysis of variation in leadership of urban high schools. *Journal of Educational Research, 81*(2), 69–80.

Braughton, R. D., & Riley, J. D. (1991, May). *The relationship between principals' knowledge of reading process and elementary school reading achievement* (ERIC Document Reproduction Service No. ED341952).

Brookover, W. B., Schweitzer, J. H., Schneider, J. M., Beady, C. H., Flood, P. K., & Wisenbaker, J. M. (1978, Spring). Elementary school social climate and school achievement. *American Educational Research Journal, 15*(2), 301–318.

Brooks, F. K. (1986). *Relationships between school effectiveness and the perceptions of teachers on leadership effectiveness and school climate.* Unpublished doctoral dissertation, Memphis State University.

Cantu, M. M. I. (1994, May). *A study of principal instructional leadership behaviors manifested in successful and nonsuccessful urban elementary schools.* Unpublished doctoral dissertation, University of Texas at Austin.

Combs, M. W. (1982). *Perceptions of principal leadership behaviors related to the reading program in elementary schools with high and low student achievement.* Unpublished doctoral dissertation, University of Florida.

Crawford, J., Kimball, G., & Watson, P. (1985, March). *Causal modeling of school effects on achievement.* Paper presented at the annual meeting of the American Educational Research Association, Chicago, IL.

Crawford, J., & Watson, P. J. (1985, February). Schools make a difference: Within and between—school effects. *Journal of Research and Evaluation of the Oklahoma City Public Schools, 15*(8), 1–98.

Czaja, M. D. (1985). *The relationship of selected principals' motive patterns to school climate and school climate to effectiveness.* Unpublished doctoral dissertation, University of Texas at Austin.

Dixon, A. E., Jr. (1981). *The relationship of elementary principal leadership performance to reading achievement of students in two counties in California.* Unpublished doctoral dissertation, University of San Francisco.

Duggan, J. P. (1984). *The impact of differing principal supervisory communication styles on teacher and student outcomes (consensus, achievement, leadership).* Unpublished doctoral dissertation, Rutgers, The State University of New Jersey, New Brunswick.

Durr, M. T. (1986). *The effects of teachers' perceptions of principal performance on student cognitive gains.* Unpublished doctoral dissertation, Indiana University.

Edwards, P. I., Jr. (1984). *Perceived leadership behaviors and demographic characteristics of principals as they relate to student reading achievement in elementary schools.* Unpublished doctoral dissertation, University of South Florida.

Erpelding, C. J. (1999). *School vision, teacher autonomy, school* climate, and student achievement in elementary schools. Unpublished doctoral dissertation, University of Northern Iowa.

Ewing, T. M. (2001, December). Accountable leadership: The relationship of principal leadership style and student achievement in urban elementary schools. Unpublished doctoral dissertation, Northern Illinois University, DeKalb.

Finklea, C. W. (1997). Principal leadership style and the effective school (secondary school principals). Unpublished doctoral dissertation, University of South Carolina.

Floyd, J. E. (1999). An investigation of the leadership style of principals and its relation to teachers' perceptions of school mission and student achievement. Unpublished doctoral dissertation, North Carolina State University, Raleigh.

Friedkin, N. E., & Slater, M. R. (1994, April). School leadership and performance: A social network approach. Sociology of Education, 67, 139-157.

Gentile, M. (1997). The relationship between middle school teachers' perceptions of school climate and reading and mathematics achievement. Unpublished doctoral dissertation, Widener University, Chester, PA.

Griffin, G. D. (1996). An examination of factors contributing to exemplary schools in an urban public school district in the Midwest (urban education). Unpublished doctoral dissertation,

Western Michigan University.

Hallinger, P., Bickman, L., & Davis, K. (1996, May). School context, principal leadership, and student reading achievement. *The Elementary School Journal, 96*(5), 527-549.

Hauser, B. B. (2001). *A comparison of principal perceiver themes between highly successful and less successful principals in a selection of public elementary schools in Kentucky*. Unpublished doctoral dissertation, University of Kentucky, Lexington.

Heck, R. H. (1992). Principals' instructional leadership and school performance: Implications for policy development. *Educational Evaluation and Policy Analysis, 14*(1), 21-34.

Heck, R. H., Larsen, T. J., & Marcoulides, G. A. (1990, May). Instructional leadership and school achievement validation of a causal model. *Educational Administration Quarterly, 26*(2), 94-125.

Heck, R. H., & Marcoulides, G. A. (1990). Examining contextual differences in the development of instructional leadership and school achievement. *The Urban Review, 22*(4), 247-265.

Hedges, B. J. (1998). *Transformational and transactional leadership and the school principal: An analysis of Catholic K-8 school principals (Catholic schools)*. Unpublished doctoral dissertation, University of Maryland, College Park.

Hopkins—Layton, J. K. (1980). *The relationships between student achievement and the characteristics of perceived leadership behavior and teacher morale in minority, low socio-economic, and urban schools.* Unpublished doctoral dissertation, University of Houston.

Hurwitz, N. F. (2001). *The effects of elementary school principal instructional leadership on reading achievement in effective versus ineffective schools.* Unpublished doctoral dissertation, St. John's University, Jamaica, NY.

Jackson, S. A. C. (1982). *Instructional leadership behaviors that characterize schools that are effective for low socioeconomic urban black students.* Unpublished doctoral dissertation, Catholic University of America, Washington, DC.

Jones, P. A. (1987, May). *The relationship between principal behavior and student achievement in Canadian secondary schools.* Unpublished doctoral dissertation, Stanford University.

Knab, D. K. (1998). *Comparison of the leadership practices of principals of blue ribbon schools with principals of randomly selected schools.* Unpublished doctoral dissertation, American University.

Kolakowski, R. E. L. (2000). *Instructional leadership and home-school relations in high-and low-performing schools-SBM team perceptions.* Unpublished doctoral dissertation, University of Maryland, College Park.

Krug, F. S. (1986, May). *The relationship between the instructional management behavior of elementary school principals and student achievement.* Unpublished doctoral dissertation, University of San Francisco.

Krug, S. E. (1992, June). *Instructional leadership, school instructional climate, and student learning outcomes.* Project Report. Urbana, IL: National Center for School Leadership (ERIC Document Reproduction Service No. ED359668).

LaFontaine, V. T. C. (1995). *Implementation of effective schools correlates by Bureau of Indian Affairs Elementary Pilot Schools: Staff perceptions and achievement scores (Native Americans).* Unpublished doctoral dissertation, University of North Dakota.

Larsen, T. J. (1984). *Identification of instructional leadership behaviors and the impact of their implementation on academic achievement (Effective Schools, High Achieving Schools; Los Angeles County, California).* Unpublished doctoral dissertation, University of Colorado at Boulder.

Lee, C. M. (2001). *Teacher perceptions of factors impacting on student achievement in effective and less effective urban elementary schools.* Unpublished doctoral dissertation, Wayne State University, Detroit, MI.

Lewis, L. W., Jr. (1983). *Relationship between principals' leadership style and achievement scores of third-grade students from low-income families.* Unpublished doctoral dissertation, Duke University, Durham, NC.

Madison, T., Jr. (1988). *A correlational study of the leadership behavior of school principals and the reading achievement of sixth grade students from the low and upper social classes.* Unpublished doctoral dissertation, Georgia State University.

McCord, H. C. (1982). *Title I school principals' characteristics and behaviors and their relationship to student reading achievement.* Unpublished doctoral dissertation, Northern Illinois University, DeKalb.

McMahon–Dumas, C. E. (1981). *An investigation of the leadership styles and effectiveness dimensions of principals, and their relationship with reading gain scores of students in the Washington, D.C., public schools.* Unpublished doctoral dissertation, George Washington University, Washington, DC.

Meek, J. P. (1999). *Relationship between principal instructional leadership and student achievement outcomes in North Carolina public elementary schools.* Unpublished doctoral dissertation, North Carolina State University, Raleigh.

Morey, M. K. (1996). *The relationships among student science achievement, elementary science teaching efficacy, and school climate.* Unpublished doctoral dissertation, Illinois State University.

Norvell, C. A. (1984). *Characteristics of perceived leadership, job satisfaction, and central life interests in high–achieving, low–achieving, and improving Chapter I schools (Los Angeles,*

California). Unpublished doctoral dissertation, University of California, Los Angeles.

O'Day, K. A. (1984). *The relationship between principal and teacher perceptions of principal instructional management behavior and student achievement*. Unpublished doctoral dissertation, Northern Illinois University, DeKalb.

Pounder, D. G., & Ogawa, R. T. (1995, November). Leadership as an organizationwide phenomenon: Its impact on school performance. *Educational Administration Quarterly, 31*(4), 564–588.

Reed, D. E. (1987). *Organizational characteristics, principal leadership behavior and teacher job satisfaction: An investigation of the effects on student achievement*. Unpublished doctoral dissertation, University of Rochester.

Rigell, C. D. (1999, May). *Leadership behaviors of principals and student achievement*. Unpublished doctoral dissertation, University of Tennessee, Knoxville.

Ruzicska, J. K. (1989). *The relationships among principals' sense of efficacy, instructional leadership, and student achievement*. Unpublished doctoral dissertation, University of San Francisco.

Skilling, W. C. (1992). *A study of the relationship between middle school principal leadership behavior and seventh−grade student reading achievement*. Unpublished doctoral dissertation, Michigan State University.

Skrapits, V. A. (1986). *School leadership, interpersonal communication, teacher satisfaction, and student achievement.* Unpublished doctoral dissertation, Fordham University, Bronx, NY.

Smith, C. L. (1995). *Secondary principals: A study of relationships, leadership styles, and student achievement.* Unpublished doctoral dissertation, Wayne State University, Detroit, MI.

Smith, W. F., & Andrews, R. L. (1989). *Instructional leadership: How principals make a difference.* Alexandria, VA: Association of Supervision and Curriculum Development.

Soltis, G. J. (1987). *The relationship of a principal's leadership style in decision patterns to teacher perception of building leadership and to student learning.* Unpublished doctoral dissertation, Temple University, Philadelphia, PA.

Spirito, J. P. (1990). *The instructional leadership behaviors of principals in middle schools in California and the impact of their implementation on academic achievement (effective schools).* Unpublished doctoral dissertation, University of La Verne, Bakersfield, CA.

Standley, N. L. (1985). *Administrative style and student achievement: A correlational study.* Unpublished doctoral dissertation, Washington State University, Pullman, WA.

Thomas, M. D. (1997). *The relationship of teachers' perceptions of instructional leadership behaviors of principals in Virginia*

to student achievement levels. Unpublished doctoral disserta-
tion, Wilmington College, Delaware.

Traufler, V. J. (1992). *The relationship between student achieve-
ment and individual correlates of effective schools in selected
schools of South Carolina.* Unpublished doctoral dissertation,
University of South Carolina.

Van Zanten, R. C. (1988). *Leadership style of principals in
effective urban elementary schools.* Unpublished doctoral
dissertation, Seton Hall University, South Orange, NJ.

Vernotica, G. J. (1988). *Principal goal clarity and interaction
behaviors on teacher and student outcomes in the elementary
public schools of Newark, New Jersey.* Unpublished doctoral
dissertation, Seton Hall University, South Orange, NJ.

Verona, G. S. (2001, May). *The influence of principal transforma-
tional leadership style on high school proficiency test results in
New Jersey comprehensive and vocationaltechnical high
schools.* Unpublished doctoral dissertation, Rutgers University,
New Brunswick, NJ.

Walton, L. E. (1990). *The relationship of teachers' perceptions of
school climate and principal competencies with the third-
grade Georgia Criterion Referenced Test scores in rural
Georgia elementary schools (rural schools).* Unpublished
doctoral dissertation, Georgia State University.

Wolfson, E. (1980). *An investigation of the relationship between elementary principals' leadership styles and reading achieve-ment of third and sixth grade students.* Unpublished doctoral dissertation, Hofstra University, Hempstead, NY.

Cotton의 25 리더십 실천과
우리의 21 리더십 책임

제2장과 제4장에서 기술한 대로 Cotton은 우리가 찾아낸 21 리더십 책임과 유사한 25 리더십 실천을 확인하였다. 이 표는 Cotton의 25 리더십 실천과 우리의 21 리더십 책임을 비교한다.

Cotton의 25 리더십 실천	우리의 21 리더십 책임
1. 안전하고 질서정연한 환경	• 질서
2. 높은 수준의 학생 학습에 초점을 맞춘 비전과 목표	• 초점 • 낙관자
3. 학생 학습에 대한 높은 기대	• 초점
4. 자신감과 책임감, 인내심	• 이상/신념 • 낙관자
5. 가시성과 접근 가능성	• 투입 • 가시성

6. 긍정적이고 지원적인 풍토	• 문화
7. 의사소통과 상호작용	• 의사소통 • 관계성
8. 정서적이고 인간적인 지원	• 관계성 • 가시성
9. 학부모와 지역사회의 봉사활동과 참여	• 대외대변
10. 의식과 축하의식, 기타 상징적 행동들	• 보상 • 긍정
11. 공유적 리더십과 공유적 의사결정, 직원에의 임파워먼트	• 투입 • 의사소통
12. 협력	• 문화

13. 수업리더십	• 교육과정과 수업,
	  평가에 관한 지식
	• 교육과정과 수업,
	  평가에의 참여

14. 높은 수준의 학생 학습에 대한 지속적인 추구	• 초점 • 낙관자
15. 계속적 개선의 규범	• 초점 • 지적 자극
16. 수업 이슈에 대한 논의	• 지적 자극
17. 수업관찰과 교사에의 피드백	• 모니터링/평가 • 교육과정과 수업, 평가에의 참여
18. 교사 자율성에 대한 지지	• 융통성
19. 모험 감행에 대한 지원	• 변화촉진
20. 전문적 능력개발의 기회와 자원	• 자원
21. 수업 시간 보호	• 기강
22. 학생 진보에 대한 확인과 발견사항의 공유	• 모니터링/평가 • 초점
23. 프로그램 개선을 위한 학생 진보 결과의 활용	• 모니터링/평가

24. 학생과 직원의 성취에 대한 인정	• 보상 • 긍정

25. 역할 모델 되기	• 교육과정과 수업,
	  평가에 관한 지식
	• 교육과정과 수업,
	  평가에의 참여

참·고·문·헌

Abelson, R. P. (1985). A variance explained paradox: When a little is a lot. *Psychological Bulletin, 97,* 166-69.

Anderson, J. R. (1983). *The architecture of cognition.* Cambridge, MA: Harvard University Press.

Argyris, C., & Schön, D. (1974). *Theory in practice. Increasing professional effectiveness.* San Francisco: Jossey-Bass.

Argyris, C., & Schön, D. (1978). *Organizational learning: A theory of action perspective.* Reading, MA: Addison-Wesley.

Bamburg, J., & Andrews, R. (1990). School goals, principals and achievement. *School Effectiveness and School Improvement, 2,* 175-91.

Bandura, A. (1997). *Self-efficacy: The exercise of control.* New York: W. H. Freeman.

Bass, B. M. (1981). *Stogdill's handbook of leadership: A survey of theory and research.* New York: Free Press.

Bass, B. M. (1985). *Leadership and performance beyond expectations.* New York: Free Press.

Bass, B. M. (1990). *Bass and Stogdill's handbook of leadership.* New York: Free Press.

Bass, B. M., & Avolio, B. J. (1994). *Improving organizational effectiveness through transformational leadership.* Thousand Oaks, CA: Sage.

Baugh, F. (2002). Correcting effect sizes for score reliability: A reminder that measurement and substantive issues are linked inextricably. *Educational and Psychological Measurement, 62*(2), 254-263.

Benecivenga, A. S., & Elias, M. J. (2003). Leading schools of excellence in academics, character, socialemotional development. *Bulletin 87*(637), 60-72.

Bennis, W. (2003). *On becoming a leader.* New York: Basic Books.

Bennis, W., & Nanus, B. (2003). *Leaders: Strategies for taking charge.* New York: Harper & Row.

Blanchard, K., Zigarmi, D., & Zigarmi, P. (1985). *Leadership and the one minute manager: Increasing effectiveness through situational leadership.* New York: William Morrow.

Blanchard, K. H., Carew, D., & Parisi-Carew, E. (1991). *The one minute manager builds high performing teams.* New York: William Morrow.

Blanchard, K. H., & Hersey, P. (1996, January). Great ideas revisited. *Training and Development, 50*(1), 42-47.

Blase, J., & Blase, J. (1999). Principals' instructional leadership and teacher development: Teachers' perspectives. *Educational Administration Quarterly, 35*(3), 349-380.

Blase, J., & Kirby, P. C. (2000). *Bringing out the best in teachers: What effective principals do* (2nd ed.). Thousand Oaks, CA: Corwin Press.

Block, P. (2003). *The answer to how is yes: Acting on what matters.* San Francisco: Berrett-Koehler.

Bloom, B. S. (1976). *Human characteristics and school learning.* New York: McGraw-Hill.

Borenstein, M., & Rothstein, H. (1999). *Comprehensive meta-analysis program.* Englewood, NJ: Brostat.

Borman, G. D., Hewes, G. M., Overman, L. T., & Brown, S. (2003). Comprehensive school reform and achievement: A meta-analysis. *Review of Educational Research, 73*(2), 125-230.

Bossert, S., Dwyer, D., Rowan, B., & Lee, G. (1982). The instructional management role of the principal. *Educational Administration Quarterly, 18,* 34-64.

Brookover, W. B., Beady, C., Flood, P., Schweitzer, J., & Wisenbaker, J. (1979a).

School social systems and student achievement: Schools can make a difference. New York: Praeger.

Brookover, W. B., & Lezotte, L. W. (1979b). *Changes in school characteristics coincident with changes in student achievement.* East Lansing: Institute for Research on Teaching, Michigan State University (ERIC Document Reproduction Service No. ED181005).

Brookover, W. B., Schweitzer, J. G., Schneider, J. M., Beady, C. H., Flood, P. K., & Wisenbaker, J. M. (1978). Elementary school social climate and school achievement. *American Educational Research Journal, 15,* 301–318.

Bryant, F. B., & Yarnold, P. R. (1995). Principal-component analysis and explanatory and confirmatory factor analysis. In L. G. Grimm & P. R. Yarnold (Eds.), *Reading and understanding multivariate statistics* (pp. 99–136). Washington, DC: American Psychological Association.

Buckingham, M., & Clifton, D. (2001). *Now, discover your strengths.* New York: Free Press.

Burns, J. M. (1978). *Leadership.* New York: Harper & Row.

Chubb, J. E., & Moe, T. M. (1990). *Politics, markets, and America's schools.* Washington, DC: Brookings Institute.

Clarke, P. (2000). *Learning schools, learning systems.* London: Continuum International Publishing Group.

Cohen, E., & Miller, R. (1980). Coordination and control of instruction in schools. *Pacific Sociological Review, 4,* 446–473.

Cohen, J. (1988). *Statistical power for the behavioral sciences.* Hillsdale, NJ: Erlbaum.

Cohen, J., & Cohen, P. (1975). *Applied multiple regression/correlation analysis for the behavioral sciences.* New York: John Wiley & Sons.

Collins, J. (2001). *Good to great.* New York: Harper Collins.

Comer, J. P. (1984). Home–chool relationships as they affect the academic success of children. *Education and Urban Society, 16*(3), 323–337.

Comer, J. P. (1988). Educating poor minority children. *Scientific American, 259*(5), 42–48.

Comer, J. P. (2003). Transforming the lives of children. In M. J. Elias, H. Arnold, & C. S. Hussey (Eds.), *EQ + IQ = Best leadership practices for caring and successful schools* (pp. 11–12). Thousand Oaks, CA: Corwin Press.

Cooper, H. M., & Rosenthal, R. (1980). Statistical versus traditional procedures for summarizing research findings. *Psychological Bulletin, 87,* 442–449.

Cotton, K. (2003). *Principals and student achievement: What the research says.* Alexandria, VA: Association for Supervision and Curriculum Development.

Cottrell, D. (2002). *Monday morning leadership.* Dallas, TX: Cornerstone Leadership Institute.

Covey, S. (1991). The taproot of trust. *Executive Excellence, 8*(12), 3–4.

Covey, S. R. (1989). *The 7 habits of highly effective people: Powerful lessons in personal change.* New York: Simon & Schuster.

Covey, S. R. (1992). *Principle-centered leadership.* New York: Simon & Schuster.

Covey, S. R., Merrill, A. R., & Merrill, R. R. (1994). *First things first.* New York: Simon & Schuster.

Covington, M. V. (1992). *Making the grade: A self-worth perspective on motivation and school reform.* New York: Cambridge University Press.

Csikszentmihalyi, M. (1990). *Flow: The psychology of optimal experience.* New York: Harper & Row.

Cuban, L. (1987, July). *Constancy and change in schools (1880s to the present).* Paper presented at the conference on Restructuring Education, Keystone, CO.

Datnow, A., Borman, G. D., Stringfield, S., Overman, L. T., & Costellano, M. (2003). Comprehensive school reform in culturally diverse contexts: Implementation and outcomes from a four-year study. *Educational Evaluation and Policy Analysis, 25*(2), 142–170.

Deal, T. E., & Kennedy, A. A. (1983). Culture and school performance. *Educational Leadership, 40*(5), 14–15.

Deering, A., Dilts, R., & Russell, J. (2003). Leadership cults and culture. *Leader to Leader, 28*, 31-38.

Deming, W. E. (1986). *Out of crisis.* Cambridge, MA: MIT Center for Advanced Engineering.

De Pree, M. (1989). *Leadership is an art.* New York: Bantam Doubleday Dell.

Dochy, F., Segers, M., & Buehl, M. M. (1999). The relationship between assessment practices and outcomes of studies: The case of research on prior knowledge. *Review of Educational Research, 69*(2), 145-186.

Donmoyer, R. (1985). Cognitive anthropology and research on effective principals. *Educational Administration Quarterly, 22*, 31-57.

Downie, N. M., & Heath, R. U. (1965). *Basic statistical methods* (2nd ed.). New York: Harper & Row.

Drucker, P. (1974). *Management.* New York: Harper & Row.

DuFour, R. (1998). *Professional learning communities at work.* Alexandria, VA: Association for Supervision and Curriculum Development.

DuFour, R. (2004). What is a "professional learning community"-*Educational Leadership, 61*(8), 6-11.

Duke, D. (1982). Leadership functions and instructional effectiveness. *NASSP Bulletin, 66*, 5-9.

Duke, D., & Canady, L. (1991). *School policy.* New York: McGraw Hill.

Dwyer, D. (1986). Understanding the principal's contribution to instruction. *Peabody Journal of Education, 63*, 3-18.

Eberts, R., & Stone, J. (1988). Student achievement in public schools: Do principals make a difference-*Economics of Education Review, 7*, 291-299.

Ebmeier, H. (1991, April). *The development of an instrument for client-based principal formative evaluation.* Paper presented at the annual meeting of the American Educational Research Association, Chicago.

Edmonds, R. R. (1979a). *A discussion of the literature and issues related to effective schooling.* Cambridge, MA: Center for Urban Studies, Harvard Graduate

School of Education.

Edmonds, R. R. (1979b, October). Effective schools for the urban poor. *Educational Leadership, 37*, 15-27.

Elmore, R. (2003). *Knowing the right thing to do: School improvement and erformance-based accountability.* Washington, DC: NGA Center for Best Practices.

Elmore, R. F. (2000). *Building a new structure for school leadership.* New York: Albert Shanker Institute.

Elmore, R. F. (2002, January/February). The limits of change. *Harvard Educational Letter: Online Research.* Retrieved September 8, 2004, from http://www.edletter.org/past/issues/2002-jf/limitsofchange.shtml

Evans, L., & Teddlie, C. (1995). Facilitating change in schools. Is there one best style–*School Effectiveness and School Improvement, 6*(1), 1-22.

Fan, X. (2003). Two approaches for correcting correlation attenuation caused by measurement error: Implications for research practice. *Educational and Psychological Measurement, 63*(6), 915-930.

Fink, E., & Resnick, L. B. (2001). Developing principals as instructional leaders. *Phi Delta Kappan, 82*(8), 598-626.

Fraser, B. J., Walberg, H. J., Welch, W. W., & Hattie, J. A. (1987). Synthesis of educational productivity research [Special issue]. *International Journal of Educational Research, 11*(2), 145-252.

Friedkin, N. E., & Slater, M. R. (1994). School leadership and performance: A social network approach. *Sociology of Education, 67*, 139-157.

Fritz, R. (1984). *The path of least resistance: Learning to become the creative force in your own life.* New York: Fawcett Columbine.

Fruchter, B. (1954). *Introduction to factor analysis.* Princeton, NJ: D. Van Nostrand.

Fullan, M. (1993). *Change forces: Probing the depths of educational reform.* London: Falmer Press.

Fullan, M. (2001). *Leading in a culture of change.* San Francisco: Jossey-Bass.

Glasman, N., & Binianimov, I. (1981). Input-output analyses of schools. *Review of Educational Research, 51,* 509-539.

Glass, G. V. (1976). Primary, secondary, and meta-analyses of research. *Educational Researcher, 5,* 3-8.

Glass, G. V. (2000, January). *Meta-analysis at 25.* [Online]. Retrieved July 1, 2004, from http://glass.ed.asu.edu/gene/papers/meta25.html

Glass, G. V., McGaw, B., & Smith, M. L. (1981). *Meta-analysis in social research.* Beverly Hills, CA: Sage.

Glass, G. V., Willson, V. L., & Gottman, J. M. (1975). *Design and analysis of time-series experiments.* Boulder, CO: Colorado Associated University Press.

Glickman, C. D., Gordon, S. P., & Ross-Gordon, J. M. (1995). *Supervision of instruction: A developmental approach* (3rd ed.). Boston: Allyn & Bacon.

Goddard, R. D., Hoy, W. K., & Hoy, A. W. (2004). Collective efficacy beliefs: Theoretical developments, empirical evidence, and future directions. *Educational Researcher, 33*(3), 3-13.

Goleman, D., Boyatzis, R., & McKee, A. (2002). *Principal leadership: Realizing the power of emotional intelligence.* Boston: Harvard Business School Press.

Goodwin, B., Arens, S., Barley, Z. A., & Williams, J. (2002). *Understanding no child left behind: A report on the No Child Left Behind Act of 2001 & its implications for schools, communities & public support for education.* Aurora, CO: Mid-continent Research for Education and Learning.

Greenleaf, R. (1970). *The servant as leader.* Indianapolis: Robert K. Greenleaf Center for Servant-Leadership.

Greenleaf, R. (1977). *Servant leadership: A journey into the nature of legitimate power and greatness.* New York: Paulist Press.

Griffith, J. (2000). School climate as group evaluation and group consensus: Student and parent perceptions of the elementary school environment. *The Elementary School Journal, 101*(1), 35-61.

Hall, G. E., & Hord, S. M. (1987). *Change in schools: Facilitating the process.*

Albany, NY: State University of New York Press.

Hall, G. E., & Loucks, S. F. (1978). A developmental model for determining whether the treatment is actually implemented. *American Educational Research Journal, 14*(3), 263-270.

Hall, G. E., Loucks, S. F., Rutherford, W. L., & Newlove, B. W. (1975). Levels of use of the innovation: A framework for analyzing innovation adoption. *Journal of Teacher Education, 26*(1), 52-56.

Hallinger, P., & Heck, R. H. (1998). Exploring the principal's contribution to school effectiveness: 1980-995. *School Effectiveness and School Improvement, 9*(2), 157-191.

Hallinger, P., Murphy, M., Weil, M., Mesa, R. P., & Mitman, A. (1983). Identifying the specific practices, behaviors for principals. *NASSP Bulletin, 67*(463), 83-91.

Hallinger, P. H., & Heck, R. H. (1996). Reassessing the principal's role in school effectiveness: A review of the empirical research, 1980-1995. *Educational Administration Quarterly, 32*(1), 5-44.

Hanson, M. (2001). Institutional theory and educational change. *Educational Administration Quarterly, 37*(5), 637-661.

Harlow, L. L., Mulaik, S. A., & Steiger, J. H. C. (1997). *What if there were no significant tests*-Mahwah, NJ: Erlbaum.

Harter, S. (1999). *The construction of the self: A developmental perspective.* New York: Guilford Press.

Hattie, J. A. (1992). Measuring the effects of schooling. *Australian Journal of Education, 36*(1), 5-13.

Heck, R., Larsen, T., & Marcoulides, G. (1990). *Principal leadership and school achievement. Validation of a causal model.* Paper presented at the annual meeting of the American Educational Research Association, Boston.

Heck, R. H. (1992). Principals' instructional leadership and school performance: Implications for policy development. *Educational Evaluation and Policy Analysis, 14*(1), 22-34.

Heck, R. H., & Hallinger, P. (1999). Next generation methods for the study of leadership and school improvement. In J. Murphy & K. S. Louis (Eds.), *Handbook of research on educational administration* (2nd ed., pp. 141-162). San Francisco: Jossey-Bass.

Hedges, L. V., & Olkin, I. (1985). *Statistical methods for meta-analysis.* Orlando, FL: Academic Press.

Heifetz, R. A. (1994). *Leadership without easy answers.* Cambridge, MA: Belknap Press of Harvard University Press.

Heifetz, R. A., & Laurie, D. L. (2001). The work of leadership. *Harvard Business Review, 79*(11), 131-40.

Heifetz, R. A., & Linsky, M. (2002a). *Leadership on the line: Staying alive through the dangers of leading.* Boston: Harvard Business School Press.

Heifetz, R. A., & Linsky, M. (2002b). Leadership with an open heart. [Online]. Available: http://leadertoleader.org/leaderbooks/L2L/fall2002/heifetz.html

Herman, R., Aladjem, D., McMahon, P., Masem, E., Mulligan, I., O'Malley, A., et al. (1999). *An educator's guide to schoolwide reform.* Washington, DC: American Institutes for Research.

Hersey, P., Blanchard, K. H., & Johnson, D. E. (2001). *Management of organizational behavior: Leading human resources* (8th ed.). Englewood Cliffs, NJ: Prentice Hall.

High, R. M., & Achilles, C. M. (1986, April). *Principal influence in instructionally effective schools.* Paper presented at the 67th annual meeting of the American Educational Research Association, San Francisco.

Hill, P. T., & Guthrie, J. W. (1999). A new research paradigm for understanding (and improving) twenty-first century schooling. In J. Murphy & K. S. Louis (Eds.), *Handbook of research on educational administration* (2nd ed., pp. 511-524). San Francisco: Jossey-Bass.

Hirsch, E. D., Jr. (1996). *The schools we need and why we don't have them.* New York: Doubleday.

Hord, S. M., Rutherford, W. L., Huling-Austin, L., & Hall, G. E. (1987). *Taking charge of change*. Alexandria, VA: Association for Supervision and Curriculum Development.

Hunt, M. (1997). *How science takes stock: The story of meta-analysis*. New York: Russell Sage Foundation.

Hunter, J. E., & Schmidt, F. L. (1990a). Dichotomization of continuous variables: The implications for metaanalysis. *Journal of Applied Psychology, 73*(3), 334-349.

Hunter, J. E., & Schmidt, F. L. (1990b). *Methods of meta-analysis: Correcting error and bias in research findings*. Beverly Hills, CA: Sage.

Hunter, J. E., & Schmidt, F. L. (1994). Correcting for sources of artificial variation across studies. In H. Cooper & L. V. Hedges (Eds.), *The handbook of research synthesis* (pp. 323-336). New York: Russell Sage Foundation.

Hunter, M. (1984). Knowing, teaching, and supervising. In P. Hosford (Ed.), *Using what we know about teaching* (pp. 169-192). Alexandria, VA: Association for Supervision and Curriculum Development.

Jackson, G. B. (1978, April). *Methods for reviewing and integrating research in the social sciences* (Final report to the National Science Foundation for Grant No. DIS 76-20309). Washington, DC: Research Group, George Washington University.

Jackson, G. B. (1980). Methods for integrative reviews. *Review of Educational Research, 50,* 438-460.

Jensen, A. R. (1980). *Bias in mental testing*. New York: Free Press.

Kaagan, S. S., & Markle, B. W. (1993). Leadership for learning. *Perspective, 5*(1), 1-16.

Kaplan, R., & Norton, D. (2004). Measuring the strategic readiness of intangible assets. *Harvard Business Review, 82*(2), 52-53.

Kelehear, Z. (2003). Mentoring the organization: Helping principals bring schools to higher levels of effectiveness. *Bulletin, 87*(637), 35-47.

Kouzes, J. M., & Posner, B. Z. (1999). *Encouraging the heart: A leaders' guide to rewarding and recognizing others*. San Francisco, CA: Jossey-Bass.

Krug, F. S. (1986, May). *The relationship between the instructional management behavior of elementary school principals and student achievement.* Unpublished doctoral dissertation, University of San Francisco.

Krug, S. E. (1992, June). *Instructional leadership, school instructional climate, and student learning outcomes.* Project Report. Urbana, IL: National Center for School Leadership (ERIC Document Reproduction Service No. ED359668).

Lashway, L. (2001). Leadership for accountability. *Research Roundup, 17*(3), 1–14. Eugene, OR: Clearinghouse on Education Policy & Management.

Leithwood, K. (1994). Leadership for school restructuring. *Educational Administration Quarterly, 30*(4), 498–518.

Leithwood, K., Jantzi, D., & Steinbach, R. (1999). *Changing leadership for changing times.* Philadelphia: Open University Press.

Leithwood, K., Louis, K. S., Andersen, S., & Wahlstrom, K. (2004). *How leadership influences student learning: Review of research.* Minneapolis, MN: Center for Applied Research, University of Minnesota.

Leithwood, K. A., Begley, P. T., & Cousins, J. B. (1990). The nature, causes and consequences of principals' practices: An agenda for future research. *Journal of Educational Administration, 28*(4), 5–31.

Leithwood, K. A., & Riehl, C. (2003). *What do we already know about successful school leadership*-Paper presented at the annual meeting of the American Educational Research Association, Chicago.

Levine, D. U., & Lezotte, L. W. (1990). *Unusually effective schools: A review and analysis of research and practice.* Madison, WI: National Center for Effective Schools Research and Development.

Lipsey, M. W., & Wilson, D. B. (2001). *Practical meta-analysis.* Thousand Oaks, CA: Sage.

Loehlin, J. C. (1992). *Latent variable models: An introduction to factor, path and structural analysis* (2nd ed.). Hillsdale, NJ: Lawrence Erlbaum Associates, Inc.

Lou, Y., Abrami, P. C., Spence, J. C., Poulsen, C., Chambers, B., & d'Apollonia, S.

(1996). Within-class grouping: A meta-analysis. *Review of Educational Research, 66*(4), 423–458.

Magnusson, D. (1966). *Test theory.* Reading, MA: Addison-Wesley.

Markus, H., & Ruvulo, A. (1990). Possible selves. Personalized representations of goals. In L. Pervin (Ed.), *Goal concepts in psychology* (pp. 211–241). Hillsdale, NJ: Lawrence Erlbaum.

Marzano, R. J. (1998). *A theory-based meta-analysis of research on instruction.* Aurora, CO: Mid-continent Research for Education and Learning (ERIC Document Reproduction No. ED 427 087).

Marzano, R. J. (2000a). *A new era of school reform: Going where the research takes us.* Aurora, CO: Midcontinent Research for Education and Learning (ERIC Document Reproduction Service No. ED454255).

Marzano, R. J. (2000b). *Transforming classroom grading.* Alexandria, VA: Association for Supervision and Curriculum Development.

Marzano, R. J. (2003). *What works in schools: Translating research into action.* Alexandria, VA: Association for Supervision and Curriculum Development.

Marzano, R. J. (2005). A tool for selecting the "right work" in your school. [Online]. http://www.marzanoandassociates.com/pdf/schooleffect_09.pdf.

Marzano, R. J., Gaddy, B. B., & Dean, C. (2000). *What works in classroom instruction*–Aurora, CO: Midcontinent Research for Education and Learning.

Marzano, R. J., Kendall, J. S., & Gaddy, B. B. (1999). *Essential knowledge: The debate over what American students should know.* Aurora, CO: Mid-continent Research for Education and Learning.

Marzano, R. J., Marzano, J. S., & Pickering, D. J. (2003). *Classroom management that works: Research-based strategies for every teacher.* Alexandria, VA: Association for Supervision and Curriculum Development.

Marzano, R. J., Paynter, D. E., & Doty, J. (2004). *The pathfinder project: Exploring the power of one.* Conifer, CO: Pathfinder Education.

Marzano, R. J., Pickering, D. J., & Pollock, J. E. (2001). *Classroom instruction that works: Research-based strategies for increasing student achievement.* Alexandria, VA: Association for Supervision and Curriculum Development.

Masaaki, I. (1986). *Kaizen: The key to Japan's competitive success.* New York: Random House.

Mayer, D. P., Mullens, J. E., Moore, M. T., & Ralph, J. (2000). *Monitoring school quality: An indicator's report.* Washington, DC: U.S. Department of Education, National Center for Education Statistics.

McDill, E., Rigsby, L., & Meyers, E. (1969). Educational climates of high schools: Their effects and sources. *American Journal of Sociology, 74,* 567-586.

Meehl, P. E. (1978). Theoretical risks and tabular asterisks: Sir Karl, Sir Ronald, and the slow progress of soft psychology. *Journal of Consulting and Clinical Psychology, 46,* 806-834.

Miller, S., & Sayre, K. (1986, April). *Case studies of affluent effective schools.* Paper presented at the annual meeting of the American Educational Research Association, San Francisco.

Mulaik, S. A. (1972). *The foundations of factor analysis.* New York: McGraw-Hill.

Murphy, J., & Hallinger, P. (1989). Equity as access to learning: Curricular and instructional differences. *Journal of Curriculum Studies, 21,* 129 149.

National Center for Education Statistics. (2002a). *Common core of data. Overview of public elementary and secondary schools and districts: School year 2001-02.* [Online]. Retrieved September 1, 2004, from http://nces.ed.gov/ccd

National Center for Education Statistics. (2002b). *Table 1: Projected number of participants in educational institutions, by level and control of institution.* Fall 2002. [Online]. Retrieved September 1, 2004, from http://www.nces.ed.gov/programs/digest/d02/tables/dt001.asp

National Education Goals Panel. (1994, August). *Data volume for the national education goals report, Vol. 1: National data.* Washington, DC: Author.

National Institute on Educational Governance, Finance, Policymaking, & Management. (1999). *Effective leaders for today's schools: Synthesis of a*

policy forum for educational leadership. Washington, DC: United States
Department of Education Office of Educational Research & Improvement.

Northwest Regional Educational Laboratory. (2000). Catalog of school reform
models (2nd ed.). Portland, OR: Author.

Nunnelley, J. C., Whaley, J., Mull, R., & Hott, G. (2003). Brain compatible
secondary schools: The visionary principal's role. Bulletin, 87(637), 48-59.

Oakes, J. (1989). Detracking schools: Early lessons from the field. Phi Delta
Kappan, 73, 448-454.

Osborne, J. W. (2003). Effect sizes and disattenuation of correlation and regression
coefficients: Lessons from educational psychology. Practical Assessment,
Research and Evaluation, 8(11). [Online]. Retrieved December 29, 2003, from
http://PAREonline.net/getvn.asp-v=8&n=11

Postlethwaite, N., & Ross, K. (1993). Effective schools in reading: Implications for
educational planners. Den Haag, the Netherlands: International Association
for the Evaluation of Educational Achievement.

Prestine, N. (1992). Benchmarks of change: Assessing essential school restructuring
efforts. Paper presented at the annual meeting of the American Educational
Research Association, San Francisco.

Purkey, S. C., & Smith, M. S. (1983). Effective schools: A review. The Elementary
School Journal, 83(4), 427-452.

Reeves, D. B. (2004). Assessing educational leaders. Thousand Oaks, CA: Corwin
Press.

Robinson, D. H. (2004). An interview with Gene V. Glass. Educational Researcher,
33(3), 26-30.

Rosenthal, R. (1991). Meta-analytic procedures for social research (Rev. ed.).
Newbury Park, CA: Sage.

Rosenthal, R., & Rubin, D. B. (1982). A simple general purpose display of
magnitude of experimental effects. Journal of Educational Psychology, 74(2),
166-169.

Rutter, M., Maughan, B., Mortimore, P., Ouston, J., & Smith, A. (1979). *Fifteen thousand hours: Secondary schools and their effects on children.* Cambridge, MA: Harvard University Press.

Sammons, P. (1999). *School effectiveness: Coming of age in the twenty-first century.* Lisse, the Netherlands: Swets and Zeitlinger.

Scheerens, J., & Bosker, R. (1997). *The foundations of educational effectiveness.* New York: Elsevier.

Schmoker, M. (2001). *The results handbook: Practical strategies from dramatically improved schools.* Alexandria, VA: Association for Supervision and Curriulum Development.

Scribner, J. P., Cockrell, K. S., Cockrell, D. H., & Valentine, J. W. (1999). Creating professional learning communities in schools through organizational learning: An evaluation of the school improvement process. *Educational Administration Quarterly, 35*(1), pp. 130-160.

Sergiovanni, T. J. (2004). Building a community of hope. *Educational Leadership, 61*(8), 33-38.

Silins, H. C., Mulford, W. R., & Zarins, S. (2002). Organizational learning and school change. *Educational Administration Quarterly, 38*(5), 613-642.

Smith, W. F., & Andrews, R. L. (1989). *Instructional leadership: How principals make a difference.* Alexandria, VA: Association for Supervision and Curriculum Development.

Sosik, J. J., & Dionne, S. D. (1997). Leadership styles and Deming's behavior factors. *Journal of Business and Psychology, 11*(4), 447-462.

Spillane, J. P., Halverson, R., & Diamond, J. B. (2001). Investigating school leadership practice: A distributed perspective. *Educational Researcher, 30*(3), 23-28.

Spillane, J. P., Halverson, R., & Diamond, J. B. (2003). *Distributed leadership: Towards a theory of school leadership practice.* The Distributed Leadership Study: Northwestern University.

Spillane, J. P., & Sherer, J. Z. (2004). *A distributed perspective on school leadership: Leadership practices as stretched over people and place.* The Distributed Leadership Study: Northwestern University.

Stein, M. K., & D' Amico, L. (2000). *How subjects matter in school leadership.* A paper presented at the annual meeting of the American Educational Research Association, New Orleans.

Stevens, J. P. (1986). *Applied multivariate statistics for the social sciences.* Hillsdale, NJ: Erlbaum.

Stevenson, H. W., & Stigler, J. W. (1992). *The learning gap: Why our schools are failing and what we can learn from Japanese and Chinese education.* New York: Simon & Schuster.

Supovitz, J. A. (2002). Developing communities of instructional practice. *Teachers College Record, 104*(8), 1591–1626.

Tangri, S., & Moles, O. (1987). Parents and the community. In V. Richardson-Koehler (Ed.), *Educators' handbook: A research perspective* (2nd ed., pp. 519–550). New York: Longman.

U.S. Census Bureau. (2002, March). *Income in 2001 by educational attainment for people 18 years old and over, by age, sex, and Hispanic origin.* [Online]. Retrieved September 1, 2004, from http://www.census.gov/population/socdemo/education/pp1-169/tab08.pdf

U.S. Congress, Senate Committee on Equal Educational Opportunity. (1970). *Toward equal educational opportunity.* Washington, DC: Government Printing Office.

U.S. Department of Education. (2002). *Comprehensive school reform program overview: (CSR) program guidance.* [Online]. Retrieved June 20, 2003. To find, go to http:/www.ed.gov/offices/chiefltr/html and search for comprehensive school reform.

Villani, C. J. (1996). *The interaction of leadership and climate in four suburban schools: Limits and possibilities.* Doctoral dissertation, Fordham University,

New York (UMI No. 9729612).

Wagner, T. (2002). *Making the grade: Reinventing America's schools.* New York: Routledge-Falmer.

Waldman, M. (1993). A theoretical consideration of leadership and TQM. *Leadership Quarterly, 4*(1), 65-79.

Wang, M. C., Haertel, G. D., & Walberg, H. J. (1993). Toward a knowledge base for school learning. *Review of Educational Research, 63*(3), 249-294.

Waters, J. T., Marzano, R. J., & McNulty, B. (2004a). Developing the science of educational leadership. *Spectrum: Journal of Research and Information, 22*(1), 4-13.

Waters, J. T., Marzano, R. J., & McNulty, B. (2004b). Leadership that sparks learning. *Educational Leadership, 81*(7), 48-51.

Whitaker, B. (1997). Instructional leadership and principal visibility. *The Clearing House, 70*(3), 155-156.

White, K. R. (1982). The relationship between socioeconomic status and academic achievement. *Psychological Bulletin, 91*(3), 461-481.

Wimpleberg, R., Teddlie, C., & Stringfield, S. (1989). Sensitivity to context: The past and future of effective schools research. *Educational Administration Quarterly, 25*(1), 82-107.

Winer, B. J., Brown, D. R., & Michels, K. M. (1991). *Statistical principles in experimental design* (3rd ed.). Boston, MA: McGraw-Hill.

Witziers, B., Bosker, R. J., & Kruger, M. L. (2003). Educational leadership and student achievement: The illusive search for an association. *Educational Administration Quarterly, 39*(3), 398-425.

Wright, S. (1960). Path coefficients and path regressions: Alternative or complementary concepts? *Biometrics, 16,* 189-202.

Youngs, P., & King, M. B. (2002). Principal leadership for professional development to build school capacity. *Educational Administration Quarterly, 38*(5), 643-670.

찾 • 아 • 보 • 기

내용

저자 소개

Robert J. Marzano

미국 콜로라도 주 오로라의 교육학습중부연구소(Mid-Continent Research for Education and Learning in Aurora, Colorado)의 시니어 스칼라(Senior Scholar)이며, 위스콘신 주 밀워키 Cardinal Stritch University의 부교수이고, Pathfinder Education, Inc의 부회장이며, 콜로라도 Centennial의 Marzano & Associates 컨설팅사의 회장이다. Marzano는 현행 인지론의 연구와 이론을 수업방법으로 전환시켜 K-12 수업에서 활용할 수 있는 프로그램과 실제를 개발해왔다. 그리고 트레이너와 명강사로 세계적으로 널리 알려진 그는 독서와 작문 수업, 사고 기능, 학교 효과성, 재구조화, 평가, 인지론, 표준화 실행과 관련하여 20권 이상의 책과 150편 이상의 논문과 장(chapter)을 저술하였다. 최근에는 ASCD에서 발행한 Building Background Knowledge for Academic Achievement (2004), Classroom Management That Works: Research Based Strategies for Every Teacher (Marzano, Marzano, & Pickering, 2003), What Works in Schools: Translating Research into Action (2003), A Handbook for Classroom Instruction That Works (Marzano, Paynter, Pickering, & Gaddy, 2001), Classroom Instruction That Works: Research-Based Strategies for Increasing Student Achievement (Marzano, Pickering, & Pollack, 2001)를 저술하였다. 뿐만 아니라 Marzano Dimensions of Learning (ASCD, 1992)을 개발한 저자의 책임자였다. 또 다른 최근의 업적은 The Pathfinder Project: Exploring the Power of One (Pathfinder Education, 2003)의 저술이다.

Marzano는 뉴욕 주에 위치한 Iona College에서 English로 B.A.를 마치고, Seattle University에서 Reading/Language Arts로 M.Ed.를 취득하였으며, University of Washington에서 Curriculum and Instruction 전공으로 Ph.D.를 받았다.

Timothy Waters

1995년부터 Mid-continent Research for Education and Learning(McREL)의 CEO로 근무해 왔고, 그전에는 23년간 미국 공교육자로 근무했는데 그중 마지막 7년간은 콜로라도 Greeley 교육청의 교육감으로 일하였다. Waters는 National Education Knowledge Industry Association의 Board of Directors였고, Colorado Commission on Higher Education의 전 Commissioner였다. 그는 University of Denver에서 B.A.를 그리고 Arizona State University에서 M.A.와 Ed.D.를 받았다.

Brian A. McNulty

McREL(Mid-continent Research for Education and Learning)의 Field Services 담당 부회장이고, McREL 컨설팅과 트레이닝, 신 프로그램 기술 지원과 개발, McREL 응용연구 개발 실행 서비스 책임자다. McREL에서 일하기 전에는 콜로라도 주 Commerce City의 Adams County School District 14 교육청의 조교육감으로 봉사하였다. 그리고 콜로라도 주 교육부의 Assistant Commissioner였다. McNulty는 30년 이상의 교직경험을 가지고 있는데 리더십개발, 학교 효과성과 향상, 조기교육, 특수교육이 전문 영역이었다. 그는 이들 영역에서 광범하게 출판도 하고 강의도 하였다. McNulty는 University of Denver에서 Special Education Administration and Public Administration 전공으로 Ph.D.를 취득하였다.

역자 소개

주삼환

서울교육대학교 졸업

서울대학교 교육대학원 석사(교육행정 전공)

미국 미네소타 대학교 대학원 박사(교육행정 전공)

전 서울시 내 초등교사(약 15년), 충남대학교 교수(약 25년)

　　미국 오하이오 주립대학교 객원교수

　　한국대학교육협의회 파견교수

　　인문사회연구회 이사

　　한국교육행정학회장

현 충남대학교 명예교수

〈주요 저 · 역서〉

1. 교육윤리리더십: 선택의 딜레마(학지사, 2011)

2. 학업성취 향상 수업전략(공역, 시그마프레스, 2010)

3. 교육행정윤리(공역, 시그마프레스, 2010)

4. 불가능의 성취(학지사, 2009)

5. 블루리본 스쿨(공저, 학지사, 2009)

6. 리더십 패러독스(공저, 시그마프레스, 2009)

7. 한국대학행정(시그마프레스, 2007, 2008년 문화체육관광부 선정 우수도서)

8. 도덕적 리더십(역, T. J. Sergiovanni 저, 시그마프레스, 2008)

9. 교육행정사례연구(공저, 학지사, 2007)

10. 교육행정철학(공저, 학지사, 2007)

11. 장학의 이론과 기법(학지사, 2006)

12. 미국의 교장(학지사, 2005)

13. 학교경영의 이론과 실제(공저, 학지사, 2006)

14. 교육행정 및 교육경영(4판, 공저, 학지사, 2009)

15. 한국교원행정(태영출판사, 2006, 2007년 문화관광부 선정 우수도서)

16. 교육리더십: 연구와 실제(학지사, 2013)

교육리더십: 연구와 실제

School Leadership that Works: From Research to Results

2013년 8월 20일 1판 1쇄 인쇄
2013년 8월 30일 1판 1쇄 발행

지은이 • Robert J. Marzano · Timothy Waters · Brian A. McNulty
옮긴이 • 주삼환
펴낸이 • 김진환
펴낸곳 • (주) **학지사**

       121-837 서울시 마포구 서교동 352-29 마인드월드빌딩 5층
대표전화 • 02-330-5114   팩스 • 02-324-2345
등록번호 • 제313-2006-000265호

홈페이지 • http://www.hakjisa.co.kr
커뮤니티 • http://cafe.naver.com/hakjisa

ISBN 978-89-997-0181-8 93370
정가 14,000원

역자와의 협약으로 인지는 생략합니다.
파본은 구입처에서 교환해 드립니다.

이 책을 무단으로 전재하거나 복제할 경우 저작권법에 따라 처벌을 받게 됩니다.

인터넷 학술논문 원문 서비스 뉴논문 www.newnonmun.com

이 도서의 국립중앙도서관 출판시도서목록(CIP)은 서지정보유통지원
시스템 홈페이지(http://seoji.nl.go.kr)와 국가자료공동목록시스템
(http://www.nl.go.kr/kolisnet)에서 이용하실 수 있습니다.
(CIP 제어번호: CIP2013014148)